Gustav Landauer, um 1913

Erich Mühsam, 1913

Schriften der Erich-Mühsam-Gesellschaft. Heft 24

„Sei tapfer und wachse dich aus."
Gustav Landauer im Dialog mit Erich Mühsam
Briefe und Aufsätze

Herausgegeben und bearbeitet von Christoph Knüppel

EMG 2004

Herausgeberin:	Erich-Mühsam-Gesellschaft e. V., Lübeck
Redaktion:	Jürgen-Wolfgang Goette, Sabine Kruse
© :	Erich-Mühsam-Gesellschaft 2004 / Christoph Knüppel
Textverarbeitung:	Gerda Vorkamp, Lübeck
Herstellung:	Books on Demand GmbH, Norderstedt
ISSN:	0940-8975
ISBN:	3-931079-32-5
Preis:	15,– €

Informationen: Erich-Mühsam-Gesellschaft, Buddenbrookhaus,
Mengstr. 4, 23552 Lübeck
eMail: info@buddenbrookhaus.de

Einleitung

Ob Landauer seinen nach Traunstein verbannten Freund Erich Mühsam vor Augen hatte, als er im Oktober 1918 die folgenden Worte über die Aufgabe des Dichters niederschrieb? „Der Dichter, der Mann des vehementen Einfalls, der schnellen Assoziationen und Analogien, ist im öffentlichen Leben, das heißt aber für gewöhnlich im Land der Philister, der geborene Widerspruchsgeist. Der Ernst jener andern reizt ihn zum Lachen, – bei ihrer stürmischen Heiterkeit wird er ganz still und traurig, und er ist imstande, wenn sie dichterisch werden, sie zur groben Wirklichkeit nüchtern zurückzurufen. [...] Der Dichter ist der Führer im Chor, er ist aber auch [...] der herrlich Isolierte, der sich gegen die Menge behauptet. Er ist der ewige Empörer." Wir brauchen, so endet seine Ansprache, „die immer wiederkehrende Erneuerung, wir brauchen die Bereitschaft zur Erschütterung, [...] wir brauchen den Frühling, den Wahn und den Rausch und die Tollheit, wir brauchen – wieder und wieder und wieder – die Revolution, wir brauchen den Dichter."[1]

Nachdem Heinz Hug und Chris Hirte in ihren biographischen Darstellungen[2] bereits ebenso ausführlich wie kenntnisreich auf das Verhältnis von Erich Mühsam zu Gustav Landauer eingegangen sind, möchte ich Wiederholungen vermeiden und ausgehend von den hier vorgelegten Briefen und Tagebuchauszügen die Konturen dieser Beziehung nachzeichnen, ohne dabei psychologische Erklärungsmuster heranzuziehen oder einen systematischen Vergleich der politischen Vorstellungen anzustellen.

Betrachtet man die Freundschaft zwischen Gustav Landauer und Erich Mühsam näher, so muss man sich zunächst deren Ausgangsbedingungen vor Augen führen. Als Mühsam im Dezember 1900 Heinrich Hart aufsuchte und dann in der

---

1 Gustav Landauer: „Eine Ansprache an die Dichter", In: Alfred Wolfenstein (Hg.) *Die Erhebung, Jahrbuch für neue Dichtung und Wertung*, Berlin o.J. [1919], S. 303 f; auch in Gustav Landauer: *Der werdende Mensch, Aufsätze über Leben und Schrifttum*, Hg. von Martin Buber, Potsdam 1921, S. 362 f. – Landauers Essay geht auf zwei Vorträge über den „Dichter und sein Amt" zurück, die er am 23. September 1917 in der Gartenstadt Hellerau bei Dresden und am 17. April 1918 in Frankfurt hielt.

2 Heinz Hug: *Erich Mühsam, Untersuchungen zu Leben und Werk*, Glashütten 1974; Chris Hirte: *Erich Mühsam, „Ihr seht mich nicht feige"*, Berlin 1985. Vgl. ferner Siegbert Wolf: „Wir sind imstande, wir selbst zu werden durch die Revolution", Zur Freundschaft zwischen Erich Mühsam und Gustav Landauer, in: *Mühsam-Magazin* H. 2 (Januar 1991), S. 22-34.

Neuen Gemeinschaft eine zeitweilige Heimat fand, war er 22 Jahre alt, hatte gerade eine Apothekerlehre beendet und wusste lediglich, dass er den erlernten Beruf nicht ausüben, sondern stattdessen als freier Schriftsteller zur „Lösung der sozialen Frage" beitragen wollte.[3] Der acht Jahre ältere Landauer dagegen, der zu den Mitbegründern der Neuen Gemeinschaft gehörte, hatte seit 1889 zahlreiche literaturkritische und politische Beiträge, auch einen Roman und eine Novelle veröffentlicht und sich bereits als Publizist profiliert. Im Februar 1892 hatte er die Redaktion des „Sozialist" übernommen und diese Zeitschrift zum Organ der deutschen Anarchisten gemacht. Von ihnen war er 1893 nach Zürich und 1896 nach London zu den Kongressen der Zweiten Internationale delegiert worden. Und: Wegen seiner politischen Überzeugungen hatte Landauer fast 20 Monate im Gefängnis gesessen. Hinzu kommt, dass Landauer nach dem erfolgreichen Besuch des Karlsruher Gymnasiums immerhin drei Jahre neuere Philologie und Philosophie studiert und sich im Laufe dieser Zeit eine gediegene Bildung angeeignet hatte. Unter diesen Voraussetzungen kann es kaum überraschen, dass Mühsam zu dem Älteren aufblickt und Landauer nicht nur als Freund, sondern stets auch als seinen „Lehrer" und „Mentor" betrachtet. Kein Zweifel auch, dass sich Landauer in dieser Rolle gefällt, die er zeitweise auch für Julius Bab und Martin Buber, zwei weiteren Freunden aus dem Kreis der Neuen Gemeinschaft, einnimmt. Überschaut man die gesamte Korrespondenz Landauers, treten seine lehrerhaften Züge immer wieder hervor. Einige Zeitgenossen empfinden ihn als unnahbar und überheblich und gehen deshalb früher oder später selbst auf Distanz zu ihm. Allerdings trennt Landauer stets sehr konsequent zwischen der Person und der Sache, um die ihm zu tun ist. Dies gilt auch und besonders für seine Freundschaft mit Mühsam und mag eine Erklärung dafür sein, dass sich Mühsam jede noch so schroffe Kritik gefallen lässt. Beispiele gefällig?[4] 1901: „Du […] bist ein famoser Kerl, aber in Sachen der Schriftstellerei bist du ein pfuschender Anfänger". 1904: „Dein Gedicht ist recht schwach und stört besonders durch die ganz kindische Verwendung von Gelegenheitsreimen". 1907: „Deine Arbeit in der ‚Fackel' und einen kleinen Beitrag im ‚Freien Arbeiter' heute habe ich leider ohne viel Vergnügen gelesen." Und über einen dramatischen Versuch Mühsams, ebenfalls 1907: „Auch dieses Stück

---

3 Aus einem Brief an den Verlag Georg Eugen Kitzler vom 4.1.1901.– Zu Mühsams Anfängen in Berlin vgl. die beiden Beiträge des Verfassers im Mühsam-Magazin H. 8 (Januar 2000), S. 58 ff und S. 68 ff.
4 Wo nicht anders angegeben, stammen diese und die folgenden Brief- und Tagebuchzitate aus der vorliegenden Edition.

ist leider eine dilettantische Pfuscherei und gegen die ‚Hochstapler' kein Fortschritt." Gleichzeitig bescheinigt ihm Landauer aber nach der Lektüre seiner ersten Gedichtsammlung, dass er ein „Dichter" sei, und hilft ihm bei der Suche nach neuen Verlegern für seine Gedichtbände „Die Wüste" und „Der Krater". Umgekehrt sieht Mühsam in Landauer den „vielleicht stärksten deutschen Prosaschriftsteller unsrer Zeit"[5].

Thematisiert wird die Trennung zwischen Person und Sache im folgenden Dialog, der ein aufschlussreiches Licht auf die Beziehung der beiden Freunde wirft. Im Dezember 1914 erkundigt sich der ewig mittellose Mühsam bei Landauer nach den Aussichten, bei der „Neuen Freien Volksbühne" in Berlin als Dramaturg angestellt zu werden. Aus Landauers abschlägiger Antwort: „Du bist in Deinem Urteil über litterarische und besonders theatralische Dinge der Beeinflussung der Freundschaft und geradezu der Clique durchaus nicht unzugänglich, läßt es an harter Sachlichkeit, seit du in München bist, oft fehlen; und wo es sich um Theatervolk und Schriftsteller handelt, ist das eine bedenkliche Eigenschaft. Ich weiß, daß dieser Zug mit sehr Sympathischem in Deinem Wesen, vor allem mit Dankbarkeit eines Vereinsamten zusammenhängt, und will Dich wahrhaftig nicht kränken; aber in der ‚Volksbühne' brauchen wir hartes Holz." Mühsam reflektiert diese Mitteilung in seinem Tagebuch: „Ob Landauer recht hat? Manchmal gewiß. Es will mir scheinen, als ob manchmal im gütigen Suchen nach guten Eigenschaften in einem schlechten Werk und im Verschweigen seiner Schwächen eine höhere Gerechtigkeit sei als in der unbedingt von allem Persönlichen absehenden Objektivität des Urteils, die Landauers Art ist. Das harte Verurteilen kann furchtbar weh tun und im Gefühl des Betroffenen dauernde Wunden hinterlassen und selbst Werte seiner Persönlichkeit herabmindern."

Trotz solcher Bedenken kann Mühsam im Nachhinein die Sachlichkeit Landauers anerkennen. So zitiert er anlässlich seines zehnjährigen Todestages zustimmend aus einem Brief Landauers an Constantin Brunner: „Ich arbeite aus meiner Einsamkeit heraus an meinen Sachen. [...] Meinen Sachen will ich helfen; nicht den oder jenen Menschen, gleichviel, ob es Millionen von Menschen wären."[6] Schließlich, und das bleibt ihm immer bewusst, teilt er mit Landauer die

---

5   Erich Mühsam: *In meiner Posaune muß ein Sandkorn sein, Briefe 1900-1934*, Hg. von Gerd W. Jungblut, Vaduz 1984, Bd. 1, S. 329.

6   Zitiert in Erich Mühsam: „Der revolutionäre Mensch Gustav Landauer (gestorben 2. Mai 1919)", siehe Anhang.

Hauptsache, nämlich die Hoffnung auf eine soziale Revolution und den Aufbau eines „neuen Volkes" jenseits von Staat und Parteien, das aus dezentralen und selbstbestimmten „Wirtschaftsgemeinden" erwächst, damit verbunden auch die scharfe Gegnerschaft zur philiströsen Sozialdemokratie. Im einzelnen bestehen freilich erhebliche Meinungsverschiedenheiten, die erstmals während der Zusammenarbeit im „Sozialistischen Bund" zum Vorschein kommen und die hier nur kurz beschrieben werden sollen.[7] Während Landauer auf Grund sprachkritischer Erwägungen und ausgehend von seinen Erfahrungen mit „Opfern" des Freud-Schülers Otto Gross die modische Praxis der Psychoanalyse vehement ablehnt, beharrt Mühsam darauf, dass diese Praxis, die er im Frühjahr 1907 an sich selbst erfahren hat, ein produktives „Chaos" erzeugen würde und der damit verbundene Verlust moralischer und normativer Gewissheiten auch für den Sozialismus bedeutsam wäre. Neben den sexuellen sollte man jedoch auch die „sozialen und religiösen Komplexe" therapieren. Und während Mühsam für die „freie Liebe" und das „Recht" der Mütter auf ihre Kinder eintritt, propagiert Landauer die Ehe, den „freien Bund fürs Leben", als legitimen und natürlichen Kern einer sozialistischen Gesellschaft. In beiden Fällen findet Mühsam in Margarethe Hardegger eine Verbündete. Diese Konflikte tragen dazu bei, dass Mühsam seine Mitarbeit am „Sozialist", den Landauer als sein geistiges Eigentum betrachtet, reduziert und ab April 1911 mit dem „Kain" eine eigene Zeitschrift herausgibt. Nach einer harschen Polemik Landauers gegen einen Artikel von Mühsams Freund Johannes Nohl und Seitenhieben gegen Otto Gross im „Sozialist" gerät sogar für kurze Zeit der Fortbestand der Freundschaft in Gefahr. Drohend schreibt Landauer am 10. Juli 1911: „Ich verlange [...] von Dir weder Zustimmung noch auch nur Verständnis; aber ich muß Achtung zur Bedingung unseres ferneren Verkehrs machen; und muß also hoffen, daß Du einsiehst, mir schmählich Unrecht gethan zu haben, oder daß unsre Beziehungen aufhören." Nachdem er einen „vorsichtigen", aber „bestimmten" Antwortbrief verfasst hat, fürchtet Mühsam, dass der eigensinnige Landauer die Freundschaft beenden könne.

Dies geschieht zwar nicht, aber erst unter dem Eindruck des Kriegsausbruchs kommen sich die Freunde wieder näher. So notiert Mühsam am 28. Juni 1915 in

---

7   Zu diesen Konflikten vgl. Gottfried Heuer: „Otto Gross: ‚Die Psychologie des Unbewussten ist die Philosophie der Revolution!'", In: *Anarchismus und Psychoanalyse zu Beginn des 20. Jahrhunderts, Der Kreis um Erich Mühsam und Otto Gross*, Lübeck 2000 [= Schriften der Erich-Mühsam-Gesellschaft H. 19], S. 53–83.

seinem Tagebuch: „Hoffentlich komme ich bald nach Berlin. Der Mann, an dessen Seite ich gehöre, ist Gustav Landauer." Und nachdem sich seine Hoffnung erfüllt hat, schreibt er: „Wir stellten die erfreulichste Übereinstimmung in der ganzen Beurteilung der Vorgänge fest." Beide hoffen anfangs auf einen raschen Frieden. Mühsam träumt davon, die wenigen deutschen Kriegsgegner für einen „Weltbund gegen den Krieg" zu gewinnen. Im Frühjahr 1916 plant er die Gründung einer „Deutschen Gesellschaft von 1916", offenbar in Namensanalogie zur völkischen „Fichte-Gesellschaft von 1914", die sich im Mai 1916 konstituiert hatte, um „die völkische Kraft und Einmütigkeit, wie sie sich zu Kriegsbeginn offenbarte", zu erhalten und zu fördern. Unter dem Dach seiner „Deutschen Gesellschaft" sollen sich vor allem die Kriegsgegner aus der sozialdemokratischen Partei versammeln, also so unterschiedliche Politiker wie Eduard Bernstein, Julian Borchardt, Hugo Haase, Heinrich Ströbel und Karl Liebknecht. Wohl auch im Wissen darum, dass er seine Stellung und seine Möglichkeiten hier deutlich überschätzt, bemüht sich Mühsam um Landauers Unterstützung. Landauer spricht zunächst auch von einer „guten Anregung" und hält eine Konferenz mit Vertretern der „verschiedenen Richtungen", die in Berlin stattfinden soll, für „sehr erwünscht". Bei dem Versuch, eine solche Konferenz in die Wege zu leiten, stellt der „Antipolitiker"[8] Landauer jedoch eine unbezwingbare Hemmung fest, die er Mühsam gegenüber damit erklärt, dass er nicht mehr an ein „gedeihliches Zusammenarbeiten" mit Politikern glauben könne, „nicht einmal in diesem Augenblick". Weiter heißt es in seinem aufschlussreichen Brief vom 16. Juni 1916:

„Eine Revolution kann nur gelingen, wenn sie positive, bestimmte Ziele hat, die in der Öffentlichkeit und in organisierten Gruppen erörtert und vorbereitet werden. Was in sechzig Jahren Sozialdemokratie versäumt und verpfuscht und untergraben worden ist, läßt sich nicht während eines Krieges aus dem Boden stampfen. [...] Keiner der Gegensätze, in die die sozialdemokratische Partei zerfällt, geht uns etwas an: wir sind in einer anderen Ebene als sie [...]. Neue oder gänzlich erschütterte Menschen müssen zu uns kommen; nicht wir zu den alten und halben. Dieses Gefühl, daß man uns jetzt braucht und daß nach dem Abwirtschaften aller Politiker die neue Parole gesucht wird, sollten wir uns in Reinheit wahren und alle unsere Kräfte auf unser Ganzes sammeln."

---

8   Der Begriff, den Landauer erstmals 1897 für sich reklamiert, geht auf Friedrich Nietzsches autobiografische Schrift *Ecce homo* (1888) zurück.

Landauer, der schon im Dezember 1909 als erster Tolstois berühmte „Rede gegen den Krieg" veröffentlicht und seitdem unermüdlich vor der Kriegsgefahr gewarnt hat, bleibt jedoch nicht untätig, sondern versucht mit Artikeln und Vortragsreihen – in der Freien Hochschule, in der Neuen Freien Volksbühne und im Jüdischen Volksheim – Menschen zu erreichen, die sich nach Frieden sehnen. Wegen der Zensur geht er dabei häufig den Umweg über Geschichte oder Literatur. Auch wenn seine Vorträge rein literarischen oder geschichtlichen Inhalts seien, so schreibt er am 18. November 1915 an Hugo Warnstedt, könne er sich dabei „manches vom Herzen reden"[9]. Seit November 1914 ist er außerdem Mitglied im pazifistischen Bund „Neues Vaterland", und im Juli 1916 gründet er zusammen mit Hellmut von Gerlach, Heinrich Ströbel, Ludwig Quidde, Hans Paasche, Helene Stoecker und anderen die Zentralstelle „Völkerrecht", die sich rasch zum parteiunabhängigen Sammelbecken der Befürworter eines Verständigungsfriedens entwickelt. Landauer wird Vorsitzender der Ortsgruppe Groß-Berlin und organisiert als solcher eine Vortragsreihe, in der Helene Stoecker über „Kants Staatsideen", Hellmut von Gerlach über den „Begriff der Neutralität", Eduard Bernstein über die „Haager Friedenskonferenzen" von 1899 bzw. 1907 und er selbst über „Tolstois Menschheitsziele" sprechen.[10] Im Zuge dieser Aktivitäten lernt er auch Kurt Eisner kennen. Mit ihm und Wilhelm Herzog, dem Herausgeber der bereits im September 1915 verbotenen Zeitschrift „Das Forum", plant Landauer im Herbst 1917 die Herausgabe einer Schriftenreihe unter dem Titel „Der Weltweg des Geistes", die alle revolutionären und pazifistischen Werke der Weltliteratur vereinen sollte. Eisner etwa wollte die Schriften von Georg Herwegh und Jean Jaurès übernehmen. Nach dessen Verhaftung am 31. Januar 1918, die damit begründet wurde, dass er die Münchner Arbeiter zum Streik aufgerufen hatte, musste dieser ehrgeizige Plan zurückgestellt werden. Eisner gehört für Landauer offenbar zu den wenigen Politikern, die „noch nicht verlernt haben, mit dem Herzen zu denken."

Auch Mühsam stand mit Eisner in Verbindung. Seit dem Frühjahr 1917 besucht er mehr oder minder regelmäßig dessen Diskussionsabende, die allwöchentlich in der Münchner Gastwirtschaft „Zum goldenen Anker" abgehalten werden und einen Großteil jener Aktivisten versammeln, die dann in der Novemberrevoluti-

---

9 Gustav Landauer, *Sein Lebensgang in Briefen*, Hg. von Ina Britschgi-Schimmer und Martin Buber, Frankfurt a. M. 1929, Bd. 2, S. 103.
10 Nach Michael Matzigkeit (Hg.) „*... die beste Sensation ist das Ewige ...*", *Gustav Landauer – Leben, Werk und Wirkung*, Düsseldorf 1995, S. 260.

on eine wichtige Rolle spielen sollen. Allerdings war Mühsam Eisner, der im April 1917 zu den Mitbegründern der USPD gehörte, nicht radikal genug. Bei einer Diskussion über die russische Revolution, bei der Eisner als „Lobredner" Kerenskis auftritt, während Mühsam die Strategie Lenins verteidigt, kommt es zum offenen Konflikt. Mühsam wird in dieser Diskussion als „Maximalist" kritisiert und nimmt diese Bezeichnung nicht ohne Stolz für sich an.[11] Im Dezember 1917 nimmt er beleidigt Abstand von der weiteren Teilnahme an den immer größer werdenden Versammlungen. Aus dem vermeintlich „leisetreterischen Charakter" der Sozialdemokratie – und zwar sowohl in Gestalt der SPD als auch der USPD – zieht Mühsam unter dem Eindruck der russischen Revolution andere Konsequenzen als Landauer. Er begeistert sich für die Bolschewiki und – nach Kriegsende – folgerichtig auch für den deutschen Spartakusbund. Am 30. November 1918 gründet er mit wenigen Genossen die „Vereinigung revolutionärer Internationalisten", die in Bayern nach dem Beispiel der „russischen Kameraden" den Sozialismus verwirklichen will, also mit Hilfe einer „Diktatur des Proletariats". Faktisch erlangt Mühsams „Vereinigung" keinerlei Bedeutung und verschmilzt im Januar 1919 mit der Münchner Ortsgruppe der neu gegründeten Kommunistischen Partei. Mühsam schreibt: „Die ‚Vereinigung revolutionärer Internationalisten' war allmählich überflüssig geworden. Mir wurde die Möglichkeit zur propagandistischen Betätigung von der kommunistischen Partei ausgiebig geboten. In zahlreichen ihrer Versammlungen wurde ich als ihr offizieller Redner aufgestellt, musste oftmals für den verhinderten Levien einspringen und wurde auch von der Partei zu Werbeversammlungen außerhalb Münchens fortgeschickt."[12] Entsprechend enttäuscht und verärgert war Mühsam dann, als sich die Führer der Münchner KPD am 6. April 1919 der Ausrufung der bayerischen Räterepublik verweigerten. Nachdem er in einer kommunistischen Versammlung an diesem Tag zu seiner Überraschung als „Verräter" und „Volksbetrüger" beschimpft wurde, resigniert er beinahe: „Die Freude an der Arbeit war mir gründlich vergällt. Schließlich siegte aber in mir die Erwägung, dass ich jetzt nicht fahnenflüchtig werden dürfe. Landauer, mit dem ich sonst in fast allen Dingen einig ging, stand der kommunistischen Partei ganz anders gegenüber als ich. Ihn verband nicht mit ihr die lange gemeinsame Arbeit, und er

---

11 Erich Mühsam: „Von Eisner bis Leviné, Die Entstehung der bayerischen Räterepublik" [verfasst 1920], In: Ders., *Publizistik, Unpolitische Erinnerungen*, Hg. von Chris Hirte, 2. Auflage, Berlin 1985 [= Ausgewählte Werke Bd. 2], S. 243.
12 a.a.O. S. 251.

glaubte nicht, dass hinter der Partei wirklich starke Schichten des revolutionären Proletariats ständen."[13] (Mit dieser skeptischen Einschätzung lag Landauer
zumindest für Bayern zweifellos richtig.)

Für Landauer bedeutet die angestrebte „Diktatur des Proletariats" dagegen
nichts anderes als die verkappte Herrschaft einer neuen Partei. Er kritisiert die
Politik der Kommunisten vor allem, weil sie zentralistisch sei und ausschließlich Machtinteressen folge. Am 25. November 1918 bekennt er in einem födera-
listischen Manifest, dass er die Diktatur des Proletariats nicht nur fürchten, sondern „als Pest" hassen und bekämpfen würde, wenn sie wirklich drohte.[14] Und
zwei Monate später schreibt er an seinen (sozialdemokratischen) Vetter Hugo
Landauer: „Verwechsle mich nicht mit den Spartakus-Leuten; ich habe nie etwas mit dieser marxistischen Richtung zu tun gehabt, die sich auf die Verwirklichung genau so wenig versteht wie die andern Sozialdemokraten." Ihm geht es
um die Abschaffung des Proletariats und um die Herstellung echter Demokratie.
Dabei tritt er – wie Mühsam auch – für einen Machtzuwachs der Arbeiterräte
ein, will jedoch den Begriff des Arbeiters ausweiten auf alle Menschen, die
produktiv arbeiten, namentlich auf Hausfrauen, Techniker, Kaufmänner, Lehrer
oder Künstler. Außerdem sollen die direkt gewählten Räte keiner Partei angehören, das Rätesystem soll baldmöglichst das bestehende Parteiensystem ersetzen.
Anders als Mühsam steht Landauer aber im wesentlichen hinter der Politik seines Freundes Kurt Eisner, der als Ministerpräsident immer wieder vor der Notwendigkeit steht, Kompromisse zu schließen. Trotz mancher Einwände gegen
seine innenpolitischen Entscheidungen schreibt Landauer noch am 17. Januar
1919, Eisner sei bei weitem der Beste von allen, die an der Macht sind.[15] Mühsam dagegen beschimpft Eisner am 21. Januar im „Kain" als einen „lächerlichen, unfähigen und [...] gewissenlosen Phrasendrescher"[16] und Konterrevolu-
tionär und macht damit jede weitere Verständigung mit seinem politischen
Gegner unmöglich. Aus der Rückschau berichtet Mühsam, dass Landauer der
Person Eisners freundschaftlich nahe gestanden und an dessen Eignung für die
revolutionäre Aufgabe geglaubt habe. Er fährt fort: „Ich teilte Landauers Mei-

---

13 a.a.O. S. 307 f.
14 Gustav Landauer: „Die vereinigten Republiken Deutschlands und ihre Verfassung"; hier
   zitiert nach Ulrich Linse (Hg.) *Gustav Landauer und die Revolutionszeit 1918/19*, Berlin
   1974, S. 62.
15 Gustav Landauer, *Sein Lebensgang in Briefen*, Bd. 2, S. 365.
16 Erich Mühsam: „Berlin und München", in: Kain Jg. 5, Nr. 4 (21. Januar 1919); hier zitiert
   nach Ders., *Publizistik, Unpolitische Erinnerungen*, S. 223.

nung gar nicht, trat Eisners Revolutionspolitik von Anfang an schroff entgegen und fand auch zu ihm als Mensch keine Brücke, obwohl die gleichzeitige Freundschaft mit dem an geistiger Bedeutung uns beide hoch überragenden Gustav Landauer, der mit seinen von uns beiden [...] abgelehnten Mittlersbemühungen nie nachließ, manche Voraussetzung wenigstens zu einer verstehenden persönlichen Beziehung hätte schaffen können."[17]

Gleichzeitig sitzt Landauer mit Mühsam im Revolutionären Arbeiterrat, teilt mit ihm die Forderung nach einer „Sozialisierung" – also faktisch einer Zensur – der bayerischen Hetzpresse und nimmt seinen Freund bei verschiedenen Anlässen in Schutz. Zeitweise hofft Landauer wie Mühsam auf eine breite Einigung der Linken im Prozess der Revolution, also der SPD, der USPD und der KPD, eine Hoffnung, die freilich vergeblich bleibt. Aus dieser Hoffnung heraus appelliert er am 10. Januar 1919 an Eisner: „Trotz allem und allem: gewinnen Sie die Spartakus-Leute zurück; es sind führerlose oder übel mißleitete Radikalinskis; aber *wir werden sie brauchen!*"[18] Nicht ganz zu unrecht glaubt Landauer, dass der „Radikalinski" Mühsam in dieser Revolution am besten als Mann des Wortes, der unter den Arbeitern und Arbeitslosen die „rebellische Stimmung" zu fördern vermag, aufgehoben wäre, dass man ihn aber von politischen Ämtern fernhalten sollte. Mühsam erinnert sich, dass er in einem der letzten Gespräche im April 1919 zu Landauer gesagt habe: „Ich erkenne jetzt deutlich die innere Verschiedenheit zwischen Proudhon und Bakunin an uns beiden. Dich führt die Revolution immer stärker zu Proudhon hin, mich zu Bakunin." Landauer habe ihm recht gegeben.[19]

So nimmt es nicht wunder, wenn Landauer mehr als einmal unwidersprochen feststellt, dass sie „verschiedene Naturen" haben. Um ihre Freundschaft zu bewahren, mussten sich die Freunde diese Verschiedenheit immer wieder bewusst machen. Aus heutiger Sicht macht sie gerade den Reiz ihrer Beziehung aus. Im Vergleich mit anderen Briefpartnern Landauers wird freilich auch deutlich, dass Mühsam nicht zu den Freunden gehörte, mit denen sich Landauer ausführlich über Philosophie und Literatur austauschte. Anders als etwa Ludwig Berndl, Constantin Brunner, Martin Buber oder Fritz Mauthner war Mühsam in erster

---

17 Erich Mühsam: „Mein Gegner Kurt Eisner", in: Die Weltbühne Jg. 25, Nr. 8 (19. Februar 1929); hier zitiert nach Ders., *Publizistik, Unpolitische Erinnerungen*, S. 394.
18 Gustav Landauer, *Sein Lebensgang in Briefen*, Bd. 2, S. 355.
19 Erich Mühsam: „Gustav Landauer, Gedenkblatt zu seinem 50. Geburtstag: 7. April 1920", siehe Anhang.

14

Linie ein politischer Weggefährte und „Kamerad" (so die übliche Anrede im „Sozialistischen Bund").

Nach der Ermordung seines „ältesten und nächsten Freundes"[20] am 2. Mai 1919, von der Mühsam im Zuchthaus Ebrach erfährt, sieht er sich anfangs genötigt, den Toten vor pazifistischen und bürgerlichen Vereinnahmungsversuchen zu schützen und gegen diese das Bild eines „konsequenten Kämpfers" und „unerbittlichen Rebellen" zu etablieren. Darüber hinaus sucht er Landauer zum Gewährsmann seiner neuen politischen Strategie zu machen, die während des Ersten Weltkriegs vor dem Hintergrund der russischen Revolution entstand und im September 1919 mit dem Beitritt zur KPD zu einem vorläufigen Abschluss kam. Landauer, so Mühsam, habe revolutionäre Gewalt stets bejaht, habe ferner „mit der höchsten Bewunderung und Verehrung von den Leistungen Lenins und der russischen Kommunisten" gesprochen und die Diktatur des Proletariats gefordert.[21] Dass er damit selbst das Bild des Freundes verfälschte oder zumindest verzerrte, störte ihn offenbar nicht. Nach diesem Zwischenspiel propagierte Mühsam das Werk und die politischen Ideen Landauers wieder innerhalb der anarchistischen Bewegung: „Wir Anarchisten haben einen großen Toten zu ehren in Gustav Landauer. Wir ehren ihn, indem wir sein nicht gestorbenes, sein lebendiges Wort verbreiten."[22] Dabei betont er zum einen die ungebrochene Aktualität des revolutionären Propheten, zum anderen aber auch die undogmatische Weite eines „gewaltigen Geistes":

„Wenn denn eine Formel sein muss, die der Gesamterscheinung Gustav Landauers gerecht werden soll, so darf es nur eine sein, die selbst vielgestaltig begriffen werden kann und von keiner programmatischen Festlegung aus in Anspruch zu nehmen ist. Landauer war Anarchist; so hat er sich sein Leben hindurch selber bezeichnet. Dennoch wäre es unsagbar lächerlich, jede seiner Lebensäußerungen unter die Lupe irgendeiner anarchistischen Spezialauffassung zu nehmen, ihn als Individualisten, als Kommunisten, als Kollektivisten, als Terroristen oder Gewaltlosen zu preisen oder zu verdammen. Erstens hat Landauer in den 30 Jahren seines öffentlichen Bekenntnisses zum Anarchismus, wie jeder, der nicht dogmatisch verknöchert ist, Entwicklung und Wandlung erlebt, dann aber betrachtete er seinen Anarchismus auch niemals als eine politisch oder organisatorisch beschränkte Lehre, sondern als den Ausdruck geordneter

20 Erich Mühsam: *Briefe*, Bd. 1, S. 363.
21 Erich Mühsam: „Gustav Landauer und die bayrische Revolution", siehe Anhang.

Freiheit im Denken und Handeln. In geordneter Freiheit – ‚Anarchie ist Ordnung durch Bünde der Freiwilligkeit' hieß seine eigene Definition – revolutionär sein und revolutionär wirken, das mag den Menschen Gustav Landauer in allen seinen Absichten, Beziehungen und Unternehmungen am ehesten charakterisieren. So bedeutet der Versuch, das Bild Landauers festzuhalten, nichts anderes als das Bild des revolutionären Menschen unserer Zeit zu zeichnen. Der revolutionäre Mensch ist der, der seiner Zeit vorausstrebt, vorausdenkt, vorauslebt. Vor zehn Jahren endete das leibliche Leben Gustav Landauers in greulichem Mord; die Vergangenheit wehrte sich gegen die Zukunft und massakrierte ihren besten Herold. Dessen Zeit ist noch nicht gekommen. Wir sind weiter von ihr entfernt als vor zehn Jahren." (geschrieben 1929)[23]

Was uns hier vorliegt, sind die Briefe und Tagebücher zweier deutscher Juden. Das Judentum, die jüdische Religion, die zionistische Bewegung, der wachsende Antisemitismus, all das wird in den Texten allerdings nicht einmal gestreift. Offenbar bestand auch kein Grund, sich ausführlicher über das eigene Selbstverständnis als Deutscher und Jude auszutauschen. Dass dieses Thema dennoch im Hintergrund präsent ist, verdeutlicht eine Aussage Mühsams, die Margarethe Hardegger überliefert. Als Mühsam sie im Sommer 1911 in Bern besuchte und offen von seinem Streit mit Landauer berichtet, wundert sie sich, dass die beiden ihre Freundschaft unverdrossen fortführen. Sie selbst fühlt sich von Landauer verlassen. Mühsam soll darauf geantwortet haben: „Wir beiden – sind halt Juden."[24]

Christoph Knüppel

---

22 Erich Mühsam: „Vom literarischen Nachlass Gustav Landauers", siehe Anhang.
23 Erich Mühsam: „Der revolutionäre Mensch Gustav Landauer", siehe Anhang.
24 Erich Mühsam: *Briefe*, Bd. 2, S. 755.

Editorische Notiz

Die handschriftlichen Originalbriefe[25] aus den Jahren 1901 bis 1918, die der Edition zugrunde liegen, befinden sich zum kleineren Teil im Internationalen Institut für Sozialgeschichte in Amsterdam (Teil-NL Landauer, Mappen 20, 97 und 137), zum größeren Teil in der Stiftung Archiv der Akademie der Künste in Berlin (verfilmter NL Mühsam, III 5201 bis 5345). Dreizehn Briefe Landauers wurden – meist mit Kürzungen – von Ina Britschgi-Schimmer und Martin Buber in die bekannte Briefedition von 1929 aufgenommen.[26] Fünf dieser Briefe und zwei weitere Briefe Landauers veröffentlichte Jungblut im Anhang seiner Edition der Briefe Mühsams.[27] Leider sind nur sehr wenige Briefe von Erich Mühsam an Gustav Landauer erhalten (insgesamt sieben und ein Briefauszug), so dass wir frühzeitig den Plan fassten, ersatzweise Passagen aus dem Tagebuch, das Mühsam 1910 begonnen hat, aufzunehmen. In diesen Passagen reagiert Mühsam jeweils auf Briefe Landauers oder auf Begegnungen mit ihm. Die Abschriften des Tagebuchs stellte uns zu diesem Zweck Chris Hirte (Berlin) zur Verfügung, dem wir dafür herzlich danken. Dass aus der Zeit nach dem Ersten Weltkrieg, also von November 1918 bis zu Landauers Ermordung am 2. Mai 1919, keine Briefe vorhanden sind, hat zum einen natürlich damit zu tun, dass sich beide Briefpartner überwiegend in München aufhielten und sich dort regelmäßig trafen, zum anderen wird man annehmen müssen, dass zusammen mit Mühsams Tagebüchern aus dieser Periode auch die an ihn gerichteten Briefe noch vor ihrer Verfilmung aus dem Nachlass Mühsams im Moskauer Maxim-Gorki-Institut entfernt worden sind.

Rechtschreibung und Zeichensetzung der Originalbriefe wurden im Allgemeinen beibehalten. Satzzeichen wurden nur dann hinzugefügt, wenn ihr Fehlen den Sinn unklar ließ oder störte. Offensichtliche Schreibfehler wurden stillschweigend verbessert. Die Schreibweise von Personennamen wurde einer Überprüfung unterzogen. Abkürzungen wurden in eckigen Klammern aufgelöst, soweit dies möglich war oder zum besseren Verständnis erforderlich er-

---

25 Die Bezeichnung „Briefe" umschließt hier auch Briefkarten, Postkarten, Ansichtskarten und Telegramme.

26 Gustav Landauer, *Sein Lebensgang in Briefen*, Hg. von Ina Britschgi-Schimmer und Martin Buber, 2 Bde., Frankfurt a. M. 1929.

27 Erich Mühsam: *In meiner Posaune muß ein Sandkorn sein, Briefe 1900-1934*, Hg. von Gerd W. Jungblut, 2 Bde., Vaduz 1984.

schien. Unsichere Lesarten sowie Textauslassungen in den Tagebuchauszügen wurden ebenfalls durch eckige Klammern ausgewiesen.

Briefe und Postkarten, die keine Datumsangabe enthalten, wurden nach dem Poststempel datiert, in einzelnen Fällen auch nach Hinweisen im Brieftext. Diese Datierungen wurden durch eckige Klammern ausgewiesen. *Eine* belanglose, undatierte und nicht datierbare Postkarte wurde nicht aufgenommen.

Bei den Fußnoten habe ich mich auf die für ein besseres Verständnis der Briefe und Tagebuchauszüge erforderlichen Erläuterungen zu unbekannten oder weniger bekannten Personen, Schriften und Ereignisse beschränkt. Um den Gesamtumfang zu begrenzen, wurde bei den Erläuterungen zu Personen in der Regel auf Quellenangaben verzichtet. Neben gedruckter Literatur habe ich hier auch Akten des Brandenburgischen Landeshauptarchivs (vormals Staatsarchiv) in Potsdam herangezogen.

Zur Ergänzung der Briefe und Tagebuchauszüge wurden in einem Anhang Aufsätze (und ein Gedicht) Erich Mühsams aus den Jahren 1903 bis 1929 wiedergegeben, die sich mit Gustav Landauers Leben und Werk beschäftigen. Die Anmerkungen zu diesen Texten stammen durchweg vom Herausgeber.

Für ihre Hilfe beim Satz und bei der Durchsicht des Manuskripts bedanke ich mich bei Frau Gerda Vorkamp (Lübeck).

Bildnachweis

[U. 1]   Horst Janssen: Porträt Erich Mühsam. Radierung; EMG, Lübeck

[U. 2]   Leerseite

[S. 1]   Privatarchiv Christoph Knüppel, Herford

[S. 2]   EMG, Lübeck

[U. 4]   Selbstkarikatur Erich Mühsams. Bleistiftzeichnung. 22.1.1912.
         Gästebuch Arthur Kutscher, Bd. 1, S. 87 (Privatbesitz Ilse Klein,
         München). Abdruck aus: Gerd W. Jungblut (Hrsg.), In meiner Posaune muß ein Sandkorn sein. Briefe 1900–1934. Vaduz: Topos 1984,
         Bd. 1, S. 140

1. AN ERICH MÜHSAM

[Berlin W., 6.4.1901]

Lieber Mühsam,

Einstweilen herzlichsten Glückwunsch![1]

Zu Tisch kann ich leider nicht kommen; ich bin eingeladen.

Heute Abend sehen wir uns.

Herzlichst Dein
Landauer

2. AN ERICH MÜHSAM

Karlsruhe (Baden), Kaiserallee 25[b], 14.6.[19]01

Mein lieber Mühsam,

Du bist ein rechter Schlaumeier und beinahe wäre ich auf Deine List hereinge-
fallen. Bei einiger Überlegung aber fand ich doch heraus, daß Du mir den Plan
Deiner Zeitschrift nur vorgespiegelt hast, um mich endlich aus meinem Schweigen herauszulocken. Wenn aus dem großen Plan unsrer Zeitschrift weiter nichts
werden sollte als Dein „Nachtlicht"[2], dann wäre das noch viel bitterer als die
trübseligen Erfahrungen mit dem Grundstück; denn Du, mein Lieber, bist ein
famoser Kerl, aber in Sachen der Schriftstellerei bist Du ein pfuschender Anfänger, von dem mir nicht sicher ist, ob er eine in Betracht kommende litterarische Begabung hat. Ich hätte Dir das viel schonender gesagt, aber wenn ich an

---

1   Mühsam feierte am 6. April 1901 seinen 23. Geburtstag.
2   Am 14. Juni 1901 wandte sich Mühsam auf Heinrich Harts Rat an den Dichter Karl Hen-
    ckell mit der Bitte, dieser möge sich an der Begründung der literarischen Zeitschrift *Frei-
    licht* beteiligen. Eine solche Zeitschrift kam jedoch nicht zustande. Vgl. Erich Mühsam:
    In meiner Posaune muß ein Sandkorn sein. Briefe 1900–1934, Hg. von Gerd W. Jungblut,
    Vaduz 1984, Bd. 1, S. 5–6.

eine gewisse Sorte Gutmütigkeit denke, die im Resultat auf nichts anderes als Cameraderie hinausläuft, steigt mir der Zorn bis zum Halse hinauf.

Die Diebstahlsgeschichte kann ich von der spasshaften Seite nehmen, aber für die kaufmännischen Geschäfte wird sich hoffentlich Einer finden, der sich nicht so damit abquält wie Julius[3].

„Es sind eine Unmenge Ausschüsse gebildet worden, die natürlich nie zusammenkommen."

Soll ich über dieses Thema, das allmählich das Leitmotiv der „Neuen Gemeinschaft" wird, vielleicht Vorträge halten? Sowie unsre N.G. etwas andres ist als eine „vielversprechende" Vereinigung, werde ich überall, wo ich meinen Fuß hinsetze, für sie öffentliche Propaganda machen.[4]

Vorerst begnüge ich mich damit, mir als Privatmensch ein Leben aufzubauen, das für mich auch Neue Gemeinschaft ist[5]; aber immer mit dem bittern Gefühl, daß es unter uns Freunde giebt, die derlei Lebensführungen nicht nur nicht für Neue Gemeinschaft, sondern sogar für eine Todsünde gegen die Allerweltsduselei halten. – Du siehst, meine letzten Erfahrungen in der Uhlandstraße[6] haben ihren Stachel zurückgelassen. Ich kann's nicht leugnen.

Mein Lieber!! Von Herzen wünsche ich Dir und uns allen alles Gute. Ringe Dich durch, auch zur Selbsterkenntnis! Grüsse alle Freunde, besonders Line Kuhlmeier und Mieschel, von dem ich lieben Brief hatte.[7]

Dein Gustav Landauer

---

3 Julius Hart (1859–1930), Schriftsteller, Theaterkritiker und Vorkämpfer des deutschen Naturalismus, 1900 Mitbegründer der Neuen Gemeinschaft. Landauer und Julius Hart waren sich erstmals 1892 bei der Gründung der „Neuen Freien Volksbühne" begegnet.

4 Landauer hatte selbst bis zu seiner Abreise im Mai 1901 der Zeitschriftenkommission und einer Kommission zur Förderung der Wohnungsausstattung angehört. Außerdem war er für die Organisation der Vorträge zuständig gewesen.

5 Landauer hatte sich 1899 von einer ersten Ehefrau Margarethe Landauer geb. Leuschner getrennt und die jüdische Dichterin und Übersetzerin Hedwig Lachmann (1865–1918) kennen gelernt, mit der er nun zusammenleben wollte.

6 In der Uhlandstraße 144 befand sich seit Februar 1901 das Gemeinschaftsheim der Neuen Gemeinschaft.

7 Lina Kuhlmeier und Wilhelm Mieschel waren Mitglieder der Neuen Gemeinschaft. 1902 wurde Mieschel Schatzmeister der neugegründeten Deutschen Gartenstadt-Gesellschaft.

3. AN ERICH MÜHSAM

London NW, 8 Wilmot Place, 14.9.[19]01

Mein lieber Erich!

Du wirst inzwischen gemerkt haben, daß ich in einer Versenkung verschwunden bin. Ich hatte herzlich den Wunsch, Dich noch einmal zu sprechen, aber ich war in den paar Tagen zu sehr in Anspruch genommen, und es ging nicht. Ich hatte ursprünglich die Absicht, ganz inkognito in Berlin zu sein, aber dann trieb's mich doch noch einmal zu Euch[8]. Da es nun doch so gekommen ist, daß ich nicht bleiben konnte, habe ich das Einzige gethan, was übrig blieb: recht eindringlich den Mahner gemacht.

Ich bitte Dich, lieber Freund, meine Adresse, meinen Aufenthaltsort und was ich Dir jetzt sagen werde, jeden Falles jedermann gegenüber zu verschweigen. Ich habe Deutschland für unbestimmte Zeit verlassen, weil ich mit der, die jetzt meine Frau ist – ich brauche Dir den Namen nicht zu nennen – so in Gemeinschaft leben will, wie ich es in würdiger Form daheim nicht könnte. Weiter ist darüber unter uns nichts zu sagen, wir kennen uns, und Du weißt, daß ich die Heimat und das, was ich darin zu wirken habe, nur ungern verlassen habe. Aber so wie ich mein Leben führe, war es mir Notwendigkeit. Überlege einmal: die, mit denen zusammen wir uns zum Thun und Leben zusammengethan hatten, Jaeckel[9], die Harts[10] u.s.w., sie hätten gewiß in meiner Lage nicht so gehandelt, sie hätten sich irgendwie abgefunden und solche Dinge nicht so entscheidend genommen. Darum aber habe ich das Vertrauen zu ihrem öffentlichen und aufbauenden Wirken nahezu verloren: weil sie ihre Person und ihr Privatleben nicht ernst und heilig genug nehmen. Ich wünschte Unrecht zu haben.

---

8 Mit „Euch" ist die Neue Gemeinschaft gemeint. Gustav Landauer und Hedwig Lachmann hatten sich 14 Tage in Berlin aufgehalten, bevor sie am 9. September 1901 über Köln und Brüssel nach London reisten.
9 Hugo Jaeckel war Mitglied der Neuen Gemeinschaft.
10 Heinrich Hart (1855–1906) war wie sein Bruder Julius Hart (siehe Anm. 3) Schriftsteller und Theaterkritiker, 1900 Mitbegründer der Neuen Gemeinschaft.

Es soll mich sehr freuen, wenn wir in Verbindung bleiben; schreibe mir. Von diesem Brief aber schweige gegen jedermann. Du gehörst zu den Wenigen, denen ich mich anvertraue.

Von Herzen Dein
Gustav Landauer

4. AN ERICH MÜHSAM

Bromley (Kent), 32B London Road, 16.1.[19]02

Lieber Erich!

Du hast mir in Deinem letzten das Erscheinen eines Blattes der Neuen Gemeinschaft als unmittelbar bevorstehend angezeigt. Ich habe es nicht erhalten.[11] Statt dessen eine Verlobungsanzeige von Julius Hart's Schwager! als Beweis, daß man bei welterschütternden Ereignissen sich meiner Adresse wohl erinnert.[12]

Herzliche Grüsse! Lass von Dir hören.

Dein G[ustav] L[andauer]

5. AN ERICH MÜHSAM

Bromley (Kent), 32B London Road, 28.2.[19]02

Lieber Mühsam,

Hab Dank für Deine ausführlichen Mitteilungen; sie sind betrübend, aber mir keineswegs überraschend. Jedenfalls hat es mich gefreut, aus Deinem Brief zu ersehen, daß Du die Augen offen hast, und daß Du fest auf Dir selber stehn

---

11 Heft 2 der *Neuen Gemeinschaft,* hg. von Heinrich und Julius Hart, erschien am 15. Januar 1902. Darin bespricht Mühsam auf S. 63-64 den Roman *Die Suchenden* von Johannes Schlaf.

12 Julius Harts Schwager, der Ingenieur Otto Mangelsdorff, war ebenfalls Mitglied der Neuen Gemeinschaft.

willst. Im schlimmsten Fall: was liegt selbst daran! Noch ein paar Menschen durchs Sieb gefallen – weiter nichts. Für Dich freilich, der Du mit Enttäuschungen erst anfängst, sind diese Erfahrungen – bisher und die noch kommen – eine schwere Probe. Sei tapfer und wachse Dich aus. Wenn Du nicht sentimental gegen Dich selber bist, giebt es nichts Bessres als solche bittern Tränke. Schlucks runter, alter Apotheker –[13]

Uns hier geht's sehr gut; ausser Kropotkins und Tarrida del Marmol, einem spanischen Anarchisten[14], haben wir fast gar keinen Verkehr. Die Vorgänge in Spanien kamen nur dem überraschend, der nicht wusste, daß der Anarchismus dort in den letzten Jahren eine große Volksbewegung geworden ist. Vorläufig sind die Rebellen blutig geschlagen worden; aber ich glaube, es war nur ein Vorspiel!

---

13 Über die „schwere Probe", die Mühsam in der Neuen Gemeinschaft erlebt, gibt ein Rückblick in seinem Tagebuch vom 4. September 1910 Auskunft: „Was ist mir überhaupt übrig geblieben von den Menschen, die ich vor nun fast 10 Jahren in der Neuen Gemeinschaft traf? Peter Hille ist schon 6 Jahre tot. Heinrich Hart, der mir immer unendlich lieber war als Julius, ist mehrere Jahre tot. Landauer ist der einzige – und der wird mir – trotz manchem! – sicher bleiben als Freund und Kamerad. Ich kann doch an diese Zeit der Neuen Gemeinschaft nicht ohne eine gewisse Rührung zurückdenken. Und doch, wie arg ist es mir da ergangen. Das war der erste große, zügellose Enthusiasmus, dem ich mich hingab, und die erste tiefe Enttäuschung. Wie ich mich hingab! Wie ich das wenige Geld, das ich hier und da zusammenscharrte, der „Sache" zutrug! Wie ich arbeitete im Dienste der Idee! – Und dann kamen die Verläumdungen. Ich suchte doch nur Anschluß an Namen! Ich wolle die Freunde ausnutzen und was noch alles. Und als ich darauf drang, daß der Brief, der an Heinrich Hart gegangen war, vorgelesen würde, wie da alle, die unterschrieben hatten, feige beiseite traten, und wie Julius Hart mir, der ich fluchte und weinte, erklärte, meine Aufregung sei ja eigentlich ein Beweis, daß mein Gewissen nicht rein sei! Pfui Teufel! Damals hat man etwas sehr Wertvolles in mir zerbrochen. Die Ungerechtigkeiten, die ich später – viel später erst, denn ich zwang mich noch etliche Monate zu der gleichen Aufopferung wie ehedem – gegen manche beging, vor allem gegen Heinrich Hart, der sie am wenigsten verdiente, die waren eine gesunde Reaktion gegen die Abscheulichkeit, die mit damals – ich war 23 Jahre alt – zugefügt wurde." – Vgl. auch Mühsams Brief an Heinrich Hart, in: Erich Mühsam, *Briefe*, Bd. 1, S. 8–9, in dem Heinrich Michalski und Fritz Ströbel als Mühsams Hauptgegner in der Neuen Gemeinschaft identifiziert werden.

14 Peter Kropotkin und der in Katalonien aufgewachsene Fernando Tárrida del Marmol (1863–1915) wohnten damals ebenfalls in Bromley bei London. 1904 übersetzte Landauer Tárridas programmatischen Essay „Anarchie ohne Adjektiv" für den *Freien Arbeiter*. Vgl. *Der freie Arbeiter*, Jg. 1, Nr. 16 (23. April 1904), S. 61–62. Außerdem sorgte Tárrida dafür, dass ein Artikel Landauers über „Neue Strömungen in Deutschland" auf Spanisch in Francisco Ferrers Zeitschrift *La Huelga General* erscheinen konnte. Vgl. *La Huelga General* Jg. 2, 25.1.1903, S. 5.

Ohne Zweifel: es giebt mehr als einen Weg in der Richtung neuer Kultur; und ich kann mir nicht helfen: trotz aller Einsicht in das Episodische und Unvollkommene, ja sogar Rückständige solcher Massenbewegungen gefiel mir doch Barcelona immer noch besser als Wilmersdorf. Ein Moment großen Lebens – vielleicht war's nicht mehr; aber das ist nicht wenig.

Ich lege hier einen offenen Brief bei und bitte Dich, ihn thunlichst bald Heinrich Hart zu übergeben. Der Inhalt erklärt sich selbst. Ich sende ihn durch Dich, weil ich will, daß dieses Verhalten gegen mich nicht ohne Zeugen ist. Ich denke, es werden etwa 6 Wochen sein, daß ich den Artikel und Brief eingesandt habe.[15]

Es versteht sich, daß Du mir immer mehr mitteilen kannst als ich Dir. Laß also recht bald und ausführlich wieder von Dir hören. Grüsse Otto's herzlich.[16]

Viele gute Grüsse! Dein
Gustav Landauer

6. AN ERICH MÜHSAM

Bromley (Kent), 32B London Road, 6.4.[19]02

Mein lieber Mühsam!

Mir fällt ein, daß entweder heute oder übermorgen Dein Geburtstag ist. Jedenfalls gratuliere ich Dir sehr herzlich; freu Dich des ernst genommenen Lebens, so gut es Dein ganzer Mensch vermag; es bleibt uns nichts andres übrig, als zu finden, das Leben sei eine fürtreffliche Sache, und uns Zwecke zu setzen.

Gestern erhielt ich eine ungenügend frankierte Drucksache der N[euen] G[emeinschaft]; ich nahm von ihrem Inhalt Kenntnis und liess sie zurückgehen.

---

15 Weder der erwähnte Artikel Landauers noch sein offener Brief wurde in dem Mitteilungsblatt *Neue Gemeinschaft* veröffentlicht.
16 Adolf Otto (1872–1943) und Landauers spätere Schwägerin Franziska Lachmann (1874–1947), Mitglieder der Neuen Gemeinschaft. Das Paar heiratete am 8. Oktober 1907 in Berlin. Otto war im November 1902 Mitbegründer der Deutschen Gartenstadt-Gesellschaft und wurde 1904 erster Vorsitzender und 1911 Generalsekretär dieser Gesellschaft. Adolf und Franziska Otto wohnten ab 1914 in der von Bruno Taut entworfenen Gartenstadt Falkenberg in Grünau bei Berlin. Vgl. Renate Amann: *Adolf Otto, Wohn- und Sozialreformer. Eine Biografie im Spiegel der Zeit,* Berlin 2001.

Den Harts ist es natürlich nicht eingefallen, etwas von sich hören zu lassen.

Heute fass ich mich so kurz; Geburtstagskuchengebackenwerdens halber ist keine Zeit. Wir werden ein Stück auf Dein Wohl essen.

Leb recht wohl! Mit herzlichstem Gruß der Deine

Gustav Landauer

N.S. Bitte, Weidner[17] mit bestem Gruß zu sagen, daß ich mich des wiedererstehenden A[rmen] K[onrads] sehr freuen würde und natürlich gern mitarbeitete.[18]

7. AN ERICH MÜHSAM

Bromley (Kent), 8.4.[19]02

Lieber Mühsam,

Schönsten Dank für Dein freundliches Gedenken. Hast Du meinen Geburtstagsbrief erhalten? Ich habe ihn aus Versehen 11 statt 18 adressiert.[19] Nächstens mehr und Erfreuliches. Es geht gut, und das Beste Deiner Freundeswünsche ist mir erfüllt.

Herzlichst Dein
G[ustav] L[andauer]

---

17 Albert Weidner (1871–1946), Anarchist und Mitglied der Neuen Gemeinschaft. Landauer hatte ihn 1893 in Berlin kennen gelernt und mit ihm und Wilhelm Spohr den zweiten *Sozialist* (1895–1899) herausgegeben.

18 Die anarchistische Zeitschrift *Der arme Konrad* war unter der Leitung Weidners von 1896 bis 1899 erschienen. Die neue Zeitschrift, die Weidner zusammen mit Mühsam in Friedrichshagen bei Berlin herausgab, nannte sich dann *Der arme Teufel* und erschien erstmals am 1. Mai 1902.

19 Mühsam wohnte in Wilmersdorf bei Berlin, Badensche Straße 18.

8. AN ERICH MÜHSAM

Bromley (Kent), 32B London Road, 27.4.[19]02

Lieber Mühsam!

Ich habe Dir versprochen Dir bald Erfreuliches mitzuteilen; hier ist es, aber behalte es für Dich. Ich will dann lieber selbst den Eingeweihten Mitteilung machen.

Wir werden, wenn es geht, schon Anfang Juni nach Deutschland zurückkehren. Es hat sich an den Verhältnissen nichts geändert, aber wir wollen lieber einige Unannehmlichkeiten auf uns nehmen, als in der Fremde verkümmern.

Nun habe ich eine Bitte an Dich. Kannst Du Dir die Zeit nehmen, so bald als möglich für uns Wohnung zu suchen? In einem Vorort der folgenden Art: Karlshorst, Grünau, Kiekemal (Hirschgarten), die Gegend Lichtenbergs oder Friedrichsfelde's, die Karlshorst benachbart ist[20], Nowawes–Neuendorf[21] oder was Dir sonst an ähnlichen Vororten geeignet scheint. […]gelegene Teile Charlottenburgs sind nicht ausgeschlossen, aber nicht erwünscht. Gas und Wasserleitung ist fast Bedingung. Ich möchte nicht über 600 M hinausgehen, scheint Dir etwas sehr geeignet, darfst Du bis 700 gehen. Drei Zimmer und Küche mindestens, vier sind angenehmer. (Wir werden im Hochsommer ein Kind haben und brauchen zwei Arbeitszimmer.) Bitte teile mir gleich mit, ob Du Zeit und Lust hast; ich sende Dir dann Fahrgeld, denn Du kannst das nicht alles selbst tragen.

Gefällt Dir eine Wohnung so, daß Du Dir sicher bist, unser Wohlgefallen zu finden, dann darfst Du sie gleich mieten. Du bist dann autorisiert, dem Hauswirt (zunächst ohne Nennung der Namen) reinen Wein einzuschenken, die Wohnung muß dann entweder pro forma in zwei geteilt werden und wir beide besonders angemeldet werden; oder es muß im selben Haus mir eine Dachkammer oder ein leeres Zimmer gemietet werden (und die Wohnung von „Frl. L[achmann]" gemietet werden) oder, im unerwünschtesten Fall, werde ich der Aftermieter bei Frl. L[achmann]. Schliesslich kannst Du auch dem Hauswirt die Wahl lassen, was er vorzieht. Du brauchst Dich nicht zu genieren; Berliner Hauswirte sind

---

20 Alle Vororte und Kolonien, die Landauer hier aufzählt, liegen im Osten bzw. Südosten Berlins.
21 Nowawes und Neuendorf sind heute Ortsteile von Babelsberg.

nicht so, besonders in den Vororten.- Du musst dann gleich irgend etwas Bindendes schriftlich ausmachen oder wenigstens Dir Frist geben lassen, bis ich selbst die Unterhandlungen aufnehmen kann.

Ist es aber nicht so eilig, und hast Du die Auswahl zwischen mehreren Wohnungen, die geeignet scheinen, dann bitte ich Dich, Dich (per Brief) mit meinem Schwager, Herrn Georg Lachmann[22], Brunnenstraße 138 (bei Frau Marcuse) in Verbindung zu setzen und nach seinen Ratschlägen zu handeln. Ich werde ihm das Nötige morgen schreiben. Die Wohnung soll vom 1. Juli ab gemietet werden; um so besser, wenn sie schon vorher beziehbar ist.

Nun mach einen Luftsprung, und hilf mir so gut und besonnen Du kannst.

Herzliche Grüsse von uns beiden! Dein
G[ustav] L[andauer]

Schreib Deine Adresse!
N.S. Wenn's nicht was ganz besonders Schönes ist, berate Dich jedenfalls erst mit meinem Schwager!

9. AN ERICH MÜHSAM

[Bromley (Kent),] 12.5.[19]02

Lieber Mühsam,

Herzlichen Dank für die viele Mühe, die Du Dir giebst. Auch werde ich Dir in den nächsten Tagen einen kleinen Beitrag zu Deinen Fahrtkosten senden.

Über die Wohnung in Bernau lässt sich gar nichts Abschliessendes sagen, solange wir nicht ein deutlicheres Bild von ihr haben. Also sage uns – wenn Du nicht inzwischen überhaupt Geeigneteres gefunden hast – :
1) altes oder neues Haus?
2) gieb uns ein Bild von der ungefähren Grösse und Höhe der Zimmer.
3) Wo ist das Closet?

---

22 Georg Lachmann (1867–1941), ein Bruder Hedwig Lachmanns, der in Berlin eine Wäscherei betrieb.

4) Ist wenigstens ein Ausguss da?

Wenn diese 4 Fragen zufriedenstellend zu beantworten wären, könnte die Wohnung oder vielmehr die beiden Wohnungen ja in Betracht kommen.

Im übrigen würde ich Dir raten, von jetzt ab die Wohnung für einen alleinstehenden Herrn mit Haushälterin zu mieten, wenn Dir nicht der Vermieter den bestimmten Eindruck macht, daß eine andere Darstellung am Platze ist. Das erstere ist jedenfalls der harmloseste Ausweg. Wenn Dir inzwischen nicht Lust und Zeit vergangen ist, möchte ich Dich noch auf Pankow und Nowawes–Neuendorf sowie Potsdam hetzen.

Ich möchte allerdings so bald wie möglich wissen, wohin wir gehören, möchte aber auch nichts überstürzen, da wir unsre Zelte erst Anfang Juni abbrechen und die Möbel 3 Wochen unterwegs sind. Ich denke schon, daß sich in der Zeit etwas mit Gas, Wasserleitung und Closet in der Wohnung findet. Die Berliner Sommerjuden sind nicht so gefährlich; die Hauswirte vermieten lieber fürs ganze Jahr. Rücke aber etwas näher an Berlin oder in neu entstandene Colonien. Mit Weidner kannst Du über die Sache sprechen; ich habe ihm heute geschrieben.

Nebenbei bemerkt: Das Schönste von Bernau's weiterer Umgebung hast Du gar nicht erwähnt: prachtvolle Buchenwälder um den Liepnitzsee herum. Du siehst, ich kenne die Gegend.

Wenn Du meinst, Du kannst die 4 Fragen günstig beantworten, kannst Du ja immerhin, bis wir uns entschieden haben, den Wirt etwa per Postkarte ein bisschen warm halten.

Herzlichen Gruß Dein
G[ustav] L[andauer]

10. AN ERICH MÜHSAM

[Bromley (Kent),] 24.5.[19]02

Lieber Erich!

Vielen herzlichen Dank. Leider aber hat Herr Gutschow[23] die Verträge nicht unterschrieben; ich habe sie ihm mit unsern Unterschriften eben geschickt und ihn gebeten, sie sofort mit seiner Unterschrift an Dich zu senden. Wir reisen nämlich Dienstag. Wärst Du so gut, wenn Du die Verträge bis Dienstag früh nicht hast, noch einmal (Dienstag) hinauszufahren, nach dem Rechten zu sehen und mir telegraphisch (ebenfalls Dienstag) Bescheid zu geben, an diese Adresse:

Madame Zucker[24]
43 rue Camusel
Bruxelles.

Dort sind wir bis Mittwoch Mittag. Du also <u>vor Montag Mittag schreiben</u>, dann schreibe; sonst telegraphiere.

Auf Wiedersehen, Lieber! Deine politischen Gedichte sind über alles Erwarten <u>gut</u>.[25]

Dein G[ustav] L[andauer]

---

23 Landauers zukünftiger Vermieter in Hermsdorf bei Berlin.
24 Gertrud Zucker geb. Simmel (1869– nach 1905), vermutlich Lehrerin, Mitglied der Neuen Gemeinschaft. In Brüssel hielt sich Gertrud Zucker nur vorübergehend auf. Ab dem 1. Juli 1902 wohnte sie wieder in Berlin. 1903 wurde sie von ihrem Ehemann, dem Kaufmann Max Zucker (1871–1941), der ebenfalls der Neuen Gemeinschaft angehörte, geschieden.
25 In den ersten drei Nummern des *Armen Teufel* war jeweils ein politisches Gedicht von Mühsam erschienen.

11. AN ERICH MÜHSAM

Bromley (Kent), 32B London Road, 26.5.[19]02

Lieber Mühsam,

Hab sehr vielen Dank für Deine Bemühungen und entschuldige, daß ich meinen Beitrag noch nicht habe leisten können. Aber mir stehen jetzt durch den Umzug so grässliche Kosten bevor. Lass es mich Dir dann persönlich geben.

Ich habe, als ich mein Telegramm vorige Woche an Dich richtete, sofort auch an den Wirt in Hermsdorf geschrieben; habe aber von ihm keine Antwort. Sein Hinziehen gefällt mir nicht, und wie seine andern Wohnungen sind – sind die auch in Hermsdorf? – wissen wir noch nicht; z.B. ob sie trocken sind. Die Wohnung, die Du gesehen und beschrieben hast, möchte ich sehr gern, und ich bitte Dich ihm mitzuteilen, daß ich bereit bin, wenn er es verlangt, das erste Quartal sofort nach meiner Ankunft in Berlin zu zahlen; es genügt mir aber, einen vorläufigen Vertrag inzwischen zu haben, wonach er zurücktreten darf, wenn er das Geld für das 1. Quartal nicht spätestens am 15. Juni hat. Verstehst Du? Ich lege Wert darauf, so schnell wie möglich den Kontrakt mit seiner Unterschrift zu haben, kann aber von hier aus kein Geld schicken; und für ihn ist es ja genau dasselbe.

Mit meinem kleinen Artikel scheine ich ja richtig ins Wespennest gestochen zu haben.[26] Sei versichert, daß es sich mir nur um eine ernste Sache, um die Klärung der Köpfe und die Festigung der Herzen handelt. Wenn sie in Schlachtensee diese meine Anschauungen nicht immer gekannt haben, ist es ihre eigene Schuld; ich habe sie oft genug auch in der Uhlandstraße ausgesprochen. Und daß ich sie jetzt direkt auf J. Hart anwenden muß, daran ist sein 2. Buch schuld, das dem Faß den Boden ausschlägt.[27]

Daß Du meinen Artikel nicht völlig verstehen kannst, dürfte Dich nachdenklich stimmen. Die Gedanken sind so scharf und klar ausgearbeitet, als es in diesem Bereich irgend möglich ist. Wenn Du also da nicht alles verstehst, warst Du

---

26 Gustav Landauer: „Über Weltanschauungen", in: *Der arme Teufel,* Jg. 1, Nr. 2 (17. Mai 1902), S. 4–5. – Landauer wendet sich in dieser Zuschrift vor allem gegen Julius Harts Versuch, eine fertige Weltanschauung zu formulieren.

27 Julius Hart: *Zukunftsland,* Bd. 2: *Die neue Welterkenntnis,* Leipzig (Eugen Diederichs) 1902. Vgl. auch Landauers Besprechung in *Die Kultur,* Jg. 1 (1902), H. 10, S. 607–617.

gewiß nie in der Lage, zu Julius Hart's Schriften Stellung zu nehmen. Aber es ist schon so: die wirre Unklarheit nimmt ein, wo das bloße Aufzeigen der Probleme, die zu Grunde liegen, erst zeigt, wie schwer und kompliziert die Dinge sind. – Ich habe jetzt angefangen, und werde nicht müde werden, die ruhebedürftigen Positivisten von ihren Lagern aufzustören. Was sie Weltanschauung nennen, ist in Wahrheit ein Sophakissen.

Ich hoffe, Du begehst nicht auch den Irrtum, positives Bauen und Thun mit positiven Glaubensartikeln zu verwechseln. Eben dieses Schaffen will ich aus der unnatürlichen Verbindung befreien, zu der es genötigt werden soll. Wie oft hab' ich das gesagt; als ich über Nietzsche sprach[28] und über Tolstoj[29], und über Mauthner's Sprachkritik[30] und in der zweiten Flugschrift[31], und schon gleich zu Beginn im Beethovensaal[32], und in meiner Besprechung der ersten Flugschrift in der „Zukunft"[33] – – – Sollten sie's wirklich nie verstanden haben?

Die Stuttgarter „Freiheit" habe ich nicht gesehen; es liegt auch nichts dran, was dieser genügsame Leserkreis sich von einem Verrückten sagen lässt.[34]

---

28 Am 20. Januar 1901 hatte Landauer in der Neuen Gemeinschaft über „Nietzsche und die neue Generation" gesprochen.

29 Am 21. April 1901 hatte Landauer in der Neuen Gemeinschaft über Tolstoi gesprochen.

30 Am 2. März 1901 – möglicherweise noch an weiteren Abenden – hatte Landauer in der Neuen Gemeinschaft über Mauthners Sprachkritik gesprochen. Den Schriftsteller und Philosophen Fritz Mauthner (1849–1923) hatte Landauer im Herbst 1889 in Berlin kennen gelernt und war seitdem mit ihm befreundet. Vgl. Gustav Landauer – Fritz Mauthner, *Briefwechsel 1890–1919*, Hg. von Hanna Delf und Julius H. Schoeps, München 1994, S. 42.

31 *Das Reich der Erfüllung, Flugschriften zur Begründung einer neuen Weltanschauung*, Hg. von Heinrich und Julius Hart, Heft 2, Leipzig (Eugen Diederichs) 1901. Darin enthalten ist Gustav Landauers Vortrag „Durch Absonderung zur Gemeinschaft" (S. 45–68).

32 Im Beethovensaal der Berliner „Urania" fand am 1. September 1900 eine Festversammlung der Neuen Gemeinschaft statt, auf der Landauer über ein unbekanntes Thema sprach. Weitere Redner waren Julius Hart und Felix Hollaender. Vgl. Susanne Raddatz: *Die „Neue Gemeinschaft" (1900–1904) und der Anarchismus*, M. A. Osnabrück 1995, S. 104.

33 Gustav Landauer: „Zukunft-Menschen", in: *Die Zukunft*, Jg. 8, Bd. 31 (23. Juni 1900), S. 529–534. Landauer bespricht hier Heinrich und Julius Hart: *Vom höchsten Wissen, Vom Leben im Licht, Ein vorläufig Wort an die Wenigen und an Alle*, Leipzig (Eugen Diederichs) 1900 [= *Das Reich der Erfüllung*, H. 1].

34 Die anarchistische *Freiheit, Organ der deutschen Föderation revolutionärer Arbeiter* erschien in „neuer Folge" erstmals am 1. Dezember 1900, ging jedoch bereits im November 1902 wieder ein. Herausgeber war der Bürstenmacher und ehemalige Sozialdemokrat Wilhelm Hugo Klink (1875–1922) aus Stuttgart-Feuerbach, eine unter den Anarchisten äußerst umstrittene Figur. Mitarbeiter waren auch Christian Ommerborn und Willy Schlüter, die früher für den *Sozialist* geschrieben hatten. Mühsam hatte sich in seinem Brief über „Anpöbelungen" Landauers in einer Zuschrift des Anarchisten Hugo Grünwald aus

Bitte schreibe mir gleich, wenn Du weisst, daß Hedwig Lachmann's Gedichte im Verlag Schuster & Loeffler erscheinen werden![35] Deine Worte klingen so, als ob das Erscheinen bereits irgendwo angekündigt wäre; es ist aber noch kein Kontrakt gemacht.[36] Um ein Recensionsexemplar brauchst Du Dich nicht zu bemühen; Du wirst rechtzeitig eines erhalten.

Herzlichste Grüsse von uns beiden! Dein
Gustav Landauer

London empört. In dieser Zuschrift, die auch das bevorstehende Erscheinen des *Armen Teufels* kritisierte, hieß es: „Ohne Zweifel weiß Landauer die Feder geschickter zu handhaben als *N[eues] L[eben]* oder *Freiheit;* doch im *Sozialist* hat er nichts von der Entschiedenheit und Befähigung gezeigt, welche in Deutschland zur Ausbreitung der Idee notwendig sind. Jenes Blatt – ich kenne nur die beiden letzten Jahrgänge, wirkte auf den Anarchismus genauso einschläfernd und zersetzend, wie *Vorwärts* auf die Sozialdemokratie. Immer predige er jenen hohlen ‚Edelanarchismus', der nur für die wenigen erlesenen Geister da ist, welche bereits jenseits von aller Agitation und Parteigetriebe stehen. Den deutschen Anarchismus auf die friedliche Bahn fruchtloser Versuche und unklarer Spekulation zu leiten, war leicht verständlicher Zweck. Über Revolution wurde ja recht hübsch deklamirt, doch das besorgten die Sozialdemokraten seit langer Zeit ebenso und noch hübscher. [...] Und so urteile ich nach dem, was ich von ihm las, nach dem Wenigen, was ich mit ihm sprach. Aus Letzterm ersah ich, dass er auch nicht einen Schritt weiter ist als vor vier Jahren, noch immer ist er ‚Edelanarchist'. Unsere ganze erlogene Wissenschaft, unsere moderne deutsche, so mittelmässige Litteratur sind ihm etwas Positives und Absolutes, wogegen Widerspruch Profanation und Wahnsinn bedeutet. [...] Er lebt auch gar nicht unter den Arbeitern, ein Gleicher mit Gleichen, ein primus inter pares, er achtet sie nicht einmal, er will sie bevormunden." („Zum Generalstreik", in: *Freiheit,* Jg. 3, Nr. 5, 15.5.1902, S. 22).

35 Hedwig Lachmann: *Im Bilde. Gedichte, auch Nachdichtungen.* Berlin und Leipzig (Schuster & Loeffler) 1902.

36 Hedwig Lachmann schrieb am 26. Mai 1902 an Richard Dehmel: „Schuster und Löffler haben mir vor mehreren Wochen erst provisorisch Bescheid gegeben, daß sie die Gedichte nehmen wollen und ein Schreiben mit den näheren Bedingungen in Aussicht gestellt, das ich nun noch erwarte." (NL Dehmel, SUB Hamburg)

12. AN ERICH MÜHSAM

[Hermsdorf,] Freitag. [6.6.1902]

Lieber Erich,

Gestern angekommen, <u>sehr</u> befriedigt von der Wohnung, die wir sofort bezogen haben.

Ich bin morgen in Fr[iedrichs]hagen, und würde mich freuen, Dich zwischen 5 und 6 in Deiner Behausung zu treffen.

Auf Wiedersehn! Dein
G[ustav] L[andauer]

13. AN ERICH MÜHSAM

[Hermsdorf,] Montag. [23.6.1902]

Lieber Mühsam,

Laß Dich doch bald mal sehen. Vielleicht morgen?

Herzlichst Dein
G[ustav] L[andauer]

14. AN ERICH MÜHSAM

[Hermsdorf,] Mittwoch. [25.6.1902]

Lieber Mühsam,

Ich werde also Sonnabend gegen 5 Uhr bei Dir sein und bitte Dich Herrn Bab[37]
zu benachrichtigen.

Herzliche Grüsse Dein
G[ustav] L[andauer]

15. AN ERICH MÜHSAM

[Hermsdorf,] Montag. [7.7.1902]

Lieber Herr Mühsam!

Unsere Sachen sind endlich da! Können Sie morgen herauskommen u. beim
Auspacken helfen? Sie würden sehr erfreuen

H[edwig] + G[ustav] L[andauer]

16. AN ERICH MÜHSAM

[Hermsdorf,] 16.8.[19]02

Lieber Mühsam!

Ein Töchterchen kam heute an. Die Mutter ist wohl.[38]

---

37 Julius Bab (1880–1955), Theaterkritiker und Dramaturg, Mitglied der Neuen Gemeinschaft, später Mitarbeiter der „[Neuen] Freien Volksbühne". Bab hatte Mühsam damals
mehrfach mit Geldbeträgen ans der Klemme geholfen. Er verfasste einen Nachruf auf
Hedwig Lachmann und sprach am 25. Mai 1919 bei der Gedächtnisfeier der „Freien
Volksbühne" für Gustav Landauer.

38 Gudula Susanne Landauer wurde in der Nacht vom 15. auf den 16. August geboren. Später studierte sie in Berlin Musik. Nach 1933 versuchte sie vergeblich, in die Vereinigten
Staaten zu emigrieren. Sie überlebte das Dritte Reich dank ihrer Scheinehe mit einem

Herzlichst Dein

G[ustav] L[andauer]

17. AN ERICH MÜHSAM

[Hermsdorf,] 17.8.[1902]

Lieber Freund!

Ich dachte, Du seiest in Waidmannslust?[39] Hast Du den Brief erhalten?
Mutter und Tochter sind sehr wohl.

Von Herzen Dein

G[ustav] L[andauer]

18. AN ERICH MÜHSAM

[Berlin N.,] Sonnabend. [17.8.1902]

L[ieber] M[ühsam]

Mein Schwager macht sich darauf gefasst, daß Du ihm gratulieren willst und
lässt Dich daher bitten, es nicht per Postkarte zu thun. Das hat so seine Gründe –[40]

Es geht alles sehr gut.

Herzlichst Dein

G[ustav] L[andauer]

---

homosexuellen amerikanischen Pianisten und konnte im Sommer 1946 nach New York
ausreisen. Dort starb sie wenig später an den Folgen eines Verkehrsunfalls.

39 In Waidmannslust bei Berlin (heute: Berlin-Reinickendorf) bewohnte Leopold Cohn, ein
wohlhabender Onkel Mühsams, eine große Villa. Vgl. hierzu Erich Mühsam, *Briefe*,
Bd. 1, S. 14–15.

40 Mit dem „Schwager" dürfte Landauer selbst gemeint sein. Als seine Tochter Gudula geboren wurde, war Landauer noch nicht mit Hedwig Lachmann verheiratet, sondern immer
noch mit seiner ersten Frau Margarete Landauer geb. Leuschner.

19. AN ERICH MÜHSAM

[Hermsdorf,] Freitag. [30.8.1902]

L[ieber] M[ühsam]

Komm Sonntag lieber noch nicht; wir haben ein paar schwere Tage durchgemacht; keine unmittelbare Gefahr, aber doch viel Not und Sorge. Ich glaube, es geht jetzt schnell aufwärts, aber es giebt viel zu thun und wir sind jetzt noch besser allein. Das Kind ist wohl und entzückend.

Vielen Dank!

Herzlichst Dein
G[ustav] L[andauer]

20. AN ERICH MÜHSAM

[Hermsdorf,] Sonnabend. [20.9.1902]

Lieber Mühsam,

Im Befinden meiner Frau ist keine wesentliche Veränderung eingetreten; jedenfalls keine Verschlimmerung; aber auch keine merkliche Besserung.

Sei gegrüsst! Dein
G[ustav] L[andauer]

21. AN ERICH MÜHSAM

Hermsdorf (Mark), 7.10.[19]02.

Lieber Mühsam,

In die Versammlung konnte ich nicht kommen[41]; hatte Besuch von meinem Freund Mauthner.

Willst Du diesen Sonnabend Nachmittag zu uns kommen? Es passt uns besser als Sonntag. Meine Frau geht nun schnell der Genesung zu.

Herzlichen Gruß Dein
G[ustav] L[andauer]

22. AN ERICH MÜHSAM

[Berlin N.,] Dienstag. [18.11.1902]

L[ieber] M[ühsam]

Schön! – Es würde mir passen, wenn Schlüter[42] und Du Freitag so kämet, daß Ihr zwischen 4 und 7 Nachm. hier seid. – Ich habe in dieser Woche viel zu thun, so daß ich die mehreren Besuche, die sich angemeldet haben, auf bestimmte Zeiten festlegen muß. Aber ich freue mich sehr.

Herzlichsten Gruß, Dein
G[ustav] L[andauer]

---

41 Vermutlich eine Versammlung des Berliner „Vereins freiheitlicher Sozialisten".
42 Willy Schlüter (Pss. Pico, Samitasa, 1873–1935), ehemaliger Anarchist aus Hamburg, Mitarbeiter des frühen *Sozialist* und des *Armen Teufels,* der sich besuchsweise in Berlin aufhielt. Seit 1903 machten sich bei Schlüter völkische und auch antisemitische Tendenzen bemerkbar; dennoch druckten bis zum Ersten Weltkrieg anarchistische und anarchosyndikalistische Zeitschriften Artikel von ihm. Von 1903 bis 1907 war er Privatsekretär und Gehilfe des Soziologen Ferdinand Tönnies in Eutin.

23. AN ERICH MÜHSAM

[Hermsdorf, 25.11.1902]

Lieber Mühsam!

Schlüter hat geschrieben, daß er durch Influenza am Kommen verhindert war und daß er hofft noch kommen zu können. Gab aber leider keine Adresse an. Vielleicht teilst Du ihm mit, daß es mir sehr recht wäre, ihn hier zu sehen. Nicht Mittwoch, da bin ich in Friedrichshagen.

Herzliche Grüsse,
Dein Gustav Landauer

24. AN ERICH MÜHSAM

[Berlin N., 7.12.1902]

Lieber Mühsam,

Ein Katarrh lässt mich heute nicht nach Schlachtensee gehn.[43]

Wenn es Dir so passt, sei morgen zwischen 4 und 1/2 5 Uhr im Caffee Josty am Potsdamer Platz. – Was Du mir sagen willst, dürfte ich zwar schon wissen, aber komm, wenn Du nichts Besseres vorhast.

Herzlichen Gruß Dein
G[ustav] L[andauer]

---

43 Am 7. Dezember 1902 fand in Schlachtensee bei Berlin ein Winterfest der Neuen Gemeinschaft statt, über das Mühsam im *Armen Teufel* berichtet. Gertrud Eysoldt rezitierte
Gedichte von Friedrich Hebbel, Julius Hart sprach über das „Märchen der Dezember-
nacht". Es handelte sich um die erste öffentliche Veranstaltung der Neuen Gemeinschaft
nach einer mehr als sechs Monate währenden Phase der „Konzentration". Vgl. die Ankündigung in der *Welt am Montag,* Nr. 48, 1.12.1902, 1. Beilage [„Neues vom Tage"];
Erich Mühsam: „Die neue Gemeinschaft", in: *Der arme Teufel,* Jg. 2, Nr. 1 (10.1.1903),
S. 5. – Seltsamerweise wird die Veranstaltung bei Wulf Wülfing u. a. (Hg.) *Handbuch*

„Salome" bring ich Dir mit.[44]

25. AN ERICH MÜHSAM

[Hermsdorf,] 9.1.[19]03

L[ieber] M[ühsam]

War mir bereits bekannt, kann aber diesmal nicht. Aber die Bewegung wird ja
wohl weiter gehn, und dann bin ich dabei.[45]

Herzliche Grüsse! Dein
G[ustav] L[andauer]

---

literarisch-kultureller Vereine, Gruppen und Bünde 1825–1933, Stuttgart und Weimar
1998, S. 365 nicht aufgeführt; vgl. dagegen Susanne Raddatz, *„Neue Gemeinschaft"*, S.
111.

44 Oscar Wilde: *Salome*. Tragödie in einem Akt. Übertragung von Hedwig Lachmann. Leipzig (Insel-Verlag) 1903 [1902]. – Hedwig Lachmanns Übertragung der Tragödie war bereits im September 1902 erschienen. Am 15. November 1902 war die Tragödie erstmals
im Rahmen einer Oscar Wilde-Matinee im Kleinen Theater, das von Max Reinhardt geleitet wurde, vor geladenem Publikum aufgeführt worden. Vgl. Siegfried Jacobsohn:
„Künstlerisches", in: *Die Welt am Montag*, Nr. 46, 17.11.1902.

45 Landauers Bemerkungen beziehen sich offenbar auf die Gründung der Deutschen Gartenstadt-Gesellschaft, die im November 1902 erfolgt war. Die geplanten Gartenstädte sollten
„alle Vorteile von Land und Großstadt, Industriestadt und Villenstadt miteinander verbinden". Von der Neuen Gemeinschaft gehörten der Gesellschaft als Gründungsmitglieder
u. a. Heinrich und Julius Hart, Magnus Hirschfeld, Bernhard Kampffmeyer, Wilhelm
Mieschel, Adolf Otto und Robert Tautz an. Am 9. Januar 1903 sprach Bernhard Kampffmeyer im Berliner Architektenhaus, Wilhelmstraße 92, über die englische Gartenstadtbe-
wegung. Albert Weidner berichtete über diese Veranstaltung im *Armen Teufel*. Im weiteren Verlauf des Jahres nahm auch Landauer an Veranstaltungen der Gesellschaft teil. Vgl.
die Ankündigung in der *Welt am Montag*, Nr. 1, 5.1.1903 [„Neues vom Tage"]; Heinrich
Hart: „Gartenstädte", in: *Neue Gemeinschaft*, H. 6/7 (November 1902), S. 209–211; Albert Weidner: „Zukunftsland", in: *Der arme Teufel*, Jg. 2, Nr. 2/3 (Januar 1903), S. 9.

26. AN ERICH MÜHSAM

Hermsdorf. [18.2.1903]

L[ieber] M[ühsam]

Ich bitte Dich, mich morgen (Donnerstag) Vormittag <u>bestimmt</u> 11[42] Uhr Bahnhof Friedrich<u>shagen</u> zu erwarten.

Herzliche Grüsse, Dein
G[ustav] L[andauer]

27. AN ERICH MÜHSAM

[Hermsdorf,] Mittwoch. [25.2.1903]

L[ieber] M[ühsam]

Den A[rmen] T[eufel], auf den Du Bezug nimmst, habe ich bisher nicht erhalten.[46]

Mauthner hält seine Vorlesung vorläufig nicht, da er krank ist.[47]

Herzliche Grüsse! Dein
G[ustav] L[andauer]

---

46 Im *Armen Teufel*, Jg. 2, Nr. 6 (21. Februar 1903) war u. a. ein satirisches Gedicht Mühsams anlässlich der „Huldigungsauffahrt" deutscher Automobilclubs vor Kaiser Wilhelm II. erschienen.

47 Die Berliner „Freie Hochschule" hatte für den 27. Februar 1903 eine Veranstaltung angekündigt, auf der Fritz Mauthner aus seinen *Beiträgen zu einer Kritik der Sprache* vorlesen wollte. Wegen einer Erkrankung Mauthners übernahm dann Landauer diese Vorlesung. Einführende Worte sprach der Philosoph und Mitbegründer der „Freien Hochschule" Theodor Kappstein. Vgl. die Ankündigung in *Der arme Teufel*, Jg. 2, Nr. 6 (21. Februar 1903), S. 5; Gustav Landauer – Fritz Mauthner, *Briefwechsel*, S. 74–77.

28. AN ERICH MÜHSAM

[Hermsdorf,] 3.3.[1903]

L[ieber] M[ühsam]

Ich werde im Architektenhaus drei Vorträge über Mauthner's Sprachkritik halten; den ersten am 12. März.[48] Willst Du mir (gegen Entschädigung) beim Arrangement behilflich sein, so erwarte mich morgen (Mittwoch) 1/2 3 Uhr Caffee Monopol, erhältst Du die Karte zu spät, so warte Donnerstag Nachmittag in Friedrichshagen in Deiner Wohnung auf mich. Lieber ist mir morgen.

Herzlichen Gruß, Dein
G[ustav] L[andauer]

29. AN ERICH MÜHSAM

[März 1903]

Lieber Mühsam!

Ich glaube, im Architektenhaus haben sie irgendwie Plakate, um die reservierten Reihen zu bezeichnen; so etwas muß doch oft vorkommen. Andernfalls schreibe bitte etwas der Art, und bring es an den Reihen an.

Nicht wahr, es wird alles, auch am Abend selbst, gut erledigt? Ich kann mich wirklich nicht darum kümmern, wenn ich meine schwere Aufgabe gut erfüllen will. Tausend Dank!

Viele Grüsse, Dein
G[ustav] L[andauer]

---

48 Die weiteren Vorträge Landauers fanden am 18. März und 25. März 1903 statt. Vgl. die Anzeige im *Berliner Tageblatt* vom 8. März 1903, 2. Beiblatt; ferner Albert Weidners Bericht in *Der arme Teufel*, Jg. 2, Nr. 9 (25. April 1903), S. 4.

30. AN ERICH MÜHSAM

[Berlin N.,] 7.4.[1903]

Lieber Mühsam,

Herzlichen Dank; ich geb's zurück, und Dir ist viel Gutes zu wünschen. Wer ist der Herr, der mich unbekannter Weise gegrüsst hat? Hab den Namen auf der Karte nicht lesen können. Viele Grüsse, auch von meiner Frau.

Dein G[ustav] L[andauer]

31. AN ERICH MÜHSAM

Hermsdorf (Mark) 19.5.[19]03.

Lieber Mühsam,

Ich teile Dir mit, daß gestern unsre Eheschliessung vor sich gegangen ist.[49] Wie geht es?

Mit herzlichen Grüssen von uns beiden Dein
Gustav Landauer

32. AN ERICH MÜHSAM

Hermsdorf (Mark) [11.7.1903]

L[ieber] M[ühsam]

Leider war's nicht möglich; 1) viel zu thun (woran, wird sich wohl noch vor Ablauf des Monats zeigen); 2) Besuch.

49 Nach der Scheidung von Grete Leuschner hatte Landauer am 18. Mai 1903 Hedwig Lachmann geheiratet.

Vielen Dank für die Übersendung der Recension.[50] Ich finde, die „Welt als Zeit"[51] hast Du ein bisschen unvermittelt und natürlich ganz unverständlich einherschwimmen lassen. – Wenn schon nicht für mich, so war's doch für den „Volkserzieher" gut genug.

Laß Dich bald mal wieder sehn.

Herzlich Dein
G[ustav] L[andauer]

33. AN ERICH MÜHSAM

[Berlin N., 27.7.1903]

L[ieber] M[ühsam]

Teile nur doch mit, ob der Verleger Dir den „Todesprediger" geschickt hat.[52]
Gleichzeitig erhältst Du den Novellenband.[53]

Viele Grüsse! Dein
Landauer

50 Erich Mühsam: [Rezension von] Gustav Landauer, Skepsis und Mystik, in: *Der Bücher-freund* (Beilage zum *Volkserzieher*) Jg. 2, Nr. 14 (5.7.1903), S. 54. – Siehe Anhang.
51 „Die Welt als Zeit. Zum zweiten Band der Sprachkritik": Zweites Kapitel aus Gustav Landauer: *Skepsis und Mystik, Versuche im Anschluß an Mauthners Sprachkritik,* Berlin (Friedrich Fontane & Co.) 1903.
52 Gustav Landauer: *Der Todesprediger.* Roman. 2. Aufl. Dresden (Heinrich Minden) 1903.
53 Gustav Landauer: *Macht und Mächte.* Novellen. Berlin (Egon Fleischel & Co.) 1903. – Der Band enthält Landauers Novellen „Arnold Himmelheber" und „Lebendig tot".

34. AN ERICH MÜHSAM

[Hermsdorf,] Montag. [27.7.1903]

L[ieber] M[ühsam]

Ich werde Mittwoch bei der Hille-Aufführung sein.[54] Vielleicht bringst Du Dein Manuskript[55] mit. Ich hoffe, daß es mir gefällt; wenn aber nicht, hoffe ich sehr, daß Du auf mich hörst.

Inzwischen wirst Du den Novellenband erhalten haben.

Herzlich Dein
G[ustav] L[andauer]

---

54 Am 29. Juli 1903, auf den sich Landauer hier bezieht, wurden auf dem Gelände der Neuen Gemeinschaft in Schlachtensee bei Berlin die dramatischen Dichtungen „Hirtenliebe, Eine biblische Szene" und „Walther von der Vogelweide" des mit Mühsam befreundeten Dichters Peter Hille (1854–1904) aufgeführt. Veranstaltet wurden diese „Waldspiele" von Studenten der Berliner Universität, und zwar der literarischen Abteilung der Berliner Finkenschaft. Regie führten Erich Mühsam und der damalige Vorsitzende der Berliner Finkenschaft, der spätere Schriftsteller Ludwig Rubiner (1881-1920). Als Schauspieler traten Curt Behrens, Bess Brenck, Trude Sarner, Gertrud Seeliger und Walther Vegelahn auf. Unter den Zuschauern waren neben Mühsam und Landauer Heinrich und Julius Hart, Wilhelm Oeke und Johannes Schlaf. Über Landauers Reaktion auf die Aufführung berichtet Rubiner: „Der lange Gustav Landauer wirft den Kopf nach links hinten über, wickelt die Arme dreimal um sich selbst und stellt fest, daß die Aufführung zwar fürchterlicher Blödsinn war, daß aber dadurch wenigstens Werke ans Licht gekommen sind, von denen man sonst nichts erfahren hätte." („Waldspiele der Berliner Finkenschaft" [1903], in: Peter Hille, *Gesammelte Werke in sechs Bänden*, Hg. von F. und M. Kienecker, Essen 1986, Bd. 6, S. 276–280; hier S. 279) – Peter Hille hatte im April 1903 seine von den Brüdern Hart eingerichtete Wohnung auf dem Gelände der Neuen Gemeinschaft bezogen.

35. AN ERICH MÜHSAM

Hermsdorf (Mark), 30.7.[1903]

Lieber Mühsam!

Deine Widmung ehrt und freut mich sehr[56]; und daß ich nicht „gegrient" hätte, auch wenn ich Deine Gedichte samt und sonders schlecht gefunden hätte, hättest Du eigentlich wissen sollen.

Im übrigen aber habe ich Dir mitzuteilen: daß Du ein Dichter bist. Das ist mir eine rechte Freude, denn ich habe es bisher nicht wissen können.

Aber sehr viel ist schlecht, unzulänglich in Deiner Sammlung; und sehr viel sollte wenigstens viel besser sein. Das aber ist ja zunächst nicht die Hauptsache. Ich möchte gern bald Dir das bezeichnen, was mir die Gewissheit Deiner dichterischen Kraft giebt, und das Viele, was mir so oder so nicht gefällt.

Wir bitten Dich daher, wenn Dir's passt, Sonntag Vormittag zu kommen und bei uns zu Tisch zu bleiben.

Herzliche Grüsse, auch im Namen meiner Frau, Dein
Gustav Landauer

36. MÜHSAM UND PAUL SCHEERBART AN GUSTAV LANDAUER[57]

Berlin 25.VIII.[19]03.

Geehrter Herr!

Sie werden mit uns der Meinung sein, dass es so nicht weiter geht. Was zuviel ist, ist zu viel. Es geht eben nicht. Die Lethargie muß überwunden werden. Deshalb werden wir eine neue Tageszeitung gründen, – „Das Vaterland" soll sie

---

55 Gemeint ist das Manuskript von Mühsams erstem Gedichtband *Die Wüste* (1904).
56 Mühsams Gedichtband *Die Wüste* (1904) enthält die gedruckte Widmung: „dem betenden Skeptiker Gustav Landauer, dem lieblosen Schwärmer Paul Scheerbart und dem fidelen Tragöden Erich Mühsam." Vgl. Erich Mühsam: *Briefe*, Bd. 1, S. 28.
57 Das folgende Rundschreiben wurde nach Mühsams Angaben an etwa 200 Einzelpersonen (darunter auch Julius Bab und Herwarth Walden) und Zeitschriften versandt.

heissen.[58] Wir reichen Ihnen die Hand, schlagen Sie ein und kommen Sie nächsten Sonnabend (29. Aug.) zur Vorbesprechung, Friedrichstr. 46, Ecke Zimmerstr. (Schultheiss) 8 1/2 Uhr.

Frauen, besonders Frauenrechtlerinnen haben keinen Zutritt.

Mit urdeutschem Herzensgruss

Erich Mühsam   Paul Scheerbart

Berlin, W. 50.   Charlottenburg

Augsburgerstr. 46.   Kaiserfriedrichstr. 29.

37. AN ERICH MÜHSAM

[Hermsdorf,] 26.8.[1903]

L[ieber] M[ühsam]

Ich habe jetzt keine Zeit zum Bierulk.[59] Überdies begehen wir am Sonnabend den Geburtstag meiner Frau, zu dem Du, wie ich ausdrücklich bemerke, weder persönlich noch schriftlich Zutritt hast. Sei so freundlich, gelegentlich wieder eine Maskerade zu wählen, die Dir besser steht. Auch Masken haben wahrhaft zu sein.

Bestens grüssend, aber etwas zornig
Gustav Landauer-Lachmann

---

58   Paul Scheerbart, der Schriftsteller Willy Lentrodt (1864-1914) und Mühsam hatten im August 1903 beschlossen, eine neue Tageszeitung zu gründen. Diese Zeitung sollte ausschließlich „Lügen mit Hintergrund" enthalten. „Wir wollten Berichte aus allen Ländern, aber auch von allen Sternen bringen, und jeder Bericht sollte die politischen, sozialen, gesellschaftlichen, literarischen, künstlerischen und persönlichen Angelegenheiten der nahen Umwelt aus der Perspektive der Erfindung glossieren und brandmarken. Der Titel des Blattes machte keine Schwierigkeiten; es sollte *Das Vaterland* heißen, womit jene weitere Heimat gemeint war, die keine Grenzen hat und den ganzen Kosmos umfaßt." (Erich Mühsam, *Namen und Menschen, Unpolitische Erinnerungen*, S. 76–77). Als Verleger bot sich wenig später Eduard Eisselt aus Großlichterfelde bei Berlin an. Nachdem er von der antimilitaristischen Tendenz der geplanten Zeitung erfahren hatte, erteilte Eisselt den Zeitungsgründern jedoch eine Absage.

59   Mühsam schreibt über die Reaktionen auf das betreffende Rundschreiben: „Niemand wußte, was davon zu halten sei, ob wir es ernst meinten oder einen Bierulk vorhätten. Völlig klar waren wir uns darüber selber nicht." (Erich Mühsam, *Namen und Menschen, Unpolitische Erinnerungen*, S. 77–78).

38. AN ERICH MÜHSAM

Hermsdorf (Mark), 30.8.[1903]

Lieber Mühsam,

Na, lassen wir's nun. Dein Schreiben hat mich wenigstens die ko(s)mische Seite der Sache kennen gelehrt.

Wir reisen am Donnerstag für 3 Wochen in die Heimat meiner Frau. Ich bin wirklich mit Brodarbeit übermässig belastet, und wir können uns nicht mehr sehn.[60] Die Adresse: Krumbach (Bayern) b. Frau Lachmann. Auf Wiedersehen dann! Dein

Landauer

39. AN ERICH MÜHSAM

Krumbach (Bayern), 14.9.[19]03

Lieber Mühsam,

Es thut mir leid, daß Du so wenig Erfreuliches mitzuteilen hast.

Uns geht es gut; vor allem Gudula ist gesund und aufgeweckt wie nie.

Es müsste mich freuen, daß Du mit Mauthner in Beziehungen gekommen bist; doch habe ich, ehrlich gesagt, meine starken Zweifel, ob Deine „Organisation der Lüge" das geeignetste Mittel war.[61] Na, immerhin, laß dieserhalb und ausserdem den Mut nicht sinken.

Ich habe noch etwa acht Tage furchtbar zu arbeiten; dann will ich die Auffrischung versuchen.

---

60 Landauer arbeitete bis Ende September an der Übersetzung von Peter Kropotkins Buch *Mutual Aid: a factor of evolution* (1902).
61 Offenbar hatte Mühsam das Schreiben, das zur Gründung der Zeitung *Das Vaterland* aufrief, auch an Landauers Freund und Förderer Fritz Mauthner gesendet. Am 2.2.1904 bittet er Mauthner brieflich um die Rücksendung einer Rede, mit der die Zeitung eröffnet werden sollte. Vgl. Erich Mühsam, *Briefe*, Bd. 1, S. 29.

Herzliche Grüsse von uns beiden. Dein
Landauer

40. AN ERICH MÜHSAM

z. Zt. Krumbach (Bayern), bei Frau Lachmann, 27.9.[1903]

Lieber Mühsam,

Wir werden am 4./5. Oktober nach Hermsdorf zurückkehren. Ich habe die Absicht, recht bald eine öffentliche Versammlung abzuhalten, des Themas:

Die Befreiung des Sozialismus von der sozialdemokratischen Partei.

Mittlerer Saal – etwa Cohn's Festsäle. Sollte das Parteitagsprotokoll schon da sein oder dieser Tage kommen, dann schicke es mir, bitte, sofort.[62]

Könntest Du nicht im Caffee des Westens oder sonstwo leihweise Beiträge zur Deckung der Unkosten – nicht unter 35 M. – sammeln? Nach der Versammlung wird es zurückgegeben. Rede mal mit Hollaender.[63] Sollte dieser Punkt sich schnell zur Zufriedenheit erledigen lassen, dann dürftest Du auch gleich auf die Saalsuche gehen – kosten darf er nichts – ; vom 8.10. ab ist mir jeder Tag recht.

Ich behellige Dich mit alledem, weil ich weiß, daß Dir meine Absicht Freude macht.

Uns, vor allem dem Kind, geht es sehr gut.

Herzlichst! Dein
Gustav Landauer

---

62 Der sozialdemokratische Parteitag, der von der Diskussion über den Revisionismus bestimmt wurde, hatte vom 13. bis 20. September 1903 in Dresden stattgefunden. Vgl. Franz Osterroth und Dieter Schuster: *Chronik der deutschen Sozialdemokratie*, 2. Aufl. Berlin und Bonn 1975, Bd. 1, S. 111–112.
63 Gemeint ist der Schriftsteller und Dramaturg Felix Hollaender (1868–1931), den Landauer und Mühsam aus der Neuen Gemeinschaft kannten.

41. AN ERICH MÜHSAM

z. Zt. Krumbach (Bayern), 2.10.[1903]

L[ieber] M[ühsam]

Wir treffen erst Dienstag wieder in Hermsdorf ein.[64] Laß dann gleich etwas von Dir hören.

Vielen Dank und herzliche Grüsse! Dein

G[ustav] L[andauer]

42. AN ERICH MÜHSAM

Kr[umbach], 4.10.[1903]

L[ieber] M[ühsam]

Das war ein thörichter oder gar feindseliger Rat, den man Dir gegeben hat. Bitte, thu absolut nichts derart.

Morgen reisen wir; am liebsten wär' mirs, wenn Du Dich Mittwoch Vormittag sehen liessest.

Herzlichen Gruß, Dein
G[ustav] L[andauer]

---

64 Landauer und Hedwig Lachmann kehrten wie angekündigt am Dienstag, dem 6. Oktober 1903 nach Hermsdorf zurück.

43. AN ERICH MÜHSAM

[Hermsdorf, Oktober 1903]

L[ieber] M[ühsam]

Hier das Inserat. Die Zeile kostet nur 20 Pfg, das Inserat wird also M 10,80 kosten. Das beiliegende Muster ist nur eine Probe der Breite des Inserats. Laß es
also aufschreiben bis nach der Versammlung. Sollte er nicht wollen, so sag:
„Aber Sie haben es doch bei Herrn Landauer immer so gehalten." Ist Thatsache.
Geh gleich morgen hin und gieb mir Bescheid. Vergiß nicht die Welt am Montag[65]; wäre sehr wertvoll.

Viele Grüsse! Dein
G[ustav] L[andauer]

44. AN ERICH MÜHSAM

[Berlin W.,] 10.10.[1903]

L[ieber] M[ühsam]

Vielen Dank! Da bleibt nur übrig, daß Du Deine Güte vollmachst und Abends
von 1/2 8 Uhr ab mit noch Jemandem, den oder die Du wohl auftreibst, im Saale
bist. Die nötigen Teller liefert der Wirt.[66]

Herzlich grüssend Dein
G[ustav] L[andauer]

---

65 Linksliberale Berliner Zeitung, gegründet 1895 von Alfred Ploetz und Felix Hollaender.
    Für den politischen Teil war zu diesem Zeitpunkt Karl Schneidt, für den Handelsteil Carl
    Bratz, für den Feuilletonteil Max Ludwig und für Theater und Musik Siegfried Jacobsohn
    verantwortlich. In Nr. 41, 12.10.1903, erschien unter der Rubrik „Vereine und Versamm-
    lungen" die Ankündigung: „Heute bei Buggenhagen am Moritzplatz, Vortrag von G.
    Landauer über ‚Die Befreiung des Sozialismus von der Sozialdemokratie', Freie Ausspra-
    che."
66 Landauers Vortrag über die „Befreiung des Sozialismus von der Sozialdemokratie" sollte
    am 12. Oktober 1903 im Lokal Buggenhagen am Moritzplatz stattfinden.

45. AN ERICH MÜHSAM

[Berlin W.,] 10.10.[1903]

L[ieber] M[ühsam]

Leider hab ich die Versammlung vertagen müssen; die Gründe muß ich vorerst für mich behalten. Vielleicht bald einmal mündlich.[67]

Die nötigen Schritte habe ich heute gethan. Das Geld, das Du verschafft hast, hoffe ich Dir Montag oder Dienstag schicken zu können.

Aufgeschoben – nicht aufgehoben.

Dein G[ustav] L[andauer]

46. AN ERICH MÜHSAM

[Auf einer Postanweisung über 10 Mark, 80 Pf:]

Hermsdorf (Mark), 15.10.1903

Entschuldig[un]g – ging nicht früher. Montag über 8 Tage wahrscheinlich Versammlung.

Herzlichen Gruß. Dein
G[ustav] L[andauer]

---

67 Fritz Mauthner und Maximilian Harden hatten sich nach einem Hilferuf Landauers bemüht, diesem einen Redakteurposten bei der *Welt am Montag* zu verschaffen, und ihn deswegen gebeten, die geplante politische Veranstaltung abzusagen. Der bisherige politische Redakteur Karl Schneidt wurde dann jedoch im Oktober 1903 von Georg Korn abgelöst. Vgl. Gustav Landauer – Fritz Mauthner, *Briefwechsel,* S. 88–91 (mit lückenhaften Anmerkungen).

47. AN ERICH MÜHSAM

H[ermsdorf], 24.11.[19]03

L[ieber] M[ühsam]

Es wäre mir recht, wann Du Freitag oder Sonnabend <u>Vormittag</u> herauskämest. Aber wirklich <u>Vor</u>mittag, da ich Nachmittag zu arbeiten habe.

Herzlich grüssend Dein
G[ustav] L[andauer]

48. AN ERICH MÜHSAM

[Hermsdorf,] 2.12.[1903]

L[ieber] M[ühsam]

Morgen Donnerstag hier unmöglich; kann wegen Vortragsvorbereitung keine Störung brauchen.[68] Stelle Dir also anheim, entweder (mit Deinem Freund) in den Vortrag zu kommen (Beginn 4 1/2 Uhr), wo sich dann nach d. Vortrag Gelegenheit z. Aussprache fände; oder Freitag früh herauszukommen. – Plagiat? in praktischen Dingen giebt es so etwas nicht; sollten aber die Theorien gemeint sein (Verwandlung etc.), so traue ich da J.H.[69] eine erhebliche Spürnase zu. Wir wollen sehen.

Herzlichen Gruß, Dein
G[ustav] L[andauer]

---

68 Landauer hielt damals einen ersten Vortragszyklus über „Probleme unserer Zeit". Ein zweiter Vortragszyklus fand vom 14. Januar bis 3. März 1904 statt. Ort und Veranstalter der Vorträge sind nicht bekannt. Vgl. Michael Matzigkeit (Hg.) „ ...die beste Sensation ist das Ewige ... ", Gustav Landauer – Leben, Werk und Wirkung, Düsseldorf 1995, S. 337.
69 Vermutlich Julius Hart. Um was für einen Plagiatsverdacht es sich handelte, konnte nicht ermittelt werden.

49. AN ERICH MÜHSAM

Hermsdorf (Mark), 4.12.1903, 9 Uhr

Bitte Mittags 12 Monopol Landauer

50. AN ERICH MÜHSAM

[Hermsdorf,] Freitag. [12.12.1903]

L[ieber] M[ühsam]

Die Leute mit der schönen Wohnung stehen auch noch mit andern in Verhandlung. Bis Mittwoch ist die Entscheidung aufgeschoben; wenn möglich, telegraphiere Buber[70]: „Ratsam, Sonntag [oder] Montag persönlich Hermsdorf." Mir fehlt seine Adresse.

Herzliche Grüsse! Dein
Landauer

51. AN ERICH MÜHSAM

Hermsdorf (Mark), 22.12.[19]03

Mein lieber Mühsam!

Nimm also herzlichen Dank für Dein Gedichtbuch![71] Die grösste Freude hast Du mir vorweggenommen – dadurch, daß ich schon das Manuskript lesen durfte. Aber es ist durch viele Weglassungen, Änderungen und Neues viel besser geworden.

---

70 Martin Buber (1878–1965), Schriftsteller und Religionsphilosoph, ehemaliges Mitglied der Neuen Gemeinschaft, von Landauer später zum Verwalter seines literarischen Nachlasses eingesetzt.
71 Erich Mühsam: *Die Wüste*. Gedichte. Groß-Lichterfelde bei Berlin (Eduard Eisselt) 1904.

Alles in allem: Du hast Deinen Menschen herausgeschrien, und es ist ein wertvoller Mensch. Ich vermute, schreien wirst Du nicht immer; aber manchmal schreien wirst Du immer, und der Mensch wirst Du bleiben, vielmehr wirst noch persönlicher werden.

Und nun: noblesse oblige! Halt was auf Dich.

Mit grosser Freude habe ich – zufällig von zwei Seiten – gehört, daß Du über Deine Broschüre zerknirscht bist.[72] Die Herkunft dieses Schamgefühls möchte ich gerne von Dir erfahren; es ist schwer, über diese Dinge zu reden, aber ich möchte Dir gerne noch einiges sagen.

Wirst Du am 3. Weihnachtstag kommen?

Herzlichst Dein
Gustav Landauer

52. AN ERICH MÜHSAM

5.2. [19]04.

Lieber Mühsam,

Ich kann mich von meiner Art, die Dinge anzufassen, nicht abbringen lassen. Ich werde nicht ein Referat in einer Versammlung übernehmen, deren Veranstalter ich gar nicht kenne. Und auch wenn ich ihn flüchtig kennen lernte, genügte das nicht. Wenn die Versammlung aber zu Stande kommt, werde ich da sein und, da ich viel auf dem Herzen habe, auch wahrscheinlich reden.[73]

---

72 Erich Mühsam: *Die Homosexualität. Ein Beitrag zur Sittengeschichte unserer Zeit.* Berlin (Lilienthal) [Oktober] 1903. Neuausgabe: *Die Homosexualität. Eine Streitschrift,* Mit einer Einführung von Walter Fähnders und einem Dossier, München 1996. – Im *Armen Teufel,* Jg. 3, Nr. 1/2 (9./16. Januar 1904) wird ein offener Brief Mühsams abgedruckt, in dem er seine frühere Sicht der männlichen Homosexualität revidiert und vor dem Kauf der Broschüre warnt.

73 Landauer bezieht sich hier vermutlich auf eine von dem Anarchisten Johannes Holzmann (Ps. Senna Hoy, 1882–1914) geplante Protestversammlung gegen die Unterdrückung in Russland, die dann am 24. Februar 1904 im Lokal Buggenhagen am Moritzplatz stattfand. Holzmann ging 1907 persönlich nach Russland, um an gewaltsamen Expropriationen teilzunehmen. Dabei wurde er verhaftet und zu 15-jähriger Zwangsarbeit verurteilt.

Bitte, teile Herrn Daya[74], dessen Adresse ich nicht habe, mit, daß ich mich freuen würde, ihn Sonntag Vormittag (von 1/2 11 Uhr ab) bei mir zu sehen; Schloßstraße 17.

Ich habe am Montag nicht gesprochen, weil diese oberflächliche Art, die Dinge anzufassen, die ich 10 Jahre lang mitansehen musste, mir im innersten widerwärtig ist; doch wollte ich Weidner nicht entgegentreten, ohne ihn vorher persönlich – erinnert zu haben. Er scheint zur Zeit zu vergessen, daß er sich von dieser Art schon einmal mit gutem Grund abgewandt hatte.[75] Ich werde jetzt in Sachen des neuen Volkes (Du weisst schon) vorgehen und nächstens zu diesem Zweck einen kleineren Kreis – Arbeiter und andere – einladen. Du wirst davon hören, wenn Du noch da bist.

Mit herzlichem Gruß Dein

Landauer

N.S. Deine Selbstanzeige gefällt mir; Du solltest nur Worte vermeiden, die von Haus aus gut, aber von den Perversitätsgeschäftsleuten bekleckert sind; „Exhibitionismus" z.B.[76]

Vgl. die Ankündigung in der *Welt am Montag*, Nr. 8, 22.2.1904; Ulrich Linse: *Organisierter Anarchismus im deutschen Kaiserreich von 1871*, Berlin 1969, S. 84–85.

74 Pseudonym des Schriftstellers und Anarchisten Werner Karfunkelstein (1881– nach 1918) aus Charlottenburg bei Berlin, der eng mit Johannes Holzmann befreundet war. 1903 war Karfunkelstein Verleger und Redakteur der Zeitschrift *Der Anarchist*. Aus Mühsams Tagebüchern geht hervor, daß er sich im Ersten Weltkrieg zum Katholizismus bekehrte. Max Nacht schreibt später, daß er zur „Bourgeoisie" übergelaufen sei. Vgl. Ulrich Linse: *Organisierter Anarchismus*, S. 85–86; Max Nomad (d.i. Max Nacht): *Dreamers, Dynamiters and Demagogues*, New York 1964, S. 36.

75 Albert Weidner wollte am 1. Februar 1904 in der Ressource, Kommandantenstraße 57, über das Thema „Ein Nachwort zu Crimmitschau, Politische oder wirtschaftliche Bewegung?" sprechen. Einberufer der öffentlichen Versammlung war der Friedrichshagener Hermann Teistler. Die Veranstaltung wurde jedoch kurioserweise kurz nach Beginn auf den 8. Februar 1904 vertagt und zugleich polizeilich aufgelöst. Auf weiteren Versammlungen im Februar 1904 sprach Weidner über die „Organisation der wirtschaftlichen Kämpfe". Vgl. die Anzeigen und Berichte in *Der freie Arbeiter*, Jg. 1, Nr. 4 (30.1.1904), S. 16, und Folgenummern. – Weidner hatte sich 1897 mit Landauer gegen die Arbeiteranarchisten gewandt, die die Zeitschrift *Neues Leben*, den Vorgänger des *Freien Arbeiters*, gründeten.

76 Mühsams Selbstanzeige für seinen Gedichtband Die Wüste (1904) hatte den folgenden Wortlaut: „Es ist mir nicht leicht geworden, meine Exhibitionismen zu veröffentlichen. Gewisse Scham- und Keuschheitsgefühle waren erst zurückzudämmen, ehe ich Anderen, Fremden, einen Einblick in meine erdenfeindliche Seele zu gewähren vermochte. Wenn ich diese Gefühle nun doch zurückdämmte, so that ich es in der Voraussetzung, daß sich

53. AN ERICH MÜHSAM

[Hermsdorf,] Mittwoch. [15.3.1904]

Lieber Mühsam!

Es thut mir leid, daß ich Dir so lange nicht geschrieben habe; meine Mutter[77] ist bei uns zu Besuch und ich habe so viele Abhaltungen. Von den Dingen, die Dich interessieren, ist noch nichts zu berichten; es fehlt noch am Nötigsten zu den ersten Anfängen; doch wird wenigstens gleich nach Ostern eine größere Versammlung stattfinden können[78]; und ich bin dabei, meine Gedankengänge schriftlich auszuarbeiten. Ich möchte gleich hören, wie Dir die Kur bekommt, wie es Dir geht und wie lange Du noch bleibst.[79] Alles Gute!

Herzlichste Grüsse, auch von meiner Frau. Dein
Landauer

54. AN ERICH MÜHSAM

[Hermsdorf,] 8.4.[1904]

Lieber Mühsam,

Vielen Dank für Deinen Glückwunsch. Aber bitte, teile mir nun auch einmal mit, wie es Dir geht, wie lange Du bleibst, was Deine Absichten sind. Hältst Du jetzt den Zeitpunkt für geeignet, daß ich in Waidmannslust vorspreche? Und was soll ich über Deine Pläne dann sagen?

---

keine Kritik anmaßen wird, die Empfindungen zu verurtheilen, aus denen ich meine Ge-dichte herausschrie; daß man sich vielmehr auf das Gebiet des Zulässigen in der Kritik beschränken und untersuchen wird, wie weit es dem Dichter gelungen ist, in der Seele des Genießers die Saite anklingen zu lassen, die in seinem Innern tönt." (Die Zukunft, Jg.12, Bd. 46, Nr.19, 6.2.1904, S.227).

77 Rosa – genannt Röse – Landauer geb. Neuburger (1845–1932) aus Karlsruhe, die seit 1900 verwitwet war.

78 Eine solche Versammlung mit Landauer als Redner scheint nicht stattgefunden zu haben.

79 Mühsam unterzog sich damals einer vierwöchigen Kur in Dr. Bardeys Sanatorium in Bad Stuer am Plauer See (Mecklenburg).

Die beiden Bände Kropotkin kannst Du dann von mir bekommen.[80]

Herzlichst Dein

Gustav Landauer

55. AN ERICH MÜHSAM

[Berlin, 21.4.1904]

Lieber Mühsam!

Freut mich herzlich, daß Du so eine schöne Tour machst.[81] Alles Weitere mündlich – Hermsdorf liegt doch auf Deinem Weg, vor Waidmannslust?

Wir grüssen beide! Dein
Landauer

56. AN ERICH MÜHSAM

Hermsdorf b. Berlin, 27.4.[19]04.

Lieber Mühsam,

Das Packet, das ich gleichzeitig an Dich weitergehen lasse, kam an mich mit der Adresse: Herrn Erich Mühsam, pr. Adr. G[ustav] L[andauer] etc. Dem Ansehen nach fürchte ich leider, daß es Dein Manuskript enthält. Was nun?

Laß Dich bald einmal wieder sehen!

Herzlichen Gruß! Dein
Landauer

---

80 Vermutlich Peter Kropotkin: *Memoiren eines Revolutionärs,* Autorisierte Übersetzung von Max Pannwitz, 2 Bde., Stuttgart (Robert Lutz) 1901 (Neuausgabe: Hg. von Heiner Becker und Nicolas Walter, Münster 2002).

81 Mühsam wanderte von Bad Stuer (Mecklenburg) über Rheinsberg (Mark) nach Berlin zurück. In seinen *Unpolitischen Erinnerungen* schreibt er später, er habe „sozialer Studien halber eine mehrwöchige [!] Fußwanderung durch die Handwerksburschenherbergen" Mecklenburgs gemacht (S. 93).

57. AN ERICH MÜHSAM

10.5.[19]04.

Lieber Mühsam!

Freut mich sehr, daß alles nach Wunsch ging und daß Du nun ein Stück neue Welt an Dir erfahren sollst.[82]

Deine Gedichte haben in Einzelheiten viel Schönes; vieles ist unfertig, zu Deinen guten gehört nur das vom Telegraphendraht.[83] Es wäre zeitraubend, Dir die Einzelheiten hier aufzuschreiben; ich schicke Dir daher nächsten Tags als offene Manuskriptsendung mit meinen kurzen Strichen und Anmerkungen versehen, wie Du sie nun schon verstehst, Deine Abschriften zu. Gelegentlich wirst Du mir's, verbessert und mit andern Gedichten zusammen, wiedergeben; am besten auch als Manuskript; schwere Briefe aus der Schweiz sind sehr teuer. Schaff Dir für Briefe etc. also solches dünne Papier an, wie ich's in Brauch habe, seit ich in England war.

Wir sind nun in unsrer neuen Wohnung, wo's uns viel besser gefällt; neue Tapeten, die ich ausgesucht habe, und vor allem ein großes Arbeitszimmer für meine Frau.[84]

Buber war 5 Tage hier, ist nun wieder in Wien; in 14 Tagen kommt er – bis auf Weiteres endgiltig. Er ist eine unruhige Seele; ich hab' ihn sehr lieb.

Von Peter Hille's Tod mag ich garnichts sagen[85]; so traurig ist das, daß dieser seltene Mensch nicht mehr da ist. Hast Du eine Ahnung, wer sich um seinen

---

82 Mühsam war am 10. Mai 1904 mit seinem Freund Johannes Nohl (1882–1963) zu einer Reise in die Schweiz und nach Italien aufgebrochen. Dabei hielt er sich etwa zwei Monate in der lebensreformerischen Siedlung Monte Verità bei Ascona auf.

83 Dieses Gedicht, entstanden April 1904, beginnt mit dem Vers „Lerchen schmettern mir den Morgengruß" und erschien erstmals „statt eines Vorworts" in Mühsams Broschüre *Ascona* (1905), später aufgenommen in *Der Krater* (1909). Die Schlussverse lauten: „Meinen ganzen Weg begleitet mich / tönend dieser Telegraphendraht."

84 Die neue Wohnung, von der Landauer hier schreibt, befand sich im selben Haus wie die alte (Schloßstraße 17).

85 Peter Hille war am 7. Mai 1904 im Krankenhaus von Großlichterfelde bei Berlin an den Folgen einer Kopfrose gestorben. Am 10. Mai 1904 wurde er auf dem Kirchhof der St. Matthias-Gemeinde in Mariendorf bei Berlin beerdigt.

Nachlaß kümmert? Das formale Recht hat wahrscheinlich sein Bruder, der Centrumsmann.[86]

Bei Scheerbart war ich leider noch nicht. Sein Cervantes ist erschienen[87], hat Buber nur mäßig gefallen, ich kenne ihn noch nicht. Ich komme kaum aus dem Haus; muß jetzt einfach fürs liebe Brod schuften. Nächstens wohl kommt ein Artikel in der Sonntagsbeilage der Voss. Ztg.[88] Die Wilde-Übersetzung (bei Schnabel) ist noch um einen entzückenden Essay vermehrt worden.[89] – Zu Dr. Fr[ie]d[e]b[e]rg gehe ich nur im letzten Notfall.[90]

Dein Schüttelreim vom Lehrmeister ist sehr gut.[91] Er hat mich nicht ruhen lassen, bis ich auch hinter die Technik des Schüttelns gekommen bin. Hier ein paar Proben meiner Anfängerhaftigkeit:

---

86 Dr. theol. Philipp Hille (1862–1915), katholischer Pfarrer und ehemaliger Reichstagsabgeordneter der Zentrumspartei für den Wahlkreis Aachen (1898–1900), seit 1895 zugleich Generalsekretär der katholischen Arbeitervereine Nord- und Ostdeutschlands in Berlin. Um Peter Hilles literarischen Nachlass kümmerten sich dann die Schriftsteller und Mitglieder der Neuen Gemeinschaft Heinrich und Julius Hart, Peter Baum (1869–1916) und Walter Susmann (1876–1918), die im Herbst 1904 seine *Gesammelten Werke* herausgaben.

87 Paul Scheerbart: *Cervantes.* Berlin (Schuster & Loeffler) 1904.

88 Gustav Landauer: „Ignatius Aurelius Feßler, Ein Lebensbild aus der Zeit Josephs II.", in: *Vossische Zeitung*, Sonntagsbeilage Nr. 26, 26.6.1904, und Nr. 27, 3.7.1904.

89 Oscar Wilde: *[Drei Essays:] Der Sozialismus und die Seele des Menschen. Aus dem Zuchthaus zu Reading. Aesthetisches Manifest.* Übersetzt von Hedwig Lachmann und Gustav Landauer. Berlin (Karl Schnabel) 1904 [= Verschollene Meister der Literatur Bd. 2]. – Der Essay, um den das Buch vermehrt wurde, ist das „Ästhetische Manifest" (1882). Hedwig Lachmann hat lediglich Wildes beigefügtes „Sonett an die Freiheit" (1881) ins Deutsche übertragen.

90 Raphael Friedeberg (1863–1940), Berliner Arzt und Mitglied der Neuen Gemeinschaft, damals noch sozialdemokratischer Stadtverordneter, später Anarchosyndikalist. Vgl. Hans Manfred Bock und Florian Tennstedt: Raphael Friedeberg: Arzt und Anarchist in Ascona, in: Harald Szeemann (Hg.), *Monte Verità, Berg der Wahrheit*, Mailand o. J. [1978], S. 38–53. – Mühsam hatte ihn aus Genua um Geld für sich und Johannes Nohl gebeten: „Unter den Bekannten, die ich von unterwegs anzupumpen versucht hatte, war der damalige Berliner Stadtverordnete Dr. Rafael Friedeberg. Der schickte in eingeschriebenem Brief fünfzig Lire, und zwar nicht von Berlin aus, sondern von Ascona am Lago Maggiore. Dort, schrieb er dazu, habe ich ein Häuschen erstanden, und wenn wir in die Nähe kämen, sollten wir doch nicht versäumen, ihn zu besuchen." (Erich Mühsam, *Namen und Menschen, Unpolitische Erinnerungen*, S. 96).

91 Die ersten Schüttelreime Mühsams waren 1902 in der Zeitschrift „Fröhliche Kunst" erschienen. Einige seiner Schüttelreime sind abgedruckt in Erich Mühsam: *Zur Psychologie der Erbtante, Satirisches Lesebuch 1900-1933*, Hg. von Wolfgang Teichmann, Berlin 1984, S. 19–20.

Der Dramatiker.

Er denkt, er sei ein Dramendichter
Und ist doch nur ein Damentrichter.

Der Mädchenjäger an den Bergkraxler.

Im Thal giebt's feine Dirnen,
Ich pfeif' auf deine Firnen.

Zwei verschiedene Frauen.

Die eine liebt nur blasse Musen,
Die andre hat 'ne Masse Blusen.

Hedda Gabler.[92]

Eilert beging am Leben Raub
Und schmückte sich mit Rebenlaub.

Auf einen jungen Virtuosen.

Er denkt, er sei ein Rubinstein
Und ist noch nicht mal stubenrein.

Leb herzlich wohl! Laß von Dir hören! Dein
Gustav Landauer

58. AN ERICH MÜHSAM

Hermsdorf (Mark), 2.6.[19]04.

L[ieber] M[ühsam]

Gleichzeitig geht eine Manuskriptsendung an Dich ab. Ich lege den Peter Hille-Prolog bei; er konnte nicht verwendet werden, da das Programm feststand, das auch einen Prolog, von Karl Henckell[93], aufwies, der schön war.[94] Dein Gedicht

---

92 Bekanntes Drama (1890) von Henrik Ibsen.
93 Der mit Hille befreundete Lyriker Karl Henckell (1864–1929) lebte seit Oktober 1902 in Berlin. Seine Gedichte erschienen in zahlreichen Organen der deutschen Arbeiterbewegung. Von 1904 bis 1906 war Henckell stellvertretender Vorsitzender der Neuen Freien

ist recht schwach und stört besonders durch die ganz kindische Verwendung von Gelegenheitsreimen, die ohne jede formale Gebundenheit da auftauchen, wo Dir einer einfiel. Es sitzt Dir immer noch nicht fest genug, eine wie ernste Sache es ums Dichten ist; lässt Dich oft ganz liederlich und haltlos gehen.

Die Veranstaltung war im übrigen jammervoll; Walden und Geyer ...[95] Laß Dirs gut gehen. Dein

G[ustav] L[andauer]

59. AN ERICH MÜHSAM

Hermsdorf (Mark), 5.9.[19]04.

Lieber Mühsam!

Ich beeile mich Dir zu sagen, daß Fidussens[96] gar nichts von mir wissen – was auch sonderbar wäre, da sie sich die ganze Zeit nicht mit einer Zeile um uns ge-

---

Volksbühne. Bei dem Prolog handelte es sich vermutlich um Karl Henckell: Peter Hille, in: Ders., *Gesammelte Werke,* Bd. 4, München 1921, S. 78–82.

94 Wann die hier vorausgesetzte Gedenkveranstaltung für Peter Hille stattfand, konnte nicht genau ermittelt werden. Vermutlich handelt es sich jedoch um die Trauerfeier der Neuen Gemeinschaft, die am 15. Mai 1904 in Schlachtensee bei Berlin stattfinden sollte. Vgl. die Ankündigung in der *Welt am Montag,* Nr. 19, 9.5.1904 [nach „An Peter Hille's Bahre"]. – Auf einer Gedenkveranstaltung der Berliner Anarchisten, genauer des „Vereins der freiheitlichen Sozialisten Berlins", hielt am 7. Juni 1904 Johannes Holzmann (Ps. Senna Hoy) die Gedenkrede. Unter den Zuhörern waren Werner Karfunkelstein, Berthold Cahn und Max Schütte. Vgl. *Der freie Arbeiter,* Jg. 1, Nr. 22 (4. Juni 1904), S. 88, und Nr. 25 (25. Juni 1904), S. 100.

95 Herwarth Walden (eigentl. Georg Levin, 1878–1941) und der Dramaturg Emil Geyer (eigentl. Emil Goldmann, 1872–1941 deportiert), der ebenfalls der Neuen Gemeinschaft angehörte, hatten offenbar die Gedenkveranstaltung für Peter Hille geleitet. Walden hatte am 30. November 1903 die Dichterin Else Lasker-Schüler geheiratet. Geyer war von 1913 bis 1922 Direktor der Wiener Neuen Bühne, von 1923 bis 1926 Direktor der Wiener Renaissance-Bühne und von 1926 bis 1933 Kodirektor des Theaters in der Josefstadt unter Max Reinhardt.

96 Fidus (d. i. Hugo Höppener, 1868–1948), Jugendstilmaler und Buchillustrator, mit dem Landauer von 1898 bis 1901 in enger Verbindung stand, Mitglied der Neuen Gemeinschaft. 1902/03 wohnte Fidus ein Jahr lang in Friedrichshagen, wo Mühsam ihn näher kennen lernte. Fidus war seit dem 23. Februar 1900 verheiratet mit Elsa Knorr (1877–1915), der er im Haus des Pianisten Conrad Ansorge begegnet war.

kümmert haben. In der Nähe von Constanz wohnt einer meiner Vettern[97]; ich war nicht dort. Deinen langen Brief habe ich mit großer Teilnahme gelesen. Er liegt seitdem vor mir, damit ich ihn beantworte. Das wird hoffentlich dieser Tage geschehen.

Sei von uns und Bubers herzlich gegrüsst. Buber wunderte sich, daß Du ihn nicht aufgesucht hast, als Du hier warst.

Dein Gustav Landauer

60. AN ERICH MÜHSAM

Hermsdorf (Mark), 29.9.[19]04.

Lieber Mühsam!

Du hast allen Grund, über mein langes Schweigen verwundert zu sein. Ich habe warten wollen, bis ich Dir über eine Neugestaltung der äussern Existenz endgültige Mitteilung machen kann. Soweit bin ich nun. Seit zwei Tagen also bin ich wohlbestallter Teilhaber der Firma Karl Schnabel, Axel Juncker's Buchhandlung.[98] Die Unterhandlungen gehn schon seit Juli: Ich brauche zu dem Zweck 15000 M, die ich sichre Aussicht habe, mit Hülfe meiner Verwandten zu bekommen. Über diese Details erbitte ich Diskretion. Ich habe hauptsächlich die Ausgestaltung des Verlags und die Einrichtung des Antiquariats unter mir. Mit dem Verlag wird erst nächstes Jahr ernstlich begonnen, da jetzt die Gelder ins Antiquariat gesteckt werden. Ich habe mich natürlich nicht gern zu diesem Schritt entschlossen, der mich die Freiheit kostet; indessen ist mir das doch beträchtlich lieber als abhängige Journalisterei, und zu allem andern fand sich keine Möglichkeit. Ich bin von 9–6 ohne Unterbrechung im Geschäft und fahre dann nach Hause. Zu meiner Freude sehe ich jetzt schon, daß ich abends frisch

---

97 Landauers Vetter Hugo Landauer (1868–1933), eigentlich Kaufmann, hatte, inspiriert durch Kropotkin und Tolstoi, einen Bauernhof bei Überlingen am Bodensee erworben, den er seit Januar 1902 bewirtschaftete.

98 Der dänische Verleger und Buchhändler Axel Juncker (1870–1952) hatte seine Buchhandlung in der Potsdamerstraße 138 am 2. Januar 1903 an den Buchhändler Karl Schnabel aus Leipzig verkauft. Vgl. hierzu auch Gustav Landauer – Fritz Mauthner, *Briefwechsel*, S. 97–101.

und frei zur Arbeit bin; und von 8–12 abends werde ich schon noch allerlei schaffen können; vielleicht mehr als bisher, wo die ewigen Sorgen mich zu nichts kommen liessen. Übrigens hoffe ich späterhin auch als Verleger mich nützlich machen zu können; dazu muß man mir aber Zeit lassen, bis ich soweit eingearbeitet bin, daß ich meinen Kopf durchsetzen kann. Schnabels Geschäft geht flott und in allem Kaufmännischen ist er sehr tüchtig, sodaß ich aller Voraussicht nach insofern gut aufgehoben bin. Zu den öffentlichen Dingen, zu denen ich so grosse Lust hätte, hätte ich nur bei völliger Unabhängigkeit kommen können. Ich hoffe, es wird doch einmal gehen; übrigens stehen die Dinge so, daß es gut ist, mit meinen Sachen noch ein paar Jährchen zu warten. Die Politiker haben noch nicht genug abgewirtschaftet.

Übrigens: Hältst Du denn selber gar nichts auf Deine Thätigkeit am „Weckruf", daß Du mir ihn nicht schickst?[99]

Deinen Brief von Ascona[100] habe ich seiner Zeit mit grosser Teilnahme gelesen, habe auch einige Bedenken dabei, indem ich für möglich und fast wahrscheinlich halte, daß derlei Absonderlichkeiten solcher Naturen nicht aus wahrer Produktivität, sondern nur aus gesteigert großer Receptivität kommen. Die Produktiven haben nämlich meist so viel mit der Gestaltung ihrer Innerlichkeit zu thun, daß ihnen für die Details des Aussenlebens und derlei Reibungen und Befreiungen von Conventionen gar keine Zeit bleibt; ja, sie werden sich sogar oft der Convention als einer Maske und natürlichen Schutzvorrichtung bedienen. Damit sage ich übrigens nichts gegen jene Menschen: es ist gut, daß die, die den Traum nicht gestalten können, zu ihrem bescheidenen Teil Wirkliches formen.

Die drei neuen Bändchen Revolutionäres Theater von Scheerbart finde ich leider fast durchweg sehr schwach[101]; gut und ergreifend dagegen seine Biogra-

---

99 Mühsam veröffentlichte im September und Oktober 1904 einige Artikel in der anarchistischen Zeitschrift *Der Weckruf,* die damals in Zürich erschien und von Max Nacht (1881–1973) herausgegeben wurde. Weitere Mitarbeiter der Zeitschrift waren Fritz Brupbacher, Otto Gross, Johannes Holzmann (Ps. Senna Hoy), Siegfried Nacht, Max Nettlau und Karl Otten. Vgl. auch Max Nomad (d. i. Max Nacht): *Dreamers, Dynamiters and Demagogues,* New York 1964, S. 16–22: „In my capacity as the anonymous, unofficial and unpaid editor of the *Weckruf,* I was one day honored by the visit of Erich Mühsam, a German writer of note."

100 Mühsams Brief ist nicht erhalten.

101 Paul Scheerbart: *Revolutionäre Theater-Bibliothek.* 6 Bde. Berlin (Eduard Eisselt) 1904.

phie im Programmheft des „Vereins für Kunst"[102]. Das ist eine sehr schlaue Gründung des self made man Herwarth Walden, der es vorzüglich versteht sich zu managen.[103]

Frau und Kind geht es gut; Gudula entwickelt sich prächtig; es hat uns sehr gefreut, daß Du an ihren Geburtstag gedacht hast. Lottchen ist auch wohl, öfters bei uns.[104]

Wir waren sechs Wochen verreist, meist in Karlsruhe und Krumbach in der Heimat unsrer Mütter; Krumbach liegt in entzückender Wald-, Wiesen- und Hügellandschaft, wo ich mich immer sehr wohl fühle.

Von Dr. Friedeberg habe ich nicht gehört; „Gegenseitige Hilfe"[105] ist leider verliehen, hoffentlich bekommst Du's bald; das Wildebuch folgt gleichzeitig. Daß Bab verheiratet ist, weisst Du doch? Sie waren einmal bei uns aussen; von ihm erwarte ich, trotzdem seine Art mir vielfach widerstrebt, noch allerlei; sie hat keinen definierbaren Eindruck hinterlassen.[106]

Mit Bubers verkehren wir viel und gern; er wollte sich seit Wochen an diesem Brief grüssend beteiligen und hat mich oft daran erinnert; jetzt ist er aber, um allerlei zu regeln, wovon Du selber viele Lieder singen kannst, in Lemberg.

Ich hoffe, die Finanzen werden bei Dir und Deinem Freund recht bald einmal sich irgendwie zum bessern wenden.

Viele herzliche Grüsse! Dein
Gustav Landauer

---

102 Paul Scheerbart: Autobiographie (6. Juli 1904), in: Herwarth Walden (Hg.), *Verein für Kunst, Winterprogramm 1904/05,* Berlin-Steglitz 1904, S. 20–21; auch in Paul Scheerbart: *Gesammelte Werke,* Bd. 10.1, Hg. von Uli Kohnle, Bellheim 1995, S. 327–329.

103 Der erste Abend des von Herwarth Walden gegründeten „Vereins für Kunst" fand am 4. Oktober 1904 statt. Scheerbarts autobiographische Skizze war anlässlich eines für den 21. Januar 1905 geplanten Scheerbart-Abends erschienen. Zum „Verein für Kunst" vgl. Peter Sprengel: „Institutionalisierung der Moderne: Herwarth Walden und *Der Sturm*", in: *Zeitschrift für deutsche Philologie,* Bd. 110 (1991) H. 2, S. 247–281; auch in Ders., *Literatur im Kaiserreich, Studien zur Moderne,* Berlin 1993, S. 147–178.

104 Charlotte Clara Landauer (1894–1927), Landauers Tochter aus erster Ehe, lebte damals noch bei ihrer Mutter Grete Landauer geb. Leuschner in Friedrichshagen und besuchte dort die Höhere Mädchenschule.

105 Peter Kropotkin: *Gegenseitige Hilfe in der Entwickelung.* Autorisierte deutsche Ausgabe besorgt von Gustav Landauer. Leipzig (Theodor Thomas) 1904 [Dezember 1903].

106 Julius Bab hatte 1904 Elisabeth Loos (1878–1963), die Tochter eines Kriegsgerichtsrats, geheiratet.

61. AN ERICH MÜHSAM

6.10.[1904]

Lieber Mühsam,

Ich beeile mich, da ich zu ausführlicherem im Augenblick nicht komme, Deine Frage wegen Deines Freundes[107] zu beantworten. Es lässt sich im Klageweg durchaus nichts machen. In Betracht kommt vor allem Absatz 2 des § 1612 des Bürgerl. Gesetzbuchs:

„Haben Eltern einem unverheirateten Kinde Unterhalt zu gewähren, so können sie bestimmen, in welcher Art und für welche Zeit im voraus der Unterhalt gewährt werden soll. Aus besonderen Gründen kann das Vormundschaftsgericht auf Antrag des Kindes die Bestimmung der Eltern ändern."

Das heisst: der Vater kann den Unterhalt davon abhängig machen, daß der Sohn sich seinen Wünschen fügt, nach Berlin kommt, im Elternhaus wohnt, etc. Im konkreten Fall würde das Vormundschaftsgericht der Meinung des Vaters lediglich beitreten; es wäre völlig aussichtslos, es anzurufen. Es kämen noch andere Bestimmungen in Betracht, die auch die Sache schon fast aussichtslos und sehr bedenklich machten; aber diese scheint mir die Hauptsache.

Mir gefällt meine Thätigkeit bis jetzt sehr gut. Ich bin abends sehr gut zur Arbeit gestimmt. Von dem Antiquariat machst Du Dir eine ganz falsche Vorstellung: mit solcherlei Ankäufen habe ich nichts zu schaffen. Wir verlegen uns nicht auf gebrauchte Bücher, sondern auf wertvolle alte Bücher, vor allem Erstdrucke und solche Seltenheiten; auch kaufen wir vorwiegend ganze Bibliotheken und Sammlungen. Vorläufig habe ich mit der Herstellung des Katalogs zu thun.

Nächstens einmal mehr. Buber ist wieder zurück und lässt schön grüssen.

Herzlich Dein
Gustav Landauer

---

107 Gemeint ist Johannes Nohl.

62. AN ERICH MÜHSAM

Hermsdorf (Mark) 5.2.[19]05.

Lieber Mühsam!

Es thut mir so herzlich leid, daß ich Dich nicht besuchen konnte[108]; aber es ist nun diese Zeit an Wochentagen rein unmöglich, da Herr Schnabel zu Tisch ist und ich also nicht weg kann. Und Sonntag ist der einzige Tag, wo ich ein bisschen mir selbst gegeben bin. Trotzdem habe ich die Absicht, nächsten Sonntag bei Dir zu sein, könnte allerdings kaum vor 1/2 3 Uhr bei Dir sein, weil ich bis 2 Uhr im Geschäft bin. Bitte, schreibe mir ein paar Zeilen, ob ich Dir da passe, oder ob Du an dem Tag am Ende Besuch von freundlichen Familienmitgliedern hast.

Wegen des Fabelbuchs mach Dir, bitte, keine Kopfschmerzen. Das wird schon erledigt werden.[109]

Vielen Dank für Deine „Erbtante", die mir heute zugegangen ist.[110] Da ich nun einmal eine Schwäche für Dich habe, freue ich mich, sagen zu dürfen, daß das „Opus" – wie Dein freundlicher Verleger in dem Waschzettel sich ausdrückt – gar nicht so übel ist. Es sind recht gute Scherze darin und Du hättest es viel besser machen können.

Und wie geht Dir's denn?

Mit allen guten Wünschen herzlichst Dein
Gustav Landauer

---

108 Wegen seiner „Irrsinns-Anfälle" lag Mühsam vom 21. Januar bis zum 21. Februar 1905 im Krankenhaus Bethanien in Berlin-Kreuzberg.
109 *Heim der Jugend. Ein Jahrbuch für Kinder und Eltern,* Hg. von Adolf Cronbach und Hanns Heinz Ewers, Berlin (Siegfried Cronbach) 1905. – Mühsam hatte zu diesem Band sechs Fabelgedichte beigesteuert.
110 Erich Mühsam: *Die Psychologie der Erbtante. Eine Tanthologie aus 25 Einzeldarstellungen als Beitrag zur Lösung der Unsterblichkeits-Frage,* Zürich (Caesar Schmidt) 1905.

63. AN ERICH MÜHSAM

Hermsdorf (Mark), Kaiserstraße 26, 27.8.[19]06

Lieber Mühsam,

Gudula hat sich herzlich mit Deinem Glückwunsch gefreut; am 15. war ihr Geburtstag. Ich möchte gern wieder einmal Ausführlicheres von Dir hören, freue mich inzwischen mit Deinem Gedichtmanuskript etwas von der Geschichte Deines Innenlebens zu hören. Uns geht es gut. Tauchst Du nicht wieder einmal auf? Bist Du denn in unsrer neuen Wohnung noch gar nicht gewesen? Gudula und ich waren Juni/Juli 4 Wochen in Süddeutschland, vorher war ich mit meiner Frau ein paar Tage auf Rügen. Das war wundervoll. Jetzt löffle ich wieder die Suppe, die ich mir eingebrockt habe; hoffentlich bald einmal den letzten Löffel.[111]

Herzlich Dein
G[ustav] L[andauer]

64. AN ERICH MÜHSAM

Hermsdorf (Mark), 9.10.[19]06.

Lieber Mühsam,

Irgendwo wird Dich ja diese Karte erreichen, die Dir nur mitteilen soll, daß ich aus der Buchhandlung ausgeschieden bin[112] und daß es uns gut geht. Laß von Dir hören und sende das angekündigte Manuskript.

Mit herzlichem Gruß Dein
Gustav Landauer

---

111 Landauer spielt hier auf seine Tätigkeit in Axel Junckers Buchhandlung an.
112 Landauer war am 2. Oktober 1906 aus Axel Junckers Buchhandlung ausgeschieden. Zu den Hintergründen vgl. Gustav Landauer – Fritz Mauthner, *Briefwechsel* S. 147 f.

65. AN ERICH MÜHSAM

Hermsdorf (Mark) 11.1.[19]07.

Lieber Mühsam,

Sehr erfreut hat mich s. Zt. Dein Brief. Jetzt gerade bin ich von Influenza sehr mitgenommen, daher nur ein Lebenszeichen.

Gleichzeitig erhältst Du einen Artikel, den ich in der „Zukunft" veröffentlichte (der selbe, der s. Zt. Kraus zu lang war).[113] Du wirst sehen, es ist nur ein Bruchstück einer grösseren Arbeit. Es ist schon mehr inzwischen dazu gekommen, infolge der Erkrankung musste ich aber jetzt pausieren.

Laß bald wieder von Dir hören!

Herzlichst! Dein
Gustav Landauer

66. AN ERICH MÜHSAM

Hermsdorf (Mark), Kaiserstraße 26, 2.3.[19]07.

Lieber Mühsam,

Möchte gern einmal wieder etwas von Dir hören.

Herzliche Grüsse! Dein
G[ustav] L[andauer]

---

113 Gustav Landauer: „Dreißig sozialistische Thesen", in: *Die Zukunft,* Jg. 15, Bd. 58, Nr. 15 (12.1.1907), S. 56–67 (später auch mit dem Obertitel „Volk und Land"). – Landauer hatte dieses Manifest am 4. Oktober 1906 Karl Kraus für die *Fackel* angeboten. Kraus hatte daraufhin geantwortet: „Leider ist Ihre interessante Arbeit zu lang für die ‚Fackel', die sich auf eine Publikation in Fortsetzungen augenblicklich nicht einlassen kann." (GLAJ

67. AN ERICH MÜHSAM

Hermsdorf (Mark), 8.4.[19]07

Lieber Mühsam,

So nimm denn auch von mir gute, herzliche Wünsche und Grüsse! – Ich hatte mir schon sehr Gedanken gemacht, warum Du so ganz stumm warst.

Willst Du mir Dein Gedichtmanuskript nicht einmal zu lesen geben? Vor dem Papierkorb habe ich große Angst; und der Titel ist jeden Falls ganz verunglückt.[114] – Von Deiner Prosa habe ich lange nichts gesehen; schicke mir einiges.

Hier übersende ich Dir einen Aufsatz über Whitman.[115]

Hast Du meinen Dehmel-Aufsatz im Blaubuch gesehen?[116] und meinen Artikel in der „Freien Generation" nach den Wahlen?[117] Auch sonst habe ich allerlei publiziert, was ich nur noch in meinem Exemplar habe (Strafe fürs Schweigen). Kommst Du nach Berlin, kannst Du eines oders andere sehen. Jedenfalls würde mich ein Wiedersehen sehr freuen.

Herzliche Grüsse, auch im Namen meiner Frau, Dein
Gustav Landauer

Die Kinder sind sehr wohl; wir auch.

46a) Vgl. Landauers Brief in *Die Fackel,* Jg. 24., Nr. 601–607 (November 1922), S. 67; aufgenommen in *Lebensgang,* Bd. 1, S. 153–154.

114 Landauer bezieht sich hier – und in den folgenden Briefen – auf ein Manuskript von Mühsams Gedichtband „Der Krater", in dem ein Abschnitt die Überschrift „Papierkorb" trägt. Trotz Landauers wiederholter Kritik hielt Mühsam an dieser Überschrift fest.

115 Gustav Landauer: „Walt Whitman, Zu seinem 15. Todestag", in: *Vossische Zeitung,* Nr. 143, 26.3.1907.

116 Gustav Landauer: „Richard Dehmel", in: *Das Blaubuch,* Jg. 1, Nr. 43 (1.11.1906), S. 1585–1694.

117 Gustav Landauer: „Außerordentlicher Parteitag der sozialdemokratischen Partei Deutschlands (Sitzung vom 29. Februar 1907)", in: *Die Freie Generation,* Bd. 1, Nr. 8 (Februar 1907), S. 4–12.

68. AN ERICH MÜHSAM

Hermsdorf (Mark), 3. Mai 1907

Lieber Mühsam,

Nach so langer Zeit von Dir zu hören, hat mich sehr gefreut; habe Dir auch zu Deinem Geburtstag alles Gute gewünscht, Du kannst es brauchen. Buber habe ich von Deinen Entschuldigungen und von einigem Inhalt des Briefes Kenntnis gegeben; ich soll sehr grüssen.

Deine Arbeit in der „Fackel"[118] und einen kleinen Beitrag im „Freien Arbeiter"[119] heute habe ich leider ohne viel Vergnügen gelesen. Formal vermisse ich eine gewisse peinliche Sauberkeit im Stil; inhaltlich die innere Nötigung und auch die Solidität des Wissens. Ich möchte Dich einmal hier haben und Satz für Satz mit Dir vornehmen; Du würdest mir, wie schon öfter, zugeben müssen, daß ich mit meinem Vorwurf eines gewissen vergnüglichen und ungenierten Oberflächenschwimmens recht habe – und würdest es das nächste Mal gerade wieder so machen. Sieh mal, Du schreibst z.B. in Deiner Prosa kein bißchen besser als Weidner, der die selbe Unart hat, über all und jedes sofort ohne eine Sekunde Verzögerung, seine kalte Schnauze ergiessen zu können. Und dabei hast Du so viel innere Wärme, so viel Herzensfeinheit; es ist wirklich eine Schande, daß Du solches Zeug von Dir giebst. Nur ein Beispiel; Du schreibst z.B.: „Anarchismus bedeutet nichts anderes als die Ablehnung jeglicher Herrschaftsform. Positiv ausgedrückt heisst das: die schrankenlose Autonomie des Einzelnen."[120] Da muß ich nun wirklich einmal von mir reden. Seit vielen Jahren bin ich bemüht, gegen die Ödigkeit dieses leeren Begriffezerrens vorzugehen; diese hohlen Hülsen, mit seelischem, historischem, wirklichem Inhalt zu füllen. Einzelne? Autonomie? Giebt es denn so etwas überhaupt?! Soll nun wirklich mit dem fortwährend wiederholten Ausdreschen leeren, vertrockneten Strohs – man nennt das wohl Agitation – etwas erreicht werden? Der Teufel soll doch jegli-

---

118 Erich Mühsam: „Zur Naturgeschichte des Wählers", in: *Die Fackel,* Jg. 9, Nr. 223/224 (12.4.1907), S. 10–15.

119 Erich Mühsam: „Prinzipienerklärung", in: *Der freie Arbeiter,* Jg. 4, Nr. 18 (4.5.1907), S. 1–2.

120 Hier und im Folgenden bezieht sich Landauer auf Mühsams Artikel im *Freien Arbeiter.* Mühsam wendet sich darin gegen den Beschluss der fünften Konferenz der Anarchistischen Föderation Deutschlands in Mannheim, eine „Prinzipienerklärung des Anarchismus" auszuarbeiten und diese in Form einer Broschüre zu verbreiten.

che Arbeit am Geist des Menschen holen, wenn man immer hört: prachtvoll, tief, wundervoll u.s.w. und sie dann hingehen und in ihrem alten Wasser plätschern. So beschaffen ist aber Dein ganzer Artikel. Gar nichts ist dagegen einzuwenden, daß man eine sogenannte Prinzipienerklärung schreibt und verbreitet; gar nichts ist gegen die vorgeschlagene, durchaus föderalistische Organisation zu sagen; die Furcht vor den eigenen Prinzipien bei den Anarchisten ist ganz lächerlich. Wohl aber wäre zu sagen, daß all diese wohlgemeinten Zusammenfassungen gar nichts helfen, solange für diese Formen gar kein wirklicher Inhalt da ist. Na, wartet nur: ich werde noch einmal unter euch fahren, daß euch Hören und Sehen vergeht. Das einzige Gute an Deinem Artikel ist Dein Spott gegen Friedebergs höchst fatale Erklärung; nur hättest Du Dich noch viel mehr über ihn lustig machen sollen.[121]

In Dein Gedichtbuch[122] rate ich Dir, nur Gutes aufzunehmen, gleich viel welchen Genres. Und dann wirst Du wohl den geschmacklosen Scherz mit dem „Papierkorb" sein lassen. Ich glaube, Du thätest gut, mich das Manuskript sehen zu lassen. Du weißt, daß ich ausser Begabung und Natur kein anderes Kriterium

---

121 Raphael Friedeberg, offiziell noch Sozialdemokrat, wurde anlässlich seiner Teilnahme an der fünften Konferenz der Anarchistischen Föderation Deutschlands in Mannheim verhaftet und drei Tage im Untersuchungsgefängnis festgehalten. Über diesen Vorfall berichtete er im Ton der Entrüstung in der *Zukunft* vom 13. April 1907, S. 74–75 („Meine Verhaftung"). Ausgehend davon schreibt Mühsam im *Freien Arbeiter*: „Aber nicht nur die Sorge um die anarchistischen Grundideen diktiert mir diesen Vorstoß gegen den ‚Anarcho-Sozialismus'; ich befürchte vielmehr von dieser neuen Richtung in unserer Bewegung auch eine Schwächung des revolutionären Temperaments. Schon die neue und höchst unschöne Vokabel verrät ein zages Konzessionieren an gewisse angstvolle Gemüter, denen das gute, kräftige Wort Anarchismus nicht werbungsfähig genug erscheint. Ein einziges derartiges Einlenken legt den Verdacht nahe, als suchten wir durch Entgegenkommen Anschluss an minder revolutionäre Gruppen. Wie berechtigt diese Befürchtung ist, glaube ich mit einem Hinweis auf Friedebergs Bericht [...] belegen zu können, wo er seine Verhaftung nicht als ein Symptom der Staatsverhältnisse überhaupt behandelt, sondern sich in moralischer Entrüstung ergeht über die Art, in der die Verhaftung erfolgte, über die unwürdige Behandlung, die er dadurch in noch schwärzeres Licht zu setzen suchte, dass er hervorhob, wer er sei. Beginnen wir erst damit, unsere Stellung in der bürgerlichen Gesellschaft, unseren guten Ruf in der wissenschaftlichen Welt, unsere persönlichen Beziehungen zu hohen Staatsbeamten bei einer derartigen Gelegenheit hervorzukehren, so begeben wir uns in dieselben Gefahren, in denen die autoritative Sozialdemokratie zu ersticken droht. Man mag einwenden, diese Bezugnahme auf Friedebergs Publikation habe mit den oben geäußerten Befürchtungen nichts zu tun. Ich wollte damit zeigen, wie sehr selbst freiere Leute, die aus dem Lager der Sozialdemokratie zu uns kommen, noch in dem Wahn befangen sind, die bestehende Gesellschaft müsse sie als Glied in der großen Kette respektieren."
122 Erich Mühsam: *Der Krater*. Berlin (Morgen-Verlag) 1909.

habe und brauchst Dich nicht vor zu großer Strenge fürchten. Es ist das übrigens derselbe Maßstab, den ich auch an Prosa anlege; nur will mir fast scheinen, daß man gute, ergreifende Verse schreiben kann, ohne ein ganz Fertiger und Reifer zu sein, daß aber zur Prosa mehr gehört.

Uns geht es nicht[123] gut, mit der Gesundheit und dem innern Gedeihen nämlich, und die Kinder gedeihen ganz und gar. Ihr Bild kann ich Dir bis jetzt nicht schicken; die kleine Brigitte[124] ist noch gar nicht photographiert, und Gudula schon lange nicht. Du musst einmal kommen und uns alle besichtigen.

Biete doch einmal dem „Blaubuch" eines von Deinen Nolo-Gedichten an; ich habe den Herausgeber schon gesprochen, und er scheint Lust zu haben.[125] Das machst Du manchmal sehr gut; z.B. das letzte in No. 2 des „Unabhängigen". Wie lange der wohl leben wird? Ich werde ihm nicht nachweinen. Ich habe auch Weidner gesagt, daß es nichts ist mit seiner Schreiberei.[126]

Nun sei vielmals herzlich gegrüsst und laß Dir's nach Möglichkeit gut gehen.

Dein getreuer
Gustav Landauer

69. AN ERICH MÜHSAM

z. Zt. Krumbach (Schwaben), 20.8.[19]07

Lieber Mühsam,

zu meiner Erholung bin ich, wie jedes Jahr, in Süddeutschland. In Freiburg, wo ich Mauthner recht frisch und wohl fand – sein neues kleines Buch „Die Spra-

---

123 Landauer meinte offensichtlich: „recht".

124 Brigitte Landauer (1906–1985), Tochter von Landauer und Hedwig Lachmann, Mutter des bekannten Filmregisseurs Mike Nichols.

125 Mühsam hat Landauers Rat umgehend befolgt: Am 30. Mai 1907 erschien sein erstes Gedicht in *Das Blaubuch, Wochenschrift für öffentliches Leben, Literatur und Kunst*. Herausgeber der Zeitschrift waren Dr. phil. Heinrich Ilgenstein (1875– nach 1937) und der Schriftsteller und Dramaturg Hermann Kienzl (1865–1928), den Landauer hier vermutlich meint. Kienzl wurde 1909 Mitglied des Künstlerischen Ausschusses der Neuen Freien Volksbühne in Berlin und arbeitete hier mit Landauer zusammen.

126 Die anarchistische Zeitschrift *Der Unabhängige* wurde im April 1907 von Albert Weidner herausgegeben, kam aber über zwei Nummern nicht hinaus.

che" empfehle ich Dir sehr[127] – erhielt ich Deine Sendung. Dann fuhr ich hierher und habe seitdem eine eilige Übersetzungsarbeit, deren Termin da war, in
täglich zehnstündiger Arbeit bewältigt.[128] Dazu kam, daß ich nicht zu Hause
und von Verwandten umgeben bin. So wirst Du hoffentlich verstehen, daß ich
Deine Gedichte, die in meinem Reisekorb ruhten, leider aus dem Sinn verloren
habe. Nun bin ich im Begriff, für 6–7 Tage zu Fußtouren in den Böhmerwald
aufzubrechen, und in den Rucksack möchte ich das gewichtige Packet nicht
mitnehmen. Ich bitte Dich also – da ich gleich nach meiner Rückkehr wieder
dringende Arbeit vorfinde und dann einen nicht leicht abzulenkenden Kopf habe – mir nach 6 Tagen hierher eine Erinnerungspostkarte zu senden. Ich widme
Dir dann sofort einen vollen Tag und schreibe gleich.

Leider kann ich Dir in der andern Sache gar nicht raten und helfen. Ich kenne
gar niemand, der solche Geschäfte macht, und kann mich von hier aus auch
nicht erkundigen. Der einzige kleine Rat wäre, bei Buber anzufragen, der in
früheren Jahren mit Geldmenschen zu thun hatte.

Wegen der Übernahme der Gedichte rate ich Dir, beim Verlag Dr. Wedekind &
Co., Berlin[129] und Ledermann, Berlin[130], anzufragen. In Betracht käme auch Julius Bard, Berlin; bei letzterem könntest Du Dich auf mich beziehen.[131]

Ich bin in Eile, nächstens mehr.

Sei herzlich gegrüsst! Dein
Gustav Landauer

Mein kleines Buch „Die Revolution" soll im Herbst erscheinen.[132]

---

127 Fritz Mauthner: *Die Sprache*. Frankfurt a. M. 1907 [= *Die Gesellschaft*, Hg. Martin Buber
Bd. 9].

128 Landauer hatte den Roman *Das Bildnis des Dorian Gray* und *Zwei Gespräche von der
Kunst und vom Leben* von Oscar Wilde übersetzt. Beide Bücher erschienen noch 1907 im
Insel-Verlag.

129 Der Verlag von Dr. Fritz Wedekind & Co. GmbH war im Juli 1904 gegründet worden. In
erster Linie diente er der Herausgabe der noch heute existierenden Segel-Zeitschrift „Die
Yacht".

130 Dr. Franz Ledermann, ursprünglich Jurist, arbeitete zunächst im Berliner Verlag von
Egon Fleischel & Co., in dem Landauers Novellenband *Macht und Mächte* (1903) erschienen war. Im Januar 1905 hatte er in Berlin-Friedenau seinen eigenen Verlag gegründet. Am 14. November 1914 starb er infolge einer Kriegsverwundung.

70. AN ERICH MÜHSAM

Mittwoch. [23.8.1907]

Lieber Freund,

Entschuldige, daß es eine Karte ist, wir reisen morgen und alles Papier ist schon eingepackt. Ich bin von einer überaus schönen Tour in den bayrisch-böhmischen Wald zurück und habe Deine Gedichte alle gelesen; auch die paar Prosasachen, aus denen ich mir nichts mache. In den Gedichten ist etliches Schwache und Unfertige – Du wirst wieder ein paar Bleistiftbemerkungen finden – aber im großen Ganzen sind sie schön, und ich habe den Wunsch, sie gedruckt zu sehen. Die Bezeichnung „Papierkorb" dagegen ist Unsinn; es ist in dieser Abteilung viel, was nun einmal wirklich in Deine Gedichte gehört, und das andere wirf in Teufels Namen in den wirklichen Papierkorb. Die Schüttelreime haben mich wieder ordentlich geschüttelt, und es ist nur fast rührend, wie selbst in dieser Form, die fast zur Sinnlosigkeit zwingt, doch ganz und gar Dein Eigenes und Besonderes, Deine Gemüts- und Geistesrichtung lebt. Alles, wo dieses lebt, gehört zu Deinen Gedichten; was bloß Witz oder nicht mit Ernst fertig gemacht ist, laß weg.

Ich wünsche Dir einen Verleger und will in Berlin sehen, ob ich etwas für Dich thun kann. Willst Du Dich nicht einmal an Kerr wenden, der eine Macht ist und Dir doch günstig gesinnt?[133]

Herzlichen Gruß!

---

131 Der Berliner Verlag von Julius Bard, der um 1902 gegründet wurde, verlegte überwiegend Bücher über Kunst und Musik. 1907 war dort der Gedichtband *Der Wanderer und sein Weg* des mit Landauer befreundeten Schriftstellers Emanuel von Bodman erschienen.

132 Gustav Landauer: *Die Revolution.* Frankfurt a. M. 1907 [= *Die Gesellschaft,* Hg. Martin Buber Bd. 13]. – Das Buch erschien erst im Januar 1908.

133 Der Kritiker Alfred Kerr (1867–1948) hatte Mühsams ersten Gedichtband positiv besprochen: „Die Wüste, Gedichte von Erich Mühsam", in: *Das literarische Echo,* Jg. 7, Nr. 5 (1.12.1904), Sp. 371–372.

71. AN ERICH MÜHSAM

Hermsdorf (Mark), 6.9.[19]07.

Lieber Mühsam,

ich will Dir nur schnell viel Gutes für Paris[134] wünschen und den Empfang des Manuskriptes bestätigen. Ich bin wieder noch für etwa 14 Tage mit eiligster Arbeit an den Schreibtisch gefesselt; bitte, hab solange Geduld. Obwohl oder weil ich neugierig auf die Komödie bin, habe ich das Packet noch gar nicht geöffnet.

Möchtest Du mir einmal zum Verlag Ernest Flammarion gehen, wohnte früher 26 Rue Racine, près l'Odéon, und fragen, ob die Correspondance de Proudhon, 14 Bde[135], noch zum herabgesetzten Preis von 20 francs zu haben ist? Wenn ja, soll er mir die Bde unter Nachnahme zuschicken. Möchtest Du Dich in Paris – an den Quais u.s.w. – überhaupt ein bisschen nach Antiquarischem für mich umsehen und mir berichten? Möchte z.b. gern auch die Oeuvres complètes de Proudhon antiquarisch. Aber nicht bloß Nationalökonomisches intressiert mich.[136]

Sehr herzlich! Dein

G[ustav] L[andauer]

---

134 Mühsam hielt sich vom September 1907 bis zum Januar 1908 in Paris auf.

135 *Correspondance de Pierre-Joseph Proudhon.* 14 Bde. Paris (Lacroix) 1875. – Einzelne Briefe Proudhons übersetzte Landauer dann ab 1909 für seinen *Sozialist.*

136 Landauer plante zu dieser Zeit die Herausgabe eines Proudhon-Sammelbandes. In der *Freien Generation* erscheinen im Folgejahr „Charakteristische Lesefrüchte aus Pierre Joseph Proudhons Werken und Briefen". Vermutlich gehen Übersetzung und Zusammen-

72. AN ERICH MÜHSAM

Hermsdorf (Mark), 23.9.[19]07.

Lieber Mühsam,

Ich habe Dein Stück jetzt gelesen.[137] Es ist mir wirklich unangenehm, Dir immer aesthetische Predigten halten zu müssen, die sich verflucht wie Moralpredigten ausnehmen; aber schliesslich muß ich Dein Vertrauen rechtfertigen. Auch dieses Stück ist leider eine dilettantische Pfuscherei und gegen die Hochstapler[138] kein Fortschritt. Ich habe anfangs hie und da eine Bleistiftbemerkung gemacht, die Du finden wirst; wo keine mehr kommen, fängt das Stück an bodenlos zu werden, und ich habe es aufgegeben. Zunächst: es ist alles auf theatralische Augenblickswirkung berechnet, Du hast aber nicht das Tempo und den Reichtum, um die Zuhörer einen Abend lang mit flächenhaften Masken zu täuschen; überdies ist das Stück ja so, daß kein Theater es aufführen, kein Verleger es drucken <u>kann</u>. Da erhebt sich die Frage: was soll ein Stück, das litterarisch wichtig ist, wenn es nicht einmal auf die Bühne kommen kann? Ich sage: flächenhaft, und meine damit: die Gestalten sind nicht von mehreren Seiten (geschweige denn von innen) gesehen, sind nicht rund, auf die Beine gestellt; sondern sie haben einfach eine Erkennungsmarke umgehängt; der eine citiert <u>immer</u> Bibelsprüche, die andere sagt immer: Ach Gott, wie nett! u.s.w. Sehr billig, und sehr alt, dieses Verfahren. Aber, ich versichere Dich, Leute wie Moser[139] oder Blumenthal[140] haben das viel besser gemacht.

Völlig unmöglich sind die äussern und innern Voraussetzungen des dritten Aktes: dieses Mädchenheim, eine Art Hotel und Pensionat also, steht in Wahrheit natürlich mitten in der Stadt, nicht an irgend einer Landstraße; es sind nicht

---

stellung auf Landauer zurück. Vgl. *Die Freie Generation*, Bd. 2, H. 12 (Juni 1908), S. 303–306.

137 Erich Mühsam: „Glaube, Liebe, Hoffnung. Eine Laufbahn in drei Aufzügen." – Das Erscheinen dieses Theaterstücks im kurzlebigen Berliner Orion-Verlag wurde im Juni 1908 angekündigt, kam dann jedoch nicht zustande. Ab Herbst 1908 residierte der Orion-Verlag unter der gleichen Anschrift wie Herwarth Walden und dessen „Verein für Kunst" (Berlin-Halensee, Katharinenstraße 5). Zweiter Aufzug in *Kain-Kalender für das Jahr 1913*, S. 24–30.

138 Erich Mühsam: *Die Hochstapler, Lustspiel in vier Aufzügen*. München (Piper) 1906.

139 Gustav von Moser (1825–1903), Verfasser zahlreicher Lustspiele.

140 Oskar Blumenthal (1852–1917), Verfasser zahlreicher Lustspiele, zum Teil gemeinsam mit Gustav Kadelburg; seit 1888 Leiter des Berliner Lessingtheaters.

bloß die paar Mädchen da, die dem Verfasser zulieb sofort Huren schlimmster Sorte werden, sondern es kommen täglich, oder alle paar Tage neue, darunter ohne Frage auch solide, die für die öde Schweinerei des Verfassers nicht zu brauchen wären. Die Verbindung mit einem Bordellrestaurant ist ganz unmöglich. Möglich wäre nur, daß mit viel mehr Heimlichkeit und Kompliziertheit, als Deine Bühnenkunst verträgt, alle möglichen schwierigen Geschichten vorgehen.

Das sind ein paar Einzelheiten. Der Kern aber ist: lediglich Deine ganz primitive, kindliche Technik ist schuld, daß ein Eindruck überaus oberflächlicher Frivolität entsteht. Wärest Du im Stande, ein Stückchen Leben in seiner Fülle zu gestalten, aus seiner seelischen Tiefe herauszuheben, so dürftest Du meinetwegen noch viel schlimmere Dinge Dir gestatten. Solche Stoffe dürfen nur Menschen gestalten, die Dämonie und dramatisches Talent haben. Etwas von Dämonie hast Du manchmal in Deiner Lyrik; in Deinen Dramen kommt nicht ein Funke heraus, und sie erinnern viel mehr an die Psychologie der Erbtante als an Deine Gedichte oder gar an das Beste in Wedekinds Dramen, das Dir natürlich vorgeschwebt hat.

Willst Du die Pille etwas überzuckert, so füge ich gern hinzu, daß einige gute Einfälle da sind; der beste ist der mit dem Schuß zum Ende des Stücks. Auch hast Du fleissig die Bibel gelesen; und ich möchte wünschen, daß bei Gelegenheit dieses mühsamen Suchens von der machtvollen Ethik und Poesie dieser Bilder etwas an Dir hängen geblieben wäre.

Soll ich Dir das Manuskript wieder schicken? Dafür thun kann ich leider wirklich nichts.

Für die Besorgung wegen der Correspondance von Proudhon vielen Dank; die Firma hat mir geschrieben, und ich lasse mir die Bände kommen.[141]

Sei herzlich gegrüßt! Dein
Gustav Landauer

---

141 Siehe Brief 71 vom 6.9.1907.

73. AN ERICH MÜHSAM

Hermsdorf (Mark), 9.10.[19]07.

Lieber Mühsam,

Um Dir sofort zu antworten, beschränke ich mich heute aufs Praktische. Mit ein paar Worten komme ich auf Dein Stück, das ich Dir nächster Tage zurückschicke, zurück.

1) Herrn Rosenzweig[142] werde ich nicht telephonieren, sondern werde persönlich hingehen; ich berichte Dir dann.

2) Schreibe dem Vormund Eisselt's[143] sofort, daß ich Vollmacht habe zu unterhandeln und abzuschliessen. Er muß die Exemplare billiger lassen und das Verlagsrecht abtreten; ich hoffe, dann einen Verleger zu finden, der sie übernimmt. Schicke mir sofort die günstigen Rezensionen, die Du hast (z.B. von Kerr[144]).

3) Wegen Deiner neuen Gedichte – vielleicht auch wegen der alten – will ich einen Versuch bei Schuster & Loeffler machen.[145] Schreibe mir also gleich, ob sie ihm und wem sie überhaupt schon angeboten waren.

4) Ich lege dem Brief zehn Mark bei und bitte, sie für Essen anzulegen. Es thut mir leid, daß es nicht mehr sein kann. Aber das muß doch nun irgendwie anders werden; Du kannst so nicht leben. Bemühe Dich, wenn es geht, um eine Correspondentenstelle. Und dann übersetze aus dem Französischen: a) Gutes, b) die Schundskizzen, für die der Weltspiegel[146] und solche Blätter einen so massenhaften Verbrauch haben.

Suche die Adresse von Alexander Cohen[147] zu erfahren und grüß ihn von mir und Bernhard Kampffmeyer[148] (bin autorisiert). Ein prächtiger Mensch (spricht

---

142 Berliner Rechtsanwalt.
143 Eduard Eisselt hatte Mühsams ersten Gedichtband *Die Wüste* (1904) verlegt.
144 Siehe Anm. 133.
145 Der Berliner Verlag Schuster & Loeffler hatte Hedwig Lachmanns Gedichtband *Im Bilde* (1902) und ihre Oscar Wilde-Monographie (1905) verlegt.
146 Der „Welt-Spiegel" erschien seit 1901 wöchentlich als illustrierte Beilage zum „Berliner Tageblatt".
147 Alexander Cohen (1864–1961), niederländischer Schriftsteller und Anarchist, den Landauer im Juli 1896 beim Internationalen Arbeiter- und Gewerkschaftskongress in London kennen gelernt hatte. Cohen lebte seit 1899 ständig in Paris.
148 Bernhard Kampffmeyer (1867–1942), Anarchist, Übersetzer Kropotkins, Mitglied der Neuen Gemeinschaft und Mitbegründer, später Vorsitzender der Deutschen Gartenstadt-Gesellschaft.

deutsch), der zu Dir passt und Dir vielleicht auch raten kann; Geld hat er voraussichtlich immer noch keines.

Sei herzlich gegrüsst! Dein
Gustav Landauer

74. AN ERICH MÜHSAM

Hermsdorf b. Berlin, 4.11.[19]07.

Lieber Mühsam,

Ich habe Dir so lange nicht geschrieben, weil ich Herrn Rosenzweig zweimal nicht zu Hause getroffen habe, und weil die Leute vom Verlag Eisselt meine Anfrage gar nicht beantwortet haben; ich will einmal persönlich hingehen, habe aber sehr viel zu thun, und bin bisher nicht dazu gekommen. Herrn Rosenzweig habe ich nun heute gesprochen. Zunächst glaube ich Dich versichern zu können, daß Du irgend welchen Mißbrauch der Dokumente von seiner Seite nicht zu befürchten hast. Das aber halte ich für denkbar, daß er Dir keinen Bescheid giebt, bis Du ihm die Unkosten ersetzt hast und daß er Dir dann einen negativen giebt. Das ist aber nur mein Eindruck von einer Möglichkeit. Thatsache ist, daß er mich versichert hat, er sei lange in der Sommerfrische gewesen, hätte die Testamente, von denen das eine – wie ich mich überzeugt habe – thatsächlich sehr lang und kompliziert ist, noch nicht genügend studiert etc.; hätte Dir aber – dieser Tage sowieso geschrieben; er versprach, Dir binnen 8 Tagen zu schreiben. Das eine Testament, wenn ich nicht irre, das Deiner Mutter[149], sei nicht beleihbar, aus Gründen, die er mir mittheilte, aber da ich keinen Kopf für so etwas habe, habe ich sie, obwohl ich noch weiß, daß sie mir einleuchteten, schon wieder vergessen; irgendwie sind alle Rechte auf Deinen Vater übergegangen, und stünden bei ihm, solange er lebt. Dagegen erklärt er, jetzt schon sagen zu können, die Erbschaft Deines Großvaters sei beleihbar, und ob er das Geschäft machen wolle, werde er Dir schreiben; er werde Dir, versprach er, auch jedenfalls schreiben, auch wenn er ablehne. Zwischendurch versicherte er immer, obwohl ich auf diesen Punkt nicht einging, Du könntest ja die Dokumente sofort haben, sowie Du die Gebühren bezahltest. Weiter weiß ich

---

149 Mühsams Mutter Rosalie Mühsam geh. Cohn war am 24. März 1899 gestorben.

sowie Du die Gebühren bezahltest. Weiter weiß ich nichts zu berichten; der Mann ist ziemlich undurchdringlich, und ich habe keinen rechten Eindruck, ob ihn das Geschäft interessiert oder nicht. Aber es ist immerhin einige Hoffnung; und wenn er nicht bald schreibt, mache mir, bitte, Mitteilung. Ich habe ihm auf seine Frage gesagt, daß Du in Paris bist, aber nicht die Adresse. Hat er also keine Adresse von Dir, so ist es wohl gut, daß Du sie ihm gleich mitteilst, denn der Mann scheint vorsichtig, und mir keinen endgiltigen Bescheid geben zu wollen.

Deine alten Gedichte aufzukaufen, hatte ich zunächst Lehmann, dem Verleger der „Freien Generation" vorgeschlagen[150]; das sind gut 3 Wochen her, aber er hat mir nicht geantwortet; da er schon sowieso wegen einer andern Sache zu mir herauskommen wollte, habe ich seinen Besuch erwartet. Ich schreibe ihm jetzt noch einmal, da ich den Gedanken für gut halte. Ich wollte mich, solange die Sache mit Deinen neuen Gedichten noch schwebt, nicht gern an einen Lyrikverleger wenden, weil die gegen einen Verfasser, dessen Bücher verramscht werden, voreingenommen sind.– Das neue Manuskript, wenn es mir Kerr erst schickt, will ich zunächst Bard (Julius Bard, hat nichts mit Bard, Marquardt & Co. zu thun) anbieten. Der ist sehr strebsam, und auf neue Sachen aus.

Die französische Anarchistenbewegung beurteilst Du noch nicht richtig. Die Temps Nouveaux (Grave[151] etc.) sind von ihrem doktrinär-kommunistischen Standpunkt aus Gegner des „Individualismus", aber ebenso sehr des reinen Syndikalismus. Abgesehen von den Individualisten giebt es 3 Richtungen: Richtung Grave – kommunistischer Anarchismus à la Kropotkin, Richtung Pouget[152] etc. – Syndikalismus, Richtung Faure[153] – Antiklerikalismus, Sucht nach Popularität auch in der Bourgeoisie, Erziehungsarbeit etc. Alle drei haben Verdienste, alle drei sind einseitig; die größte Anhängerzahl haben die Syndika-

---

150 Max Lehmann (Berlin) war seit November 1906 Verleger der Zeitschrift *Die Freie Generation*. Als verantwortliche Redakteure erscheinen Pierre Ramus, Gustav Lübeck, Paul Nicolaus und Berthold Cahn. Vgl. *Die Freie Generation*, Bd. l, H. 5 (November 1906), S. 1.

151 Jean Grave (1854–1939), Schuhmacher und französischer Anarchist; seit 1883 alleiniger Redakteur und Herausgeber der von Kropotkin u. a. gegründeten französischen anarchistischen Zeitschrift *Le Révolté* (ab 1887 *La Révolte,* ab 1895 *Les Temps Nouveaux),* die allgemein als das Sprachrohr Kropotkins galt.

152 Emile Pouget (1860–1931), Anarchosyndikalist, Herausgeber der Zeitschriften *Ça ira* (1888–1889), *Père Peinard* (1889–1900), *La Sociale* (1895–1896) und *La Révolution* (1909). Von 1902 bis 1908 Sekretär der syndikalistischen Confédération Générale du Travail (CGT).

153 Sébastien Faure (1858–1942), Anarchist, Mitgründer und lange Redakteur der Zeitschrift *Le Libertaire,* 1904 bis 1917 Leiter der antiklerikalen „Schule der Zukunft" La Ruche.

listen, die mir die unsympathischsten sind, weil sie genau so demagogische Mittelchen und Kongreßkunststückchen und Majorisierungen machen wie die Sozialdemokraten.

Meine „Revolution" ist fertig, auch gedruckt; bis zum Erscheinen vergehen aber, glaube ich, noch etliche Wochen. Der Verleger ist unberechenbar.

Uns geht es recht gut; nur daß ich eben immer fürs Brot arbeiten muß. Lottchen ist sehr wohl; hatte ich Dir geschrieben, daß sie 6 Wochen mit uns in Süddeutschland war.

Hoffentlich bist Du zur Zeit ein bisschen besser dran; ich wollte, ich könnte Dir bald irgend etwas Günstiges berichten.

Herzliche Grüße! Dein
Gustav Landauer

Dein Drama geht gleichzeitig ab.[154]

75. AN ERICH MÜHSAM

[Hermsdorf,] 5.12.[1907]

Lieber Mühsam,

Der Vormund Eisselts hat sich nun formell und schriftlich verpflichtet, alle Exemplare d. Wüste bis auf 100 einstampfen zu lassen, und 100 für M 20 zu lassen. Ich habe Jaffé[155], der mir vorher geschrieben hatte, gebeten, das Geld nun einzusenden. Dich bitte ich, gleich an J.G. Ernst[156] eine Karte zu schreiben des Inhalts: Du erklärst nochmals, daß Du mir für alle Schritte, die ich in Sachen der Wüste thue, unbegrenzte Vollmacht gegeben hast und daß alles, was ich thue, in Deinem Namen geschieht. Nichts weiter. Dies soll die Einleitung zu meinem Versuch sein, den ich sofort nach Eingang des Geldes thue: die übrigen Exemplare – circa 200 – annähernd zum Makulaturwert zu kaufen. Sie haben schon jetzt nach seiner bindenden Verpflichtung keinen höheren Wert für ihn. Ich stelle sie dann dem Verleger, den Jaffé an der Hand hat, zur Verfügung, mit dem

---

154 Das Manuskript von Mühsams Drama „Glaube, Liebe, Hoffnung".
155 Edgar Jaffé (1866–1921), Volkswirtschaftler mit sozialreformerischen Neigungen und Freund Mühsams. 1918/19 bayerischer Finanzminister (USPD) unter Eisner.

Du dann gut thust, einen Vertrag zu schliessen, damit er nicht bloß die Exemplare, sondern auch das Verlagsrecht besitzt und verpflichtet ist, sie nur zu einem festgesetzten Ladenpreis zu verkaufen.

Herzlichen Gruß Dein
G[ustav] L[andauer]

Kannst Du Dialoge, Briefe etc. des Abbé Galiani (französ.) antiquarisch suchen?[157]

76. AN ERICH MÜHSAM

[Januar 1908]

Angehörigen und Freunden mache ich die traurige Mitteilung, daß meine erste Frau Grete, geb. Leuschner am 15. Januar im Alter von 36 Jahren nach schwerer Krankheit gestorben ist.

Hermsdorf bei Berlin.
Gustav Landauer.

---

156 Vermutlich der erwähnte Vormund des Verlegers Eduard Eisselt.
157 Landauer hatte kurz zuvor gelesen Ferdinando Galiani: *Briefe,* Aus dem Französischen von Heinrich Conrad, 2 Bde., München 1907. Er hatte das Buch Fritz Mauthner zum Weihnachtsfest geschenkt. Vgl. Gustav Landauer – Fritz Mauthner, *Briefwechsel* S. 169. – Galiani (1728–1787), über den der ehemalige „unabhängige Sozialist" Franz Blei 1894 promoviert hatte, beeinflusste mit seiner Schrift *Della moneta* Karl Marx und dessen *Kapital* und wurde von Nietzsche in *Jenseits von Gut und Böse* rühmend erwähnt. Vgl. Gregor Eisenhauser: *Der Literat, Franz Blei – ein biographischer Essay,* Tübingen 1993, S. 19–26.

77. AN ERICH MÜHSAM

[Berlin N.,] 20.1.[19]08

Lieber Mühsam,

ich hoffe in den allernächsten Tagen Deine lieben Briefe beantworten zu können; aus der Anzeige, die ich Dir schickte, wirst Du ersehen haben, daß ich in letzter Zeit viel Sorgen und Kummer gehabt habe. Lottchen ist gefasst und es geht ihr verhältnismässig gut; hoffentlich wird sie nun kräftiger werden.

Dies Vorläufige schreibe ich um einer kleinen Bitte willen: ich höre, Nettlau soll z. Zt. wieder in Paris sein. Triffst Du ihn zufällig, so frage ihn doch in meinem Namen, ob er eine Karte, die ich jüngst an ihn gerichtet habe, erhalten hat.[158]

Kerr hat Dein Manuskript noch immer nicht geschickt !!

Herzliche Grüße! Dein
Landauer

N.S. Soeben traf Deine Karte ein. Freue mich, Dich wiederzusehen.[159] Aber hast Du meine „Revolution", die ich Dir sandte, nicht erhalten?

---

158 Mühsam schrieb daraufhin am 24.1.1908 an Max Nettlau: „Werter Genosse Nettlau, ich suchte Sie auf, um Sie im Auftrage Landauers nach einem Brief zu fragen, den er Ihnen geschrieben hat. Ich würde mich freuen, Sie morgen treffen zu können, und werde Sie gegen 3 Uhr nachmittags wieder in Ihrem Hotel aufsuchen. Wollen Sie mich dann erwarten? Andernfalls bitte ich Sie um pneumatischen Gegenbescheid. Ihr Erich Mühsam." (Erich Mühsam: *Briefe*, Bd.1, S.113).

159 Mühsam hatte offenbar seine Rückkehr nach Berlin angekündigt, die Anfang Februar 1908 erfolgte.

78. AN ERICH MÜHSAM

Hermsdorf b. Berlin, 8.2.[19]08.

Lieber Mühsam,

Ich habe Dir nicht mehr geschrieben, weil ich annahm, Du kommst; ich hielt es schon letzten Sonntag für möglich. Also willkommen und auf Wiedersehen morgen, Sonntag.

Herzlichen Gruß, auch im Namen meiner Frau, Dein
Gustav Landauer

79. AN ERICH MÜHSAM

Hermsdorf b. Berlin, 2.3.[19]08.

Lieber Mühsam,

ich habe morgen in einer total gleichgültigen Angelegenheit als Zeuge vor dem Charlottenburger Amtsgericht zu thun. Wenn ich nicht irre, wohnst Du dort in der Nähe. Hast Du also Zeit, so erwarte mich zwischen 11 und 1/4 12 Uhr auf dem Amtsgerichtsgebäude; hast Du erst später Zeit, so versuchst Du vielleicht, mich in dem Zeugenzimmer zu Zimmer 35 (eine Treppe) zu treffen. Wir könnten dann eventuell weitere Rendez-vous verabreden.

Herzlichen Gruß! Dein
Landauer

80. AN ERICH MÜHSAM

Hermsdorf b. Berlin, 26.3.[19]08.

Lieber Mühsam,

schon letzten Sonntag hatte ich Dich erwartet.

Ich müsste ein bisschen ausspannen können; statt dessen bin ich übermäßig angespannt, und komme doch nicht zu eigenem. Es quält mich, daß ich Dir so wenig bisher habe helfen können, aber ich kann's mir selbst nicht, und dies sei meine Entschuldigung. Nimm mit dem Begleitbrief an Ehbock[160] vorlieb, den ich offen beilege und der Dir vielleicht nutzen kann.

Auf Wiedersehen! Besten Gruß! Dein
G[ustav] L[andauer]

[Beilage:][161]

S[ehr] w[erter] H[err] Ehbock,
Herr M[ühsam] sagt mir, er biete Ihnen seine Gedichte an. Er kommt mir zuvor; ich wollte Ihnen selbst dringend zur Verlagsübernahme raten und wollte nur warten, bis Sie mir in meiner Angelegenheit etwas mitteilen. Sie sehn, ich bin ein geduldiger Warter.

Was nun E[rich] M[ühsam] angeht, so halte ich ihn für einen Lyriker voller Kraft und voller Form, der einen eignen Ton hat und die Freiheit und Leidenschaftlichkeit, ohne die ein lyrischer Dichter garzuleicht anmutiges Zuckerwasser von sich gibt. Er gibt keine sozialen Zustandsschilderungen, sondern verwandelt alles ins persönliche Erleben; und andrerseits verwandelt sich ihm wieder das persönliche Erlebnis und die Privatgefühle in Typisches und Soziales.

---

160 Hermann Ehbock, Verlagsbuchhändler und Inhaber der „Concordia Deutsche Verlags-Anstalt" in Berlin. In seinem Verlag war gerade Landauers Übersetzung von George Bernard Shaws Essay *Sozialismus für Millionäre* (Neuausgabe: Frankfurt a.M. 1979) erschienen. Außerdem vertrieb Ehbock seit 1906 die Zeitschrift *Das Blaubuch*.
161 Landauers Empfehlungsschreiben an Hermann Ehbock ist nicht im Original, sondern nur in einer von Mühsam gefertigten Abschrift vorhanden.

Für den Verleger insbesondere wertvoll scheint mir, daß die Gedichte sich an keinen beschränkten Aesthetenkreis richten, sondern ein gewisses fortreissendes, suggestives, stark temperamentvolles an sich haben, das auf einen großen Kreis zu wirken geeignet ist.

Es sollte mich freuen, wenn Sie dieselben Eindrücke hätten; denn E[rich] M[ühsam] ist einer, der Zukunft in sich hat.

Beste Grüße Ihres sehr ergebenen
Gustav Landauer

81. AN ERICH MÜHSAM

Mittwoch [Mai/Juni 1908]

Lieber Mühsam,

Buch und Brief erhalten; vielen Dank. Also Freitag 8 ½ Uhr; besondere Einladung brauchst Du ja nicht. Bitte: versehe beiliegende Briefe mit genauer Adresse. Ich habe Dr. Friedländer doch zur ersten Sitzung eingeladen.[162] Es ist das Anständigste, ihn zunächst wie jeden andern Menschen sachlich zu interessieren.

Herzlichen Gruß. Dein
Landauer

Über das andere wohl morgen Nachmittag.

---

162 Gemeint ist aller Wahrscheinlichkeit nach der Zoologe und Volkswirtschaftler Dr. phil. Benedict Friedlaender (1866-1908) aus Berlin, der 1891 die „Unabhängigen Sozialisten" unterstützt hatte und etwa zur gleichen Zeit ein Anhänger Eugen Dührings wurde. Seit 1902 Mitglied des „Wissenschaftlich-humanitären Komitees", das für die Streichung des § 175 eintrat, 1907 Austritt und Begründung des „Bundes für männliche Kultur". Am 20. Juni 1908 nahm sich Friedlaender nach und wegen einer langwierigen Krankheit das Leben. Landauer kannte Friedlaender bereits aus den 90er Jahren. Die erwähnte „erste Sitzung" diente offenbar der Vorbereitung des Sozialistischen Bundes.

82. AN ERICH MÜHSAM

Hermsdorf b. Berlin, 16.6.[19]08.

Lieber Mühsam!

Sozialistischer Bund![163]

Zunächst werden Gruppen gebildet. Um Dich soll sich die „Gruppe Zigeuner" konzentrieren. Ich schlage Dir vor, Du fängst an, geeignete Menschen zu bearbeiten, besinnst Dich auf Namen und berichtest mir Sonntag. Geeichte Anarchisten kommen für Dich nicht in Betracht, die gruppieren sich schon selbst. Die 12 Artikel d. S.B. erhältst Du, sowie sie gedruckt vorliegen.[164]

Einstweilen schönsten Gruß Dein
Landauer

83. AN ERICH MÜHSAM

Hermsdorf b. Berlin, 29.6.[19]08.

Lieber Mühsam,

Ich sende Dir hier einfachheitshalber einen Brief Max Baginski's[165] nebst gedruckter Beilage. – Ich habe den Eindruck, daß es sich um ein sehr gutes Buch

---

163 Nach zwei Vorträgen am 26. Mai und am 14. Juni 1908 vor Berliner Anarchisten und Sozialisten, darunter auch Mühsam, hatte Landauer den „Sozialistischen Bund" ins Leben gerufen. Mühsam versuchte nach diesem Brief vergeblich, an seinem damaligen Wohnort Charlottenburg eine Gruppe des Bundes zu bilden.

164 Die von Landauer verfassten „Zwölf Artikel des Sozialistischen Bundes" erschienen erstmals in *Die Freie Generation,* Bd. 2, Nr. 12 (Juni 1908), S. 317–318, und in *Der freie Arbeiter,* Jg. 5, Nr. 25 (20.6.1908). Landauer meint hier aber wohl einen Sonderdruck als Flugblatt. – Landauer hatte die „Zwölf Artikel" vor der Veröffentlichung mit Mühsam besprochen.

165 Der Schuhmacher und „unabhängige Sozialist", später Anarchist Max Baginski (1864–1943) war 1892 während eines Hafturlaubs zunächst nach Zürich, wenig später dann in die USA geflohen. Nach dem Tod von Johann Most gab er ab 1906 zeitweise die New Yorker *Freiheit* heraus. Landauer hatte Baginski 1892 in Berlin kennen gelernt.

handelt[166], das für Deinen „Neuen biographischen Verlag" wie geschaffen wäre.[167] Willst Du, ohne Baginski's Brief – den ich später wieder haben muß – aus
den Händen zu geben, in der Sache etwas thun? oder veranlassen, daß der Verleger sich mit mir trifft? – Baginski habe ich gleich geschrieben und veranlasst,
daß er mir volle Autorisation, für ihn zu verhandeln, giebt.

Vielleicht kannst Du zwischen heute und Mittwoch schon etwas thun. Ginge es,
daß wir Mittwoch den Mann treffen oder aufsuchen?

Beste Grüße! Dein
Landauer

84. AN ERICH MÜHSAM

z. Zt. Karlsruhe (Baden), Kaiserallee 25[b], 20.7.[19]08.

Lieber Mühsam,

In Eile, vor Antritt einer Schwarzwaldtour: herzlichst bedaure ich Dein Mißgeschick und hoffe, daß es sich nur um ganz vorübergehende Brutalitäten handelt.

Mitte oder Ende August komme ich wahrscheinlich zu einer Versammlung nach
Bern, von wo ich einen prächtigen Brief erhalten habe.[168] Wirst Du vielleicht
kommen können?[169]

---

166 Bei dem erwähnten „Buch" könnte es sich um die „Memoiren" von Johann Most, die von
    1903 bis 1907 im New Yorker Selbstverlag erschienen waren (Nachdruck: Wien 2002),
    oder um eine Biografie des von Landauer verehrten deutsch-amerikanischen Schriftstel-
    lers und Anarchisten Robert Reitzel (1849-1898), dessen Schriften Baginski später he-
    rausgab, gehandelt haben. Das Verlagsprojekt kam jedoch nicht zustande.
167 In Mühsams neugegründetem Verlag war gerade seine Broschüre *Die Jagd auf Harden*
    (1908) erschienen. Vgl. seine Selbstanzeige in *Die Zukunft,* Jg. 16, Bd. 64, Nr. 45 (8.8.
    1908), S. 219.
168 Der „prächtige Brief" vom 16. Juli 1908 stammte von der Gewerkschaftssekretärin Mar-
    garethe Faas-Hardegger (siehe Anm.187) und bildete den Auftakt zu einer umfangreichen
    Korrespondenz. Landauers Vorträge in Bern und Zürich, mit denen er zur Gründung des
    Sozialistischen Bundes in der Schweiz aufrief, fanden am 18. und 19. August 1908 statt.
169 Mühsam kam nach Zürich und nahm dort am 19. August 1908 an der Versammlung in
    der Eintracht, dem Vereinshaus des gleichnamigen deutschen Arbeiterbildungsvereins,
    teil.

Herzliche Grüße von meiner Frau u. Deinem
Gustav Landauer

Bis auf weiteres bleibt die Adresse wie oben.

85. AN ERICH MÜHSAM

Hermsdorf b. Berlin, 12.12.[19]08.

Ich erhoffe, daß das fortgesetzte Nachsenden der Post mich in den Stand setzt, Deine Adresse zu erfahren.[170] Wie geht es Dir? Was ist mit Dir? Du hast mich noch nie so vernachlässigt.

Viele Grüße! Dein
Landauer

86. AN ERICH MÜHSAM

Hermsdorf b. Berlin, 17.1.[19]09.

Lieber Mühsam,

vielen Dank für all Deinen Eifer. Empfang von M 10,– wird bestätigt.

Sobald es geht, schreibe ich über den „Krater"[171]. Ich bin noch 14 Tage lang übermässig beschäftigt.

Wenn ich nur Beziehungen zu den Herrn vom Morgen-Verlag hätte! Aber es ist ja jetzt durch das Eingehen des Morgen alles abgerissen.[172]

---

170 Landauer sandte die Karte zunächst nach Charlottenburg bei Berlin. Die Post vermerkte dann: „Wegzug nach München, Schleißheimerstr. 118 IV b[ei] Wallner." Mühsam war bereits im November 1908 – und nicht, wie manchmal behauptet, erst 1909 – endgültig nach München gezogen.
171 Erich Mühsam: *Der Krater*. Berlin (Morgen-Verlag) 1909.
172 Landauer und Mühsam hatten 1908 mehrere Artikel bzw. Gedichte in *Morgen, Wochenschrift für deutsche* Kultur veröffentlicht. Die Zeitschrift war jedoch nach zwei Jahrgängen am 1. Januar 1909 mit der von Josef Adolf Bondy herausgegebenen *Neuen Revue* verschmolzen und erschien seitdem im Verlag der Neuen Revue. Zuletzt war Mühsams

„Sozialist" soll Dienstag expediert werden.[173]

Was macht die Münchener Versammlung?

Herzlichen Gruß! Dein

Landauer

Grüße Rössler[174], Scharf[175] und wer sonst noch bekannt ist.

87. AN ERICH MÜHSAM

Hermsdorf b. Berlin, 30.1.[19]09.

Lieber Mühsam,

Vielen Dank! Deine Bestellungen werden erledigt.

Ich bin mir nicht sicher, ob ich Deiner Prosadarstellung zutrauen darf, über Lyrik von George so zu schreiben, daß unsre besten Leser (Typ: Buber) davon Gewinn haben, unsre einfachen es aber auch aufnehmen. Bei diesem Thema besonders schwer. Traust Du Dir's aber zu, dann schreib es und schick es.[176] – Ich habe den Band übrigens noch nicht gelesen.–

Was Du noch andeutest, habe ich teilnahmsvoll aufgenommen. Zu sagen ist nichts möglich, da ich nichts weiß. Wollte ich nach dem urteilen, was viele sagen, die Euch beide kennen, müsste ich sagen: es ist gut.

Gedichtband *Der Krater* (1909) im Morgen-Verlag erschienen. Herausgeber des *Morgen*, der seit Juni 1907 bestand, war zuletzt Arthur Landsberger, die Redakteure waren zuletzt Eberhard Frowein und Herwarth Walden gewesen.

173 Die erste Nummer des neuen *Sozialist, Organ des Sozialistischen Bundes* wurde am Montag, dem 15. Januar 1909 ausgeliefert.

174 Carl Rößler (d. i. Franz Reßner, 1864–1948), mit Mühsam befreundeter Schriftsteller und Bohemien, den Landauer in den 90er Jahren in Berlin kennen gelernt hatte.

175 Ludwig Scharf (1864–1939), naturalistischer Lyriker und Übersetzer französischer Literatur, der dem Anarchismus nahe stand, Mitglied der „Elf Scharfrichter". Landauer hatte Scharf 1898 in Berlin kennen gelernt. Einige seiner Gedichte waren im frühen *Sozialist* erschienen.

176 Im *Sozialist* ist kein Artikel Mühsams über Stefan George und seine Lyrik erschienen.

Herzlichen Gruß! Dein
Landauer

Den Krater habe ich nicht vergessen; bald Brief.

88. AN ERICH MÜHSAM

[Hermsdorf b. Berlin] 4.2.[19]09.

L[ieber] M[ühsam]

Betrag von M 9 dankend erhalten. Sende von jetzt an lieber Geld direkt an Mertins[177]; Du ersparst mir Arbeit.

Die 50 Exempl. hatte ich <u>sofort</u> bestellt, habe jetzt gleich noch einmal moniert; hoffentlich aber hast Du inzwischen erhalten.[178]

Herzlichen Gruß Dein
G[ustav] L[andauer]

Nettlau[179] schrieb mir sehr warm über Deine Einleitungsverse zu No. 1. Auch sonst haben sie viel Freude gemacht.[180]

---

177 Der Schneider Hermann Mertins (geh. 1877) war für die Expedition des *Sozialist* verantwortlich.
178 Landauer bezieht sich vermutlich auf das zweite Flugblatt des Sozialistischen Bundes „Was ist zunächst zu tun?" (1908), auch in *Der Sozialist* Jg. 5, Nr. 24 (Dezember 1913).
179 Max Nettlau (1865–1944), Philologe, Historiker und Anarchist aus Wien, der seit 1885 mit Unterbrechungen in London lebte. Landauer hatte Nettlau 1896 in London kennen gelernt.
180 Erich Mühsam: „Zum Beginn", in: *Der Sozialist,* Jg. l, Nr. 1 (15.1.1909), S. 1.

89. AN ERICH MÜHSAM

Hermsdorf b. Berlin, 16.2.[19]09.

L[ieber] M[ühsam]

Wir möchten gern solange es geht, in jeder Nummer des S[ozialist] ein schönes ungedrucktes Gedicht bringen. Möchtest Du Margarete Beutler[181], Ludwig Scharf, und wen Du sonst noch von Dichtern kennst, bitten, uns etwas zu geben? Ich hätte gern für No. 3 recht bald etwas Gutes.[182]

Herzlichen Gruß! Dein
G[ustav] L[andauer]

90. AN ERICH MÜHSAM

Hermsdorf b. Berlin, 23.2.[19]09.

In Eile nur ein paar Zeilen.

Du schreibst, Du folgst meiner Aufforderung und schickst mir den Bänkelsang, der als solcher und überhaupt total mißraten ist. Kein Witz, kein Salz; nicht vom persönlichen Erlebnis abgerückt. Aber welcher Aufforderung? Solltest Du meine letzte Karte so schlecht gelesen haben?

Darin hatte ich gesagt: wir möchten im „Sozialist" in jeder Nummer ein gutes Gedicht haben; hatte (ohne es zu sagen) gemeint, von Dir hatten wir eines in No. 1, von Hedwig Lachmann kommt eines in No. 2[183], und hatte dann geschrieben: willst Du mir versuchen, für No. 3 etwas von Margarete Beutler, Ludwig Scharf oder sonst einem Dichter zu bekommen?

---

181 Margarete Beutler (1876–1949), mit Mühsam befreundete Dichterin, Mitglied der Neuen Gemeinschaft.
182 Im *Sozialist, Jg. 1,* Nr. 3 (15.3.1909) erschien stattdessen ein Gedicht von Emanuel von Bodman, mit dem Landauer seit 1906 in Verbindung stand. Als weitere zeitgenössische Dichter sind im *Sozialist* Hedwig Lachmann, Erich Mühsam, Margarete Susman und Christian Wagner vertreten.
183 Hedwig Lachmann: „Lied der Mutter", in: *Der Sozialist,* Jg. 1, Nr. 2 (15.2.1909), S. 10.

Ich glaube, diese Ballade wäre, auch wenn sie gut wäre, nicht für den S[ozialist] geeignet. Aber davon ist freilich nichts Sicheres zu sagen; denn wer weiß, wie sie dann aussähe? – Sie ist schlecht; was aber menschlich sehr zu begreifen ist. Das ist ein Thema das Du nun vorläufig noch nicht bedichten kannst; Du bist noch nicht damit fertig.

Sehr schön ist die Aussicht auf die Gruppe und die Versammlung. Hoffentlich gelingt alles. Es geht alles gut weiter; aber der „Sozialist" müsste öfter erscheinen können; vorläufig dürfen wir aber noch nicht daran denken.[184]

Ich habe schrecklich viel Brodarbeit und komme und komme nicht dazu, die Broschüre fertig zu schreiben.

Aber zum ‚Krater' hoffe ich, bald zu kommen.

Sei herzlich gegrüsst, und schone Deine Nerven.

Dein Gustav Landauer

91. AN ERICH MÜHSAM

Hermsdorf b. Berlin, 7.3.[19]09.

Lieber Mühsam,

Deine Nachricht freut mich sehr. Willst Du im Depeschenstil – nicht mehr als 10 Zeilen – alles Wesentliche aus der Versammlung für den S[ozialist] zusammenfassen?[185]

Was macht meine Gedichtbitte? Eine Anzeige über den Krater habe ich geschrieben und an Harden[186] geschickt. Ich will hoffen, daß sie bald erscheint.

Laß bald ausführlicher von Dir hören.

---

184 *Der Sozialist* erschien von Januar bis März 1909 monatlich, danach halbmonatlich.
185 Am 4. März 1909 hatte Mühsam in München vor über 400 Personen über „Neue Wege zum Sozialismus" gesprochen Im Anschluss daran konnte die Gruppe „Anarchist" des Sozialistischen Bundes gegründet werden. Den von Landauer erbetenen Versammlungsbericht verfasste er nicht. Vgl. *Der Sozialist,* Jg. 1, Nr. 3 (15.3.1909), S. 24 [Aus der Bewegung].
186 Maximilian Harden (1861–1927), der seit 1892 die politisch-literarische Zeitschrift *Die Zukunft* herausgab.

Von jetzt an erscheint der S[ozialist] vierzehntägig; Umfang der Nummer wie bisher. Freust Du Dich?

Herzlichen Gruß. Dein
Landauer

92. AN GUSTAV LANDAUER

München, 11/V. 1909

Lieber Landauer,

endlich kann ich Dir die Verse schicken. Ich habe alle die Tage keine rechte Stimmung dazu fassen können, und ob es nun etwas Rechtes geworden ist, kann ich noch garnicht übersehen.

Mark Harda[187] ist seit einigen Tagen hier. Gestern hatten wir die Gruppe zusammengetrommelt, und ich mußte mich der trostlosen Gesellschaft redlich schämen. Dienstag wird nun M.H. in einer öffentlichen Versammlung sprechen.[188] Die liebevolle Eindringlichkeit ihrer Rede wird ja die Gemüter sicher rühren und sie mit guten Absichten füllen. Daneben aber gehen sie hin und gründen aufs neue ihren „anarchosozialistischen" Diskutierklub, der gestern schon angekündigt wurde. Man kann mit Engelszungen reden, aber man wird diesen Menschen nicht beibringen können, daß die beiden Vereinigungen sich nicht gut von denselben Personen komponieren lassen.[189] Ich werde jetzt mit allem Nachdruck Leute aus anderen Kreisen zusammenzubringen suchen, um

187 Margarethe Faas-Hardegger (Ps. Mark Harda, 1882–1963) aus Bern, Anarchistin und Gewerkschaftssekretärin, Mitarbeiterin des *Sozialist* und Organisatorin der Gruppe „Hammer" in Bern. Landauer hatte sie im August 1908 in der Schweiz kennen gelernt und sich sogleich in sie verliebt. 1914 lernte sie den deutschen Kriegsdienstverweigerer Hans Brunner (1887–1960) kennen, mit dem sie seitdem zusammenlebte. Vgl. jetzt Ina Boesch: *Gegenleben, Die Sozialistin Margarethe Hardegger und ihre politischen Bühnen.* Zürich 2003; Regula Bochsler: *Ich folgte meinem Stern, Das kämpferische Leben der Margarethe Hardegger.* Zürich 2004.
188 Margarethe Faas-Hardegger sprach am 17. Mai 1909 über „Sozialistische Kultur".
189 Neben der Gruppe „Anarchist" des Sozialistischen Bundes bestand damals in München ein „Anarchosozialistischer Diskutierclub", der sich im Restaurant Gambrinus traf.

eine der Gruppe Gemeinschaft[190] ähnliche Gruppe zu schaffen. Die Herren Proletarier mögen dann getrost anarchosozialistisch diskutieren.

Ich schrieb Dir schon, daß ich eine Vernehmung beim Ermittlungsrichter hatte wegen des Schlußworts in der letzten Versammlung. Ich hatte auf den Vorwurf eines Sozialdemokraten, meine Haupttätigkeit erschöpfe sich in Angriffen auf seine Partei, damit repliziert, daß ich auf die üble Gewohnheit der Sozialdemokraten hinwies, uns als Spitzel und Bestochene zu verdächtigen. Ich hatte sie dann moralisch mit der Polizei auf eine Stufe gestellt. Dadurch fühlt sich nun komischerweise nicht die Sozialdemokratie sondern die Polizei beleidigt, und die Anklage wird wohl kommen. Ich werde mich von Justizrat Bernstein verteidigen lassen und will noch Harden um eine Empfehlung an ihn bitten. Meine Verteidigung werde ich wohl darauf einrichten, daß ich der Polizei ihren konkreten Charakter bestreite und behaupte, es fehle an jedem Objekt der Beleidigung. Immerhin wird es wohl brenzlich werden, denn die Ausdrücke, die ich anwandte, waren recht kräftig.[191]

Ich lese jetzt mit wahrem Entzücken Kropotkins Revolutionswerk, das mich wirklich bereichert.[192] Ich hoffe, ihn noch in diesem Jahr kennen zu lernen. Er ist am Lago Maggiore, und ich werde vielleicht im Juni mit Mark Harda hinuntergehen. – Momentan erwarte ich sie seit zwei Stunden in einem Restaurant im englischen Garten. Sie scheint mich aber zu versetzen.

---

190 Die Gruppe „Gemeinschaft" des Sozialistischen Bundes, der auch Landauer selbst angehörte, wurde damals von dessen Schwager Adolf Otto geleitet.

191 Bei einer Versammlung am 18. April 1909 hatte Erich Mühsam einen Vortrag über das Thema „Anarchismus bedeutet Wohlstand für alle" gehalten. Zu dieser Versammlung waren viele Sozialdemokraten erschienen, was zur Folge hatte, dass die Diskussion über Mühsams Vortrag sehr hitzig geführt wurde. Ihm wurde dabei u. a. vorgeworfen, ein „politischer Harlekin" zu sein. Sein Schlusswort enthielt massive Angriffe auf die Sozialdemokratie. Laut einem Bericht der *Münchner Post* sagte Mühsam: „Die Sozialdemokratie und die Polizei stehen moralisch auf einer Stufe, eine ist so gemein wie die andere. Wie es Polizeihauptmänner gibt, die mit roten Blumen im Knopfloch herumlaufen, genauso gehört die deutsche Sozialdemokratie zur Polizei und ich sage es: Lumpen und Schweinehunde sind es, die mit der Hundepeitsche gezüchtigt werden sollten." Der Münchener Polizeipräsident verklagte Mühsam daraufhin wegen Beleidigung. In der Gerichtsverhandlung, die am 18. August 1909 stattfand, wurde Mühsam zu einer Geldstrafe von 100 Mark, ersatzweise zehn Tagen Gefängnis verurteilt. Vgl. *Briefe*, Bd. 1, S. 136.

192 Peter Kropotkin: *Die französische Revolution 1789–1793*. Einzig berechtigte deutsche Ausgabe von Gustav Landauer. Leipzig (Theodor Thomas) 1909. – Neuausgabe mit einer Einleitung von Johannes Nohl: Weimar 1948; Neuausgabe mit einem Essay von Gustav Landauer: Leipzig und Weimar 1982.

Dir gehts hoffentlich in jeder Hinsicht gut, mindestens finanziell besser als mir. Denn ich bin durch Nohlsche Abenteuer wieder in arge Kalamitäten geraten. Grüße die Deinen recht herzlich von mir, und schreibe bald.

Dein Erich Mühsam

93. AN ERICH MÜHSAM

[Berlin N.,] Montag Nacht. [17.5.1909]

Lieber Mühsam,

Hoffentlich bekomme ich <u>gleich</u> Nachricht von der Versammlung, die jetzt vielleicht noch tagt.

Wir waren gestern in Eden ernst-froh sehr schön zusammen, viele, viele Kinder und Frauen und Männer.[193] Deine Verse sind sehr gut und passten ganz zu unsrer Stimmung. Ich habe sie vorgelesen und in No. 8 werden sie gedruckt.[194]

Sag Mark Harda, Ihr Brief habe mich so gefreut, daß ich ihr noch nicht antworten kann. Sie soll <u>gleich</u> schreiben, wann sie nach Hause reist. Und ihr Artikel ist trefflich und kommt in nächster Nummer.[195] – Verzeiht die vielen Druckfehler in dieser Nummer. Es war eine Hetze. Müller[196] ist krank; für die nächsten Monate ist nicht auf ihn zu rechnen. Und für die Adresse des jungen Mülberger in Argentinien[197] wäre ich <u>sehr</u> dankbar.

---

193 In der Obstbaukolonie Eden bei Oranienburg hatte sich nach einem Vortrag Landauers am 22. Februar 1909 die Gruppe „Grund und Boden" des Sozialistischen Bundes konstituiert. Sie lud am 16. Mai 1909 zu einem Frühlingsfest ein, mit dem das einjährige Bestehen des Bundes gefeiert wurde. Landauer schreibt hierzu: „In ernster Freude waren wir, Kinder, Frauen und Männer, annähernd 150 Personen, beisammen. Kinder und Erwachsene erfreuten uns mit musikalischen Vorträgen, Liedern und Gedichten. Es war eine Freude, die wir Menschen aneinander und an der Natur hatten: kein Tropfen Alkohol war dabei." (*Der Sozialist,* Jg. 1, Nr. 8, S. 58, Anm.).

194 Erich Mühsam: Zum Geburtstag [des Sozialistischen Bundes], in: *Der Sozialist,* Jg. 1, Nr. 8 (1.6.1909), S. 58.

195 Mark [d.i. Margarethe Faas-Hardegger]: „Der Individualist", in: *Der Sozialist,* Jg. 1, Nr. 8 (l. Juni 1909), S. 58–61.

196 Max Müller (geb. 1887), Berliner Verleger des „Sozialist".

197 Nicht zu ermitteln. In einem Adress- und Notizbuch Landauers von 1900 findet sich der Eintrag: „Herr stud. med. Mülberger, Friedrichstr. 111, Gartenhaus II links".

Der Fuß ist wieder gut.

Herzlichen Gruß! Dein

G[ustav] L[andauer]

94. AN GUSTAV LANDAUER

München, 19/V. [19]09

Lieber Landauer,

Dank für die lieben Karten. Ich kann Dir sehr gutes berichten. Mark Harda hat es bewirkt, daß die Unmöglichkeiten, die hier jeder Arbeit im Wege waren, nun beseitigt scheinen. Der Vortrag war ganz ausgezeichnet, ruhig, klug, instruktiv und doch erregend. Es machte sehr großen Eindruck. Da viele „Intellektuelle" da waren – vornehmlich Studenten –, ist die Wirkung umso erfreulicher. Es gaben mehrere von ihnen ihr Einverständnis kund, indem sie die Liste unterschrieben. Tags darauf (gestern) hatten wir Aussprache mit den alten Genossen, die sich vortrefflich benahmen. Sie gaben einfach zu, vorläufig noch mit ihren nächsten Interessen an den täglichen Kampf [in den?] syndikalistischen, antimilitaristischen u.s.w. Bewegungen gehalten zu sein, und versicherten dabei unserm Bunde all ihrer Sympathie und ihrer Unterstützung, wo ihre Hilfe gewünscht wird. Vor allem erklärten sie alle, den „Sozialist" regelmäßig beziehen zu wollen. Es wird Dich besonders freuen, von ihrer Stellungnahme in Deinem Streit mit dem „Freien Arbeiter" zu erfahren.[198] Sie erklärten einmütig und unsuggeriert, daß Du recht habest (ich gab ihnen noch kurze Aufschlüsse über die Gefahren einer zentralistischen Oberaufsicht in der Bewegung) und daß der „Freie Arbeiter" „unanständig" vorgehe, indem er Dir den Charakter eines Kameraden bestreite. Wir einigten uns dahin, daß wir manchmal miteinander vor-

---

198 Der Streit zwischen Landauer und dem *Freien Arbeiter* war entstanden, nachdem Landauer es abgelehnt hatte, die im *Freien Arbeiter* regelmäßig veröffentlichten Anschriften und Versammlungshinweise anarchistischer Gruppen auch im *Sozialist* abzudrucken. Seinen diesbezüglichen Brief hatte Landauer „mit kameradschaftlichem Gruss" beschlossen. Der Kommentar des *Freien Arbeiters* gipfelte in der Aussage, dass Landauers Handlungsweise diese Grußformel zu einer „wertlosen Redensart" machte. Vgl. „An die Genossen!", in: *Der freie Arbeiter*, Jg. 6, Nr. 20 (15.5.1909); Gustav Landauer: „Liebe Kameraden!", in: *Der freie Arbeiter*, Jg. 6, Nr. 23 (5.6.1909).

gehen könnten (z.B. gemeinsame Versammlungen, für Inhaftierte sammeln u.s.w.), sonst aber stets unabhängig neben einander arbeiten und keine Feindschaft gegeneinander aufkommen lassen wollen. Alle Arbeiter, die wir bisher hatten, entschieden sich für den Anarchosozialismus, sodaß in der neuen Gruppe (die „Tat" heißen soll) nur außer mir ein Genosse Morax[199], der mir liebste und vorsichtigste unter den Kameraden ist mit seiner Freundin, die nur die Kasse führen will. Heut abend soll die Gruppe nun noch mit Mark Hardas Unterstützung um die vermehrt werden, die von den Unterzeichneten vom Vortragsabend kommen werden und mittun wollen. Ich denke, jetzt werden wir endlich eine Basis zur energischen Arbeit haben.– Morax' Adresse teile ich Dir morgen mit, zugleich mit der Mitteilung darüber, wie die kleine Sitzung heut abend verlaufen ist.–

Morgen will Mark Harda nach Bern zurück. Wie ungern ich sie fortlasse, kann ich nicht in Worten sagen. Nicht nur der sozialistischen Zusammenarbeit wegen möchte ich sie hierbehalten. Für mich ganz persönlich wär es ein großes Glück, wenn sie länger bliebe.

Daß Müller krank ist, tut mir sehr leid. Ich wünsche ihm und euch allen, daß er bald wieder auf dem Posten ist. Sehr freut es mich, daß meine Verse gefallen haben. Demnächst gibt's ein Lied für den Bund, wahrscheinlich nach der Melodie „Freude schöner Götterfunken" (Beethoven).

Alles Gute Dir und den Kameraden. Viele Grüße Deinen Lieben.

Herzlich Dein
Mühsam.

95. AN GUSTAV LANDAUER

München, 20/V. [19]09

Lieber Landauer,

meinem gestrigen Brief habe ich heute nur noch eine kleine Berichtigung und eine Ergänzung folgen zu lassen. Der Gruppenwart der Gruppe „Tat" heißt nicht

---

199 Karl Morax (d.i. Karl Schultze, 1882–1916), Pianist und Mitbegründer der Gruppe „Tat".

Otto, sondern <u>Karl</u> Morax. Seine Adresse ist: München, Baaderstrasse 45 IV. – Gestern ist nun die neue Gruppe tatsächlich begründet worden. Es waren im ganzen 10 Personen da, lauter gebildetere Leute, denen es um positives Tun, um wirklich sozialistische Arbeit zu tun ist. Es ist noch viel Zweifel und Einwand bei ihnen, aber ich denke, es ist willfähriges Material. Ich werde jetzt mit viel mehr Freude und Hoffnung ans Werk gehen, und denke, bald gute Berichte geben zu können. – Noch eins: Du sprachst mir von der Marke des Bundes, die gezeichnet werden soll. Ich habe darüber mit einer Dame, einer begabten Zeichnerin gesprochen, die Freundin unserer Sache ist. Sie erwartet nun die angekündigte japanische Schiffsvorlage, die Du verarbeitet haben wolltest. Evtl. will sie bloß die Buchstaben S.B. ornamental verwenden. Schicke mir also recht schnell die Zeichnung. – Eben zeigt mir Mark Harda den Leopardischen Spruch in No. 7 (zu deren Lektüre ich noch nicht gekommen bin). Er ist prachtvoll. Hoffentlich merken die Herren vom Fr[eien] Arb[eiter] was.[200]

Also. Viele herzl. Grüße. Dein
Erich Mühsam

96. AN ERICH MÜHSAM

Sonnabend. [22.5.1909]

Lieber Mühsam,

In Eile:

Von offenen Briefen bin ich kein Freund. Ich habe Deine Arbeit umgeschrieben und ein bisschen mitgearbeitet.[201]

---

200 Der unter der Rubrik „Zum Weiterdenken" abgedruckte Spruch des italienischen Schriftstellers Giacomo Leopardi (1798–1837) lautet: „Ich sah in Florenz einen Menschen, der wie ein Zugtier nach dortiger Sitte einen schwer beladenen Karren zog und dabei mit dem größten Selbstbewußtsein schrie und den Leuten befahl, ihm Platz zu machen; ich mußte dabei an die Vielen denken, die stolz einherschreiten und die Andern schimpflich behandeln aus ganz demselben Grunde, der jenen so aufgeblasen machte: weil sie nämlich einen Karren ziehen." (*Der Sozialist,* Jg. 1, Nr. 7, 15.5.1909, S. 52).
201 Vermutlich Erich Mühsam: „Thomas Theodor Heine", in: *Der Sozialist,* Jg. l, Nr. 9 (15.6.1909), S. 68–69. – Mühsam kritisiert in diesem Artikel ein von Th.Th. Heine ge-

Bist Du einverstanden, dann schick mir's schnell wieder. Vielen Dank für all Euer gutes Thun und Gedenken.

Schreib mir gleich, ob Margrit nun weg ist. Das glaub ich, daß Du sie vermissen wirst.

Das habt ihr trefflich gemacht mit der Gruppe.[202] Nun so weiter.

Von Herzen Dein

G[ustav] L[andauer]

97. AN ERICH MÜHSAM

Freitag. [12.6.1909]

Lieber Mühsam,

In Eile möchte ich Dich anregen für den S[ozialist] ein Spottgedicht über das Organisationsstatut zu machen, das sich die „Anarchisten" Deutschlands zu Pfingsten zugelegt haben.[203] Text liegt bei. Es müsste allgemein gehalten sein, da ich ja diese famosen 21 Paragraphen nicht veröffentlichen will.

Hast Du schnell einen Einfall, sodaß ich das Manuskript Montag in Händen hab, kann es noch in No. 9 kommen; sonst für No. 10.

Ich setze natürlich voraus, daß Du diese Art Bureaukratie auch zum Lachen findest.

Herzliche Grüße! Laß einmal hören, wie's Dir geht. Dein

Gustav Landauer

---

zeichnetes Titelblatt des *Simplicissimus*. Heine habe sich damit zum „Ulkmacher" des deutschen Philisters hergegeben.

202 Gemeint ist die Gruppe „Tat" des Sozialistischen Bundes, die sich am 19. Mai 1909 konstituiert hatte.

203 Erich Mühsam: „Instruktions-Stunde, Den Leipziger Kongressgenossen gewidmet", in: *Der Sozialist*, Jg. 1, Nr. 10 (1.7.1909), S. 80. – Vom 29. Mai bis 1. Juni 1909 hatte in Leipzig-Plagwitz eine Konferenz der Anarchistischen Föderation Deutschlands stattgefunden. Verfasser des Organisationsstatuts war der Berliner Anarchist Rudolf Lange (gest. 1914). Vgl. hierzu Linse, *Organisierter Anarchismus*, S. 218–226.

98. AN ERICH MÜHSAM

Hermsdorf b. Berlin, 29.6.[19]09.

Lieber Mühsam,

Je nachdem man es ansieht, ist das Gedicht, das ich beilege, sehr lächerlich oder sehr ergreifend.[204] Einer meiner besten Kameraden von der Gruppe „Arbeit" hat es mir geschickt. Ich finde – trotz allem Unmöglichen – gute gedankliche und dichterische Elemente darin, und möchte Dich anregen, etwas daraus zu machen. Es dürfte natürlich vieles wegfallen; worauf ich glaube, daß besonders Gewicht zu legen ist, habe ich angestrichen. Willst Du versuchen, es zu thun, so wirst Du mich sehr freuen und wirst zwar wahrscheinlich immer noch nicht geholfen haben, einen Dichter zu machen, hast aber dann doch einer reinen, ringenden Seele zum Ausdruck verholfen.

Du wolltest mir doch das Stück „Evolution und Revolution" (?) von Herder nachweisen?

Das Schiff (japanisch) ist für unsre Zwecke nicht zu brauchen. Willst Du versuchen, uns einen rein ornamentalen Entwurf für die Siedlungsmarke zu verschaffen?[205] Text nur:

Sozialistischer Bund

10

Pfg.

Siedlungsfonds

Herzlichen Gruß! Dein

Gustav Landauer

---

204 Vgl. Ein Proletarier aus der Gruppe ‚Arbeit' [d.i. Starrfinger]: „Zuruf", in: *Der Sozialist,* Jg. 1, Nr. 12 (1.8.1909), S. 90.

205 Die Gruppe „Grund und Boden" unter der Leitung von Karl Tomys und Alfred Starke aus der Obstbaukolonie Eden bei Oranienburg bereitete seit Juli 1909 eine erste Siedlung des Sozialistischen Bundes vor. Vgl. den Aufruf der Gruppe „Grund und Boden", in: *Der Sozialist,* Jg. 1, Nr. 11 (15.7.1909), S. 88; allgemein Christoph Knüppel: „Gustav Landauer und die Siedlungsbewegung", in: *Hinter der Weltstadt* Nr.11 (Oktober 2002), S. 68-74 [Begleitheft zur Ausstellung anlässlich des 100. Gründungsjubiläums der Deutschen Gartenstadt-Gesellschaft].

99. AN GUSTAV LANDAUER

München, 6/VII. [19]09

Lieber Landauer,

hierbei erhältst Du einen Brief von Mark Harda, den sie mir wegen Portoerspar-
nisses mit mehreren andern zur Weiterbeförderung geschickt hat. Auch das
Starrfingersche Gedicht mit meinem Umarbeitungsversuch liegt bei. Ist es so
recht? – Ich habe mich bemüht, die Worte und Gedanken, wo sie <u>klanglich</u> nur
möglich waren, stehn zu lassen und eigentlich nur gestrichen und umgestellt. –
Den Herder habe ich mir in der Staatsbibliothek bestellt. Den Auszug erhältst
Du nächste Woche.[206] – Die neue Nummer des „Sozialist" ist ganz überaus
schön. Besonders der Abschnitt aus der Broschüre entzückt und begeistert
mich.[207] Auch Heinrich Mann, dem ich das Blatt regelmäßig zu lesen gebe, und
der sich für unsre Sache mit vielem Verständnis interessiert, war sehr ergriffen
von Deinen Worten. – Unsre Gruppe arbeitet jetzt recht gut. Ich habe vor einiger Zeit eine kleine Versammlung von Kunden aus verschiedenen Herbergen,
Kaschemmen, Verbrecherkellern zusammengerufen gehabt und denen einen
Vortrag gehalten. Es waren etwa 20 dieser Leute gekommen, und es war eine
große Freude zu sehen, wie diese Menschen, die erst mißtrauisch und kalt waren, allmählich auftauten, und wie glücklich sie waren, sich verstanden zu sehen. Einige von ihnen kommen nun regelmäßig zu unseren Zusammenkünften.
Ich denke sogar, es wird sich demnächst hier eine Gruppe „Kunde" bilden. Die
Leute sind nun ganz selbständig auf die Idee gekommen, sich ein gemeinsames
Quartier zu suchen und sozusagen auf eigene Faust eine Herberge für ihresglei-
chen zu schaffen. Im August etwa möchte ich eine öffentliche Versammlung
von Arbeitslosen, Huren, Verbrechern, Kunden u.s.w. abhalten mit dem Thema:
der fünfte Stand. – Übrigens hat sich die dringende Notwendigkeit herausgestellt, ein besonderes Flugblatt für diese Elemente zu schreiben, oder für solche,
die noch nicht sozialdemokratisch verseucht sind, und denen noch das Aller-

---

206 Vgl. Johann Gottfried Herder: „Von Tod und Verjüngung", in: *Der Sozialist, Jg.* 4, Nr. 15
(15.9.1909), S. 114–119. – Es handelt sich hierbei um Auszüge aus Herders Aufsatz „Ti-
thon und Aurora" (1792).
207 Gustav Landauer: „Beschreibung unserer Zeit", in: *Der Sozialist, Jg.* 1, Nr. 10 (1.7.1909),
S. 75–79. – Es handelt sich hierbei um einen Vorabdruck aus der Vorbemerkung
als „Broschüre" deklarierten *Aufruf zum Sozialismus* (1911).

primitivste gesagt werden muß. Die bestehenden Flugblätter sind ihnen nach ihrem eignen Urteil viel zu schwer. Wenn Du willst, schreibe ich das Flugblatt. Zum Druck würde ich aber die Hilfe mindestens einer andern Gruppe brauchen, da wir Münchner sehr arm sind. Willst Du das mal anregen? – Gleichzeitig verfolge ich noch eine weitere Idee, die unmittelbar mit dem S.B. nichts zu tun hat, aber in der Tendenz doch unserer Arbeit ähnlich sieht. Ich gehe mit der Idee einer Autoren-Verlags-Genossenschaft um, die ich mir etwa so denke: Einige Schriftsteller tun sich zu einem Verlag zusammen und bringen alle ihre Werke im gemeinschaftlichen Selbstverlag heraus, um den kapitalistischen Verleger, der sonst den Hauptgewinn einsteckt, ganz zu beseitigen. In dieser Genossenschaft sollen nur solche Autoren Platz finden, die von allen übrigen Teilnehmern genehmigt sind. Es sollen aber nicht die Werke geprüft werden, sonst werden wieder Instanzen geschaffen, sondern von den beteiligten Autoren soll alles gedruckt werden. Dadurch werden Reibereien vermieden. Die Verantwortung für etwas Minderwertiges trifft den Verfasser allein. Da nur aufgenommen wird, wer den andern schon als Könner bekannt ist, wird dem Dilettantismus ja von selbst das Tor gesperrt. Durch die Zustimmung aller zur Aufnahme wird gleichzeitig erreicht, daß ein persönlich gutes Verhältnis zwischen den Teilnehmern besteht, sodaß es eine Genossenschaft auch im ideellen Sinne wird. Heinrich Mann und Wedekind, mit denen ich hier jetzt darüber sprach, sind sehr eingenommen von der Idee. Wie denkst Du darüber? Zur Hergabe des Betriebskapitals hoffe ich durch Vermittlung seines Bruders Thomas Mann veranlassen zu können. Geld wird ja zuerst zur Herausgabe und zur geeigneten Lanzierung der Bücher nötig sein. Würdest Du Dich dieser Verbindung anschließen? – Ich versprach Dir, Dir eine von mir gefundene Theorie mitzuteilen. Sie bezieht sich auf die Grossisch[208]-Freudschen Lehren, in denen sicher sehr viel Wertvolles steckt. Sie wollen den Störungen („Komplexen") im Gefühls- und Gedankenleben durch „Psychoanalyse" beikommen, d.h. durch Freilegung von Erinnerungsassoziationsreihen bis zurück zur frühesten Kindheit. Nun sagen sie: alle Eigenschaften des Menschen hingen mit seinem Sexualleben zusammen und die verdrängten Erinnerungen sind demnach alle in der Sexualpsyche aufzusuchen. Das Freiwerden des Sexus von in langen Jahren aufgeschichteten Erziehungs-

---

208 Otto Gross (1877–1920), mit Mühsam befreundeter Psychoanalytiker und Anarchist. Vgl. Emanuel Hurwitz: „Otto Gross – Von der Psychoanalyse zum Paradies", in: Harald Szeemann (Hg.) *Monte Verità, Berg der Wahrheit*, Mailand o. J. [1978], S. 107–116; Emanuel Hurwitz: *Otto Gross, „Paradies"-Sucher zwischen Freud und Jung*, Zürich und Frankfurt a.M. 1979.

und Gewohnheitskomplexen befreit den ganzen Menschen von seinen Nervositäten, seinen moralischen und gedanklichen Voreingenommenheiten u.s.w. Über diesen Betrachtungen – das habe ich mehrfach beobachtet (Frick![209]) – verliert sich bei den „Grossisten" allmählich jedes soziale Gefühl, jedes Gefühl für Kunst, Menschentum u.s.w. und es entwickelt sich ein höchst unsympathischer Individualismus, ein gewissenloser Egozentralismus, ein Größenwahn, der in jedem besseren Gefühl „Komplexe" wittert. Dabei ist es zweifellos, daß die Analyse wirklich von vielem Unerträglichen befreit, und ich habe über diese Dinge viel nachgedacht. Mir scheint nun folgendes: Der Fehler liegt in der Auffassung von der Universalität des Sexuellen. So richtig es ist, daß kein Gedanke, keine Empfindung, keine Bewegung und keine Handlung des Menschen unabhängig von der Sexualität ist, so richtig ist es auch, daß im Menschen nichts vorgeht unabhängig von den gleichgeordneten Momenten in der Psyche, der Religiosität und der Sozietät. Der Einwand, daß die Sexualität das alles umschließt, ist richtig, aber ebenso umschließt die Religiosität den Sexus und das Gesellschaftsgefühl und die Sozietät die Sexualität und das Religiöse. Es sind alle drei koordinierte und einander einschließende Momente. Unter Sexualität mag man die Beziehung der Menschen zum Individuum verstehen, unter Sozietät die Beziehung der Menschen zu Seinesgleichen, unter Religiosität die Beziehung der Menschen zum Weltganzen. Daß das alles in einander übergeht, daß es da garkeine Grenzen gibt und jede dieser Eigenschaften alles umfaßt, ist selbstverständlich. Ich glaube aber, daß von der mehr oder minder großen Ergriffenheit der Einzelnen von je einer dieser Kategorien sich wesentlich das Temperament bestimmt. Ich habe die Experimente mit der Assoziationsanalyse gemacht bei verschiedenen Bekannten und gefunden, daß die Assoziationen der Einen viel stärker vom Sozialgefühl, die der Andern vom Sexualitätsgefühl bestimmt sind und bei Manchen (bei Nohl z.B.) ganz stark allgemein Kosmisches bewegen. Indem nun die zünftigen Analytiker durch ihre Fragestellungen nur darauf aus sind, sexuelle Assoziationen zu veranlassen, schaffen sie gerade dadurch neue Verdrängungen von Erinnerungen, die nur den frühesten Sozial- und Religionserlebnissen zusammenhängen. Da liegt glaube ich der Fehler ihrer Methode. Ein weiterer Fehler liegt darin, daß sie glauben, die Analyse heile

---

209 Ernst Frick (1881–1956), Schweizer Anarchist und Freund von Otto Gross, Maler und Bildhauer. Frick lebte seit 1907 mit Frieda Gross, der Ehefrau von Otto Gross, zusammen. 1919 lernte er in Ascona die Fotografin Margarethe Fellerer (1886–1961) kennen, die er wenig später heiratet. Landauer hatte Frick im August 1908 in der Schweiz kennen gelernt.

schon die zu bekämpfenden Störungen. Als ob man mit Analyse Synthetisches schaffen könnte. Was mir aber so wertvoll scheint, ist das durch die Analyse zunächst bewirkte Chaos im Geist der Menschen, das völlige Durcheinander, in das die gewohnten Selbstverständlichkeiten gebracht werden. Tatsächlich werden alle Moralien dadurch durchaus aufgerüttelt, und da meine ich, liegt der Wert dieses Systems grade auch für uns. Man mache die Menschen irre an den anerzogenen Begriffen, Satzungen, Gewohnheiten und Urteilen, dann werden sie auf dem umgepflügten Boden die Saat neuer Gedanken und Begriffe leicht einpflanzen können. Nur müßte es unsere Aufgabe sein, neben den sexuellen „Komplexen" erst recht auch die sozialen und religiösen zu lösen und den Menschen damit das Zusammengehörigkeitsgefühl und die verschüttete Schönheit der Welt wieder nahezubringen. Wie stellst Du Dich zu diesen Gedanken? Daß sich die Vorkämpfer der sexualanalytischen Methode gegen meine Ergänzung mit Händen und Füßen sträuben, versteht sich. Mark Harda, mit der ich schon über diese Dinge korrespondierte, meint, sie haben eben kein soziales und religiöses Temperament. Möglich. Jedenfalls sind sie nach diesen Richtungen schlimmer „komplexkontrolliert" als irgend einer ihrer Patienten.

Schreib nur bald über Deine Ansichten und Deine Beurteilung meiner verschiedenen Probleme, Absichten und Wirksamkeiten.

Grüße die Deinen herzlich. Wann kommst Du nach Süddeutschland?

Dein Erich Mühsam.

100. AN ERICH MÜHSAM

[Berlin N.,] Donnerstag. [8.7.1909]

L[ieber] M[ühsam]

Deinen Brief habe ich mit großer Freude gelesen. Nächstens gehe ich auf die einzelnen Punkte ein. Heute möchte ich Dich nur bitten – wenn nichts dagegen spricht – dem S[ozialist] gleich einen ausführlicheren Artikel über die Kundensitzung zu schreiben. Wie, woher sie zusammen kamen, auch etwas Beschreibung des Persönlichen, dann wie sie sich äusserten u.s.w. Nicht zu kurz, auch von Deinem [Eigenen?].[210]

Du hast da etwas sehr Gutes begonnen.

Dank für die Mühe, die Du Dir mit St[arrfinger]'s Versen gegeben hast. Aber ich fand nicht gut, was herauskam: zu fließend, zu anders, auch zu wenig von ihm gerettet. Ich bin nun selbst daran gegangen; ich glaube, es ist mir besser gelungen.

Herzliche Grüße! Dein
G[ustav] L[andauer]

N.S. Bitte, nimm Dir doch vor, solange ich verreist bin – vom 15. Juli an – einigermaßen regelmäßig mitzuarbeiten. Vielleicht auch andere heranziehen. Auch aus alter Litteratur, übersetzen u. dergl. Es ist dringend nötig, daß ich bis Ende August ausspanne.

101. AN ERICH MÜHSAM

Hermsdorf b. Berlin, 12.7.[19]09.

Lieber Mühsam,

Dein Artikel[211] ist gut, und von Rechts wegen wäre er auch so, wie Du ihn geschrieben hast, unangreifbar. Es geht aber, wie Du weißt, nicht immer von „Rechts" wegen, wobei ich jetzt unter Recht nur unsre bestehende Gesetzgebung und ihre sinngemäße Anwendung verstehe. Ich muß uns vor jeder Anklage und ungerechten Verurteilung schützen und habe darum durch leichte Änderungen und Zusätze eine Gefahr abgewandt. Dabei darfst Du Dich auf meinen Takt verlassen: es ist keine Nuance Deiner Meinung, nur eine Gefahr abgewandt worden. Es ist ein so ungeheuer kitzliches Thema; gerade das, von dem die Gewalthaber am unliebsten sprechen hören.

---

210 Vgl. Erich Mühsam: „Neue Freunde", in: *Der Sozialist,* Jg. 1, Nr. 12 (1.8.1909), S. 89–91.
211 Erich Mühsam: „Neue Freunde", a.a.O.

Es ist nicht ganz sicher, ob der Artikel noch in diese Nummer kann; aber dann bestimmt in die nächstfolgende, wo er dann neben einem prachtvollen Aufsatz von Proudhon über die Justiz[212] in bester Gesellschaft ist.

Solange ich keine andere Adresse angebe, gilt die Hermsdorfer. Ich bitte, immer alles an mich zu schicken. Wir werden nicht vor dem 18ten reisen. Zunächst nach Karlsruhe; erst gegen Anfang August nach Krumbach; leicht möglich, daß ich Dich dann von dort aus in München besuchen kann. Reist Du nun nicht nach der Schweiz?

Auf die Theorien und die Praxis von Freud und Groß kann ich gar nicht einge-hen, da ich sie nur vom Hörensagen kenne. Ich glaube, im Theoretischen steckt ein guter Kern – der nicht neu ist. Aber die schnelle Anwendung auf die Wirk-lichkeit, gegen Menschen, zeugt von furchtbarer Überschätzung der Wissens-möglichkeit und darum von Gewissenlosigkeit. Ihnen allen und auch Dir mit Deinen Verbesserungsvorschlägen für die Theorie thut eine beträchtliche Dosis Sprachkritik not. Natürlich ist es heller Wahnsinn, alles schnell deuten zu wol-len. Aber was willst Du mit 3 armseligen Schlüsselbegriffen wie Sexualität, So-ziabilität, Religiosität viel Großes anfangen? Es ist geschickt, wie Du sagst, daß immer zwei in einem enthalten sind. Aber Du siehst nicht, daß das eine logi-sche, d.h. eine wirkliche Unmöglichkeit ist, und daß diese Unmöglichkeit, zu der Du trotzdem genötigt bist, nur zeigt, daß diese Worte sich nicht mit dem Wirklichen decken. Zum Umgehen und zur Behandlung wirklicher Menschen dienen nicht Sammelbegriffe; der rechte Arzt ist kein wissenschaftlich neugieri-ger Theoretiker, sondern ein genialer Dilettant: d.h. einer, der für jeden Fall eine besondere Intuition, ein besonderes Erfassen des immer neuen Vielfältigen sucht und findet. Wer alles über einen Kamm scheert, und gar noch über einen solchen Kamm, ist ein verrückter Verbrecher. Ich habe bei allen, die sich bisher bei Groß in die Analyse begaben, die unheilvollste Wirkung gesehen, und ich fürchte, daß mancher durch seine Suggestionen zeitlebens einen Knax weg hat. Ich kann nur mit größter Erbitterung an diese Dinge denken. Ich möchte ihm nicht wünschen, daß ich je die Zeit finde, gründliche Forschungen über sein Unwesen anzustellen und mit ihm abzurechnen. Genug jetzt davon.

Mittwoch werde ich in Berlin als Zeuge in der Sache contra Fuchs vernommen.

---

212 P. J. Proudhon: „Die Justiz", in: *Der Sozialist,* Jg. 1, Nr. 12 (1.8.1909), S. 94–96.

Wolltest Du mir nicht Deine Anklageschrift schicken? Ich würde sie sofort mit meinen Bemerkungen zuücksenden.[213]

Zur Begründung der Schriftstellergenossenschaft, wie Du Dir sie denkst, würde viel Geld gehören. Ich glaube nicht, daß die Idee durchführbar ist. Die Verleger sind noch lange nicht die schlechtesten Unternehmer, und sie verlieren thatsächlich bei (oft sehr feinen) Autoren, die das Publikum nicht kauft, viel Geld. In Deiner Genossenschaft wären ohne Frage erfolgreiche und erfolglose beisammen, und ich fürchte, die Erfolgreichen hätten nicht lange Lust, mit den Erfolglosen zu teilen, d.h. ihnen Honorare zu zahlen, die nicht wieder einkämen. Aber ich müsste Deinen Plan mehr in den Einzelheiten kennen, um endgiltig Stellung zu nehmen. Was ich hier sage, ist nur vorläufiges Bedenken.

Sei herzlich gegrüßt und mach's weiter gut! Dein
Gustav Landauer

102. AN GUSTAV LANDAUER

[München,] 22/VII. [19]09

Lieber Landauer,

beifolgend ein kurzer Versammlungsbericht. Er wird Dir genug sagen von den Widerständen, gegen die wir hier zu kämpfen haben. Ich habe mich so kurz gefaßt wie möglich. Sonst hätte ich gern gleich einiges Polemische hineingebracht, z.B., daß das ,verachtete' Zentrum allein in Bayern 13 Parlamentssitze dem Wahlbündnis mit der Sozialdemokratie dankt, oder, daß die Redefreiheit erst garantiert wurde, als ihr Zettel, auf dem ich das Wort verlangte, schon in den Händen des Vorsitzenden war. An den neuen Genossen habe ich viel Freude. Ohne sie wäre ich gestern wohl zermantscht worden. Erinnerst Du Dich, daß

---

213 Jungblut bemerkt hierzu: „Bereits kurz nach der Gründung der Gruppe ,Anarchist' des Sozialistischen Bundes Mitte März 1909 in München, versuchte die Polizei die Gruppe zu eliminieren, indem sie unter das Reichsvereinsgesetz gezwungen werden sollte. Unter dem Vorwand, die Anmeldung der Gruppe als politischen Verein unterlassen zu haben, verhaftete die Polizei den Gruppenwart Josef Fuchs. Gegen dieses rüde Verfahren klagte Mühsam vor Gericht, worauf Fuchs wieder freigelassen wurde." (Erich Mühsam, *Briefe,* Bd. 2, S. 747 Anm. 3–4).

ich hier schon einmal fast zerrissen worden wäre, als mich Vollmar[214] als Söldling der Liberalen verdächtigte, der den Sozialdemokraten bei den Reichstagswahlen durch Agitation gegen das Wählen Stimmenschaden zufügen sollte? Ich habe den Fall damals ausführlich in der „Zukunft" erzählt.[215] Mir scheint aber – und ich glaube das bestimmt sagen zu können aufgrund der Sympathiekundgebungen mir ganz fremder Menschen nach solchen Szenen, daß das Aufdiespitzetreiben solcher Dinge tatsächlich lohnt, weil den besseren Elementen doch über die Freiheitlichkeit der Sozialdemokraten die Augen aufgehen. Auch so können sie vielleicht den Weg zu uns finden. – Heut abend wollen wir eine Anzahl Herren um uns sammeln, denen Margarethe Faas über den Sozialismus und die Frauen sprechen will. Ich bin sehr gespannt, ob auch die Organisation dieser Armen zu gerechter Einsicht gelingen wird. Ich hoffe aber, daß Du bald hier sein kannst. Es wird Dich sicher freuen, zu sehn, wie prächtig diese Menschen sind, die sich bisher als Verbrecher geringgeschätzt haben. Im Herbst möchte ich ganz gern mal auch in Berlin sprechen. Vielleicht bringt man dort auch eine Arbeitslosenversammlung zustande? – Über die theoretischen Dinge, die wir jüngst erörterten, und über manches Persönliche möchte ich lieber bald persönlich mit Dir sprechen. Ich wünsche Dir beste Erholung und Freude auf der Reise. Grüße auch Deine Lieben herzlich von mir.

Dein treuer
Erich Mühsam.

Versammlungsbericht.

München. Wir Münchner haben mit der Sozialdemokratie einen verflucht schweren Stand. Seit die Gruppe des „Soz. Bundes" sich regt, sind die unter Vollmars tüchtiger Anführung in bürgerlicher Behaglichkeit völlig verkommenen Politiker sehr nervös geworden. Alle Register des Verleumdens, Tot-

---

214 Georg von Vollmar (1850–1922), Reichstagsabgeordneter und seit 1890 Führer der bayerischen Sozialdemokratie.
215 Erich Mühsam: [Ein Anarchist, der über die Taktik der Sozialdemokraten klagt], in: *Die Zukunft*, Jg.15, Bd. 58, Nr.19 (9.2.1907), S. 228–230; vgl. auch Ders., *Briefe*, Bd. 1, S. 89–93. – Mühsam berichtet in seiner Zuschrift über zwei sozialdemokratische Versammlungen anlässlich der Reichstagswahlen am 25. Januar 1907, in denen er dem Redner Georg von Vollmar entgegentrat. Zu Mühsam und den Anarchisten als Opponenten der Münchener Sozialdemokratie vgl. auch Karl Heinrich Pohl: *Die Münchener Arbeiterbewegung, Sozialdemokratische Partei, Freie Gewerkschaften, Staat und Gesellschaft in München 1890–1914*, München 1992, S. 201 f.

schweigens, Vergewaltigens u.s.w. werden aufgezogen, um uns nicht aufkommen zu lassen. Ein Beispiel. Am 21. Juli fand im Kindlkeller eine von etwa 6000 Personen besuchte Versammlung statt, in der der Landtagsabgeordnete Schmitt[216] über die Annahme der neuen Steuern referierte. Man hörte die üblichen Phrasen: Sozialdemokratie einzige wahrhafte Vertreterin der Arbeiterinteressen, die übrigen: Schurken, Steuerdiebe u. dgl. Auch kriegte man eine verwaschene Resolution zur Annahme vorgelegt, in der dem Zentrum die „tiefste Verachtung" (wörtlich) ausgesprochen wird.– Alsdann kam der Punkt der Tagesordnung, der „freie Diskussion" hieß. Der Vorsitzende sicherte jedem ausdrücklich volle Redefreiheit zu. Die Disziplin der Genossen verbürge in einer sozialdemokratischen Versammlung einem jeden Gegner Ruhe und Aufmerksamkeit.– Pause. „Es hat sich niemand zum Wort gemeldet. Doch! Der den Anwesenden wohlbekannte politische Harlekin Erich Mühsam ... Ich frage die Versammlung, ob sie ihre Geduld schon wieder seinen politischen Hanswurstiaden aussetzen will." Großer Lärm, Geschrei, Rufe: Nein! Nein! Lump! Raus! – Mühsam verlangt das Wort zur Geschäftsordnung. Es wird verweigert. Abstimmung. Man sieht etliche Arme in die Luft ragen. Der Vorsitzende erklärt, die Versammlung verweigre Mühsam das Wort. Inzwischen dringen unsre Genossen über vorgestellte Beine, in den Weg gerückte Stühle, durch geballte Fäuste, Flüche und Heidenlärm zur Tribüne vor, die nach Wegräumung der stützenden Sozialdemokraten erklommen wird. Mühsam sucht sich – gedeckt von einem Dutzend handfester Genossen – mit Gewalt Gehör zu verschaffen. In dem wüsten Getöse mißlingt das. Schmitt droht, die Anarchisten der Polizei zu übergeben, was Mühsam mit aller Stimmkraft der Versammlung mitzuteilen versucht. Die Sozi dringen mit Gewalt vor. Der Polizeikommissar ersucht Mühsam, sich unter seinen Schutz zu stellen, was dieser ablehnt. Man stößt ihn die Stufen hinunter, reißt den Stuhl, an dem er sich festhält, fort, schmeißt ihm einen anderen Stuhl entgegen, sucht ihn unter die Füße zu kriegen. Die Genossen heben ihn auf die Arme. Wir geben dann den Versuch auf, von der garantierten Redefreiheit Gebrauch zu machen und verlassen eng aneinandergeschlossen, während der Vorsitzende über den „Schurkenstreich" der – Reichstagsmehrheit [spricht,] durch die Drohungen der Proletar[spießer?] hindurch, den gastlichen

---

216 Franz Schmitt (1862–1932), ursprünglich Tapezierer, später Weinwirt und Weinhändler in München, 1893 bis 1899 Vorsitzender der Münchener Sozialdemokratie, 1899 bis 1920 Landtagsabgeordneter, 1912 bis 1918 Reichstagsabgeordneter.

Saal. – Das zur Orientierung. Demnächst machen wir eine Versammlung: „Sozialdemokratische Freiheit".

103. AN ERICH MÜHSAM

z. Zt. Krumbach [Poststempel: Günzburg], 22.8.[19]09.

L[ieber] M[ühsam]

Leider nicht ein paar Tage, sondern nur ein paar Stunden.

Für meine Frau und mich darfst Du, wenn es geht, bei Deiner Wirtin ein Zimmer mit 2 Betten für die Nacht von Dienstag zu Mittwoch bestellen.

Ich reise gleich ab.

In Eile herzlichst! Dein
G[ustav] L[andauer]

104. AN ERICH MÜHSAM

Hermsdorf b. Berlin, 24.9.[19]09.

Lieber Mühsam,

wie geht es Dir denn? Laß doch von Dir hören.

M[argarethe] F[aas] ist seit einigen Wochen in Berlin; ihr Töchterchen bei uns.[217]

Ich möchte einmal wieder ein schönes Gedicht von Dir haben. Raffe Dich auf!

Herzlichst Dein
G[ustav] L[andauer]

---

217 Margarethe Faas-Hardegger wollte nach Berlin übersiedeln und dort ihr Studium der Nationalökonomie mit der Promotion abschließen. Bereits am 5. Oktober 1909 kehrte sie jedoch über Dresden, wo ihr Ehemann August Faas lebte, nach Bern zurück, weil ihre Mutter einen Schlaganfall erlitten hatte. Während ihres Berlin-Aufenthalts wohnte ihre sechsjährige Tochter Olga bei Gustav Landauer und Hedwig Lachmann.

105. AN ERICH MÜHSAM

Hermsdorf b. Berlin, 5.11.[19]09.

Lieber Mühsam!

Deinen Brief vom 31. Oktober habe ich heute erhalten. Ich bedaure von Herzen, daß Du in diese mißliche Lage gekommen bist[218] und will hoffen, daß man sich bald, vor der Hauptversammlung und ohne eine Hauptverhandlung, überzeugt, daß die Dinge sich so verhalten, wie Du sie mir bei unserm letzten Beisammensein, nach der Haussuchung bei Dir[219], berichtet hast. Die Beweisstücke, die Du erwähnst, hat inzwischen Dein Rechtsanwalt[220] auf sein Verlangen schon von mir erhalten; auch weiß ich von ihm, daß Deine Wünsche, Bücher betr., inzwischen erfüllt sind. Solltest Du noch länger gefangen sein, so wirst Du auch von mir Bücher erhalten. Ich bezweifle nicht, daß die zuständigen Behörden es für angezeigt halten werden, mich zu vernehmen; Du kannst das alles, auch ob ich hier oder in München vernommen werde, aber in Ruhe abwarten, und an Deinen Bruder werde ich mich jedenfalls nicht wenden.

Ruhe! mein Lieber! Das ist jetzt, wenn Du bei Gesundheit und geistig frisch bleiben willst, die Hauptsache. Es geht alles seinen langsamen, geregelten Gang; und der Einzige, der es nicht abwarten kann, ist gewöhnlich der Untersuchungsgefangene, weil er die Freiheit entbehrt, und darum, weil eben der Beschuldigte den wahren Sachverhalt kennt, während seine Richter sich erst in einem komplizierten Gewebe zurecht finden sollen, und aus den verschiedenen Deutungen, die denkbar sind, die mit objektiver Sicherheit herausfinden sollen, von der Du aus Deiner subjektiven Beteiligung heraus weißt, daß sie die richtige ist. Du mußt bedenken, wie wenig geläufig Deine Gedankengänge, Bestrebungen, Begeisterungen und psychologischen Irrtümer Deinen Richtern sind, und wie geradezu unwahrscheinlich die Wahrheit auf solche Weise oft werden kann.

---

218 Mühsam war am 29. Oktober 1909 in Berlin verhaftet worden und verbrachte elf Tage im Charlottenburger Gerichtsgefängnis. Am 21. Oktober 1909 hatte der 17-jährige Heinrich Kellner in München eine Sprengpatrone gezündet und damit erheblichen Sachschaden verursacht. Die Staatsanwaltschaft konnte ermitteln, daß Kellner mit Mitgliedern der Gruppe „Tat" in Verbindung gestanden und von Mühsam Geld erhalten hatte.
219 Die Haussuchung bei Mühsam hatte am 27. Oktober 1909 stattgefunden.
220 Rechtsanwalt Hugo Caro aus Berlin.

Ein Tag ist lang, die Einsamkeit bist Du nicht gewöhnt, und kein Mensch hält es aus, seine Gedanken auf eine Sache zu konzentrieren. Ich rate Dir also, Deine Phantasiekraft und Energie zu Hilfe zu nehmen und Dich nicht immer mit Deiner Sache und mit der ersehnten Freiheit zu beschäftigen, sondern Dir Interessen und Arbeit und Leben zu schaffen. Verschaff Dir Bücher, die Dich nicht bloß zerstreuen – aus solcher Unterhaltungslektüre stechen einen immer wieder die Erinnerungen heraus – sondern die Dir geistige Arbeit machen; verlange sie aus Deinem Interessekreis; ich denke, ich kann sie aus meinem Vorrat oder aus der Bibliothek beschaffen. Beginne auch selbst Ausarbeitungen; dichte, ändere Dein Schauspiel[221], schreib ein neues! Man muß sich, damit sie Leben wird, jede Lage so einrichten, als ob sie immer so weiter ginge. Mir ist es früher, als ich einmal in Untersuchungshaft war, so gegangen, daß ich mich so an meine Einsamkeit gewöhnt hatte, daß ich unwillig wurde, wenn ein unterhaltungsbedürftiger Aufseher mich störte. Auch ist es gut, sich in der Phantasie die Situation so herzurichten, als ob sie nicht auferlegt wurde, sondern freiwillig gewählt wäre. Betrachte die Zeit als einen vorübergehenden Sanatoriumsaufenthalt für geregelte Lebensweise; denke, daß die Einschränkung des Rauchens (ein paar Zigarren täglich bekommst Du ja wohl inzwischen) Dir gut thut u.s.w. Fühlst Du Dich körperlich nicht wohl oder bekommt Dir die Kost nicht, so wende Dich an den Arzt.

Das alles sage ich für die Tage oder Stunden, die Du noch die Freiheit entbehren mußt; denn alles recht überlegt, kann ich mir nicht denken, daß es noch lange dauern soll, bis Du auf freien Fuß gesetzt wirst.

Harden hat es für zweckmäßig gehalten, wohl um der Aktualität willen, gerade jetzt meine kleine Anzeige Deines Gedichtbands zu drucken, die wohl ein Jahr bei ihm lag.[222] Ich weiß nun nicht, ob ich Dir mit diesen Worten Freude mache; aber ich fasse es eben nie als meine Aufgabe auf, einem Autor, auch wenn er mein Freund ist, Freude oder Nutzen zu bringen, sondern zu sagen, was ich denke und empfinde. Ich schicke Dir die Nummer.– Ärgre Dich nur nicht über Harden's Ferrer-Artikel, der, wie ich nachzuweisen gedenke, furchtbare Un-

---

221 Vermutlich „Glaube, Liebe, Hoffnung".
222 Landauers Rezension des Gedichtbands *Der Krater* (1909) erschien in *Die Zukunft*, Jg. 18, Bd. 69, Nr. 6 (6.11.1909), S. 199–200. – Herausgeber der *Zukunft* war Maximilian Harden.

wahrheiten und Entstellungen, vor allem über Ferrers Schulen enthält.[223] Du kennst ja seine Politik: die innere, eine andere Meinung zu vertreten als die andern; und die äussere: ausländische Dinge nicht nach Recht und Gerechtigkeit, sondern nach dem Nutzen fürs Deutsche Reich zu beurteilen. Es ist nur schade, daß solche undeutsche Haltung unserm Volk den schlimmsten Schaden thut. Er hat sich die politische Hypokrisie[224] der Engländer zum Muster genommen.

Nun genug für heute. Leb so wohl wie Du kannst. Ich habe in solcher erzwungenen Einsamkeit glückliche Stunden gehabt und recht schöne Dinge geschaut und geschrieben. Thu desgleichen!

Herzlichst Dein
Gustav Landauer

106. AN ERICH MÜHSAM

Hermsdorf b. Berlin, 22.3.[19]10.

Mein lieber Mühsam,

Du hast mein langes Schweigen richtig mit der vielen Arbeit entschuldigt; dazu kam noch, daß ich 14 Tage verreist war; dann wusste ich Deine Adresse nicht mehr von Dir und hatte schon mich in Bern (schriftlich) danach erkundigt.

---

223 Maximilian Harden: „Tybald und Ferrer, Occident“, in: *Die Zukunft*, Jg. 18, Bd. 69, Nr. 6 (6.11.1909), S. 177–185. – Der spanische Anarchist Francisco Ferrer (1859–1909), Begründer der antiklerikalen „Escuela Moderna“, war am 13. Oktober 1909 in Barcelona hingerichtet worden. Harden schrieb über ihn und sein Schulprogramm: „Er verkehrt mit allen Hauptleuten des internationalen Anarchismus, empfiehlt die Propaganda der That und beglückt sein Vaterland mit Schulen, denen er selbst den Zweck zuschreibt: ‚Die Kinder, statt ihnen vorzulügen, man wolle sie zu braven Arbeitern, braven Kaufleuten oder Beamten erziehen, mit revolutionärem Geist zu erfüllen und so die noch herrschende Gesellschaft von der Wurzel aus zu zerstören.‘ [...] Erfunden oder importirt hat er nur Eins: den Typus der Schule, deren Zöglinge von der frühsten Kindheit an mit dem Evangelium der Bakunin und Kropotkin, der Most und Ravachol getränkt werden.“ – Im Rahmen des Artikels „Die Fortführung von Ferrers Werk“ bemerkt Landauer daraufhin: „An der Tatsache, dass da ein keines Verbrechen Schuldiger tapfer und groß in den Tod ging, kann der schmutzige Klatsch nichts ändern, der in der ausländischen und auch in der deutschen Presse aus klerikalen Unratkanälen herausgefischt und in recht unappetitlichen Schüsseln aufgetragen wurde.“ (*Der Sozialist* Jg.1, Nr.19, 15.11.1909, S. 150).
224 Heuchelei.

Du weißt, wie sehr mir all Dein Mißgeschick, die schlimmen Redereien und ihre Folgen, der unwürdige Ton der Gerichtsverhandlungen leid thut. Ich bin aber der Meinung, Du sollst vor Deiner Hauptverhandlung oder vor der Einstellung des Verfahrens gegen all das nichts thun.[225] Trotz all Deinem Wunsche, öffentlich zu reden: kommt es, wie ich immer noch hoffe, zur Einstellung des Verfahrens, so ist es bei weitem das Beste. – Kommt es zur Hauptverhandlung, so halte ich es für unbedingt nötig, daß ich geladen werde, und ebenso Margarethe Faas. Ich will aber in der heiklen Sache mit Caro nichts thun; das wäre mir überaus peinlich; ich habe keinen vertraut-freundschaftlichen Umgang mit ihm und Du darfst mir diese Dinge gar nicht mitgeteilt haben. Ich möchte Dir vorschlagen, Du schreibst ihm nochmals, Du legtest auf meine Ladung durch die Verteidigung das größte Gewicht; ich mache aber mein Erscheinen von der Hinterlegung des Kostenvorschusses abhängig. Das ist auch der Fall; ich habe das auch Bernstein[226] bereits geschrieben; ich kann nicht anders; die Finanzen stehen mehr als schlecht. – Im schlimmsten Fall müßte – was nicht gut wäre – meine Ladung durchs Gericht erwirkt werden; damit hätte ja der Staat die Kosten übernommen.

Für Deine Broschüre wüsste ich wahrhaftig nicht, wen ich Dir als Verleger empfehlen sollte. Ich glaube, für Deine Nerven wäre es gut, wenn Du anfingest, das oder anderes in Ruhe und in regelmäßigen Arbeitsstunden zu arbeiten. Zeit scheinst Du zu haben, und die Unkosten Deines Lebens würden dadurch nicht erhöht.

Dem „Sozialist" geht es nicht gut. Der Abonnentenstand hebt sich zwar und das Interesse an unsrer Sache nimmt zu; aber es fehlt betrüblich an Geld, und jetzt

---

225 Gemeint sind die Verleumdungen und Beschimpfungen Mühsams, die während seiner kurzen Haftzeit in diversen Zeitungen erschienen waren.
226 Justizrat Max Bernstein (1854–1925) aus München, Schriftsteller und Theaterkritiker, Mühsams Verteidiger im bevorstehenden Geheimbundprozess. Über Bernsteins Verteidigung berichtet Mühsam in seinen Erinnerungen: „Dann mußte ich ihn 1910 in meinem Geheimbundprozeß selbst als Verteidiger in Anspruch nehmen. Als er den Tatbestand ausgiebig geprüft hatte, meinte er: ‚Ja, schaun S', Herr Mühsam, in der Sach' gibt's nur zweierlei, Freispruch oder Höchststraf'. ‚Dann wollen wir doch lieber auf den Freispruch hinaus', antwortete ich. Bernstein schmunzelte: ‚Ich denk halt auch', und nach fünftägiger fabelhafter Arbeit meines Verteidigers vor Gericht wurde ich dann eben freigesprochen." (Namen und Menschen, S. 164–165). Zu Bernstein vgl. Jürgen Joachimsthaler: Max Bernstein, Kritiker, Schriftsteller, Rechtsanwalt (1854-1925). 2 Bde. Frankfurt a.M. 1995 [= Regensburger Beiträge zur deutschen Sprach- und Literaturwissenschaft Reihe B, Bd. 58].

ist auch noch Flierl[227] krank (Nerven), will und soll zu seiner Erholung weg, und die Herstellung wird dadurch viel teurer.

Hast Du übrigens keine Beziehungen zu der Gruppe und zu Wittich[228]? Er scheint sich Mühe zu geben und bezieht den S. regelmäßig.

Dank für die Gedichte, die mir gut gefallen, und die wir bald bringen wollen.

Mit der Gesundheit gehts gut; Frau und Kinder sind wohl und lassen Dich grüßen!

Herzlichen Händedruck! Dein
Gustav Landauer

107. AN ERICH MÜHSAM

Hermsdorf b. Berlin, 8.4.[19]10.

Mein lieber Mühsam,

Seltsam, daß ich immer und immer Deinen Geburtstag vergesse. Alles Herzliche nachträglich!

Die erste Aprilnummer hat sich wohl mit Deiner Karte gekreuzt. Für den Fall, daß Du nicht erhalten hast, sende ich gleichzeitig 3 Exemplare. In Deinem Gedicht habe ich mir eine kleine Änderung erlaubt, die ich Dich bitte, zu akzeptieren. Es ist besser dadurch geworden.[229]

Arnold Stocker[230], von der Gruppe „Tat", ein Freund Wittichs, hat sich für nächste Woche bei mir angemeldet. Willst Du mir sagen, ob er ein vertrauenswürdiger Mann ist? Sein Schreiben macht ja einen recht guten Eindruck.[231]

---

227 Fritz Flierl (geb. 1888) aus Fürth, bis Ende 1911 Wanderredner für den Sozialistischen Bund und Mitarbeiter des *Sozialist*.

228 Hans Wittich (1882– nach 1932) aus Berlin, Chemigraph, später Kunstmaler und Mitglied der Gruppe „Tat". Wittich lebte seit März 1907 in München.

229 Erich Mühsam, „Golgatha", in: *Der Sozialist*, Jg. 2, Nr. 7 (1.4.1910), S. 50. – Es handelt sich um ein Gedicht über Jesus von Nazareth.

230 Arnold Stocker (1867– nach 1916) aus Zürich, Mechaniker und Mitglied der Gruppe „Tat". Stocker lebte seit 1891 in München.

231 In einem (nicht erhaltenen) Brief vom 19. April 1910 hat Mühsam Landauer daraufhin vor Arnold Stocker „gewarnt".

Aber Du hast mir nie etwas über die Gruppe, wie sie jetzt ist, geschrieben. Meidest Du sie?

Herzlichsten Gruß, Dein
Gustav Landauer

108. AN ERICH MÜHSAM

[Berlin N.] 14.4.[19]10.

Lieber Mühsam,

ich bin etwas in Unruhe, daß Du meine letzte Karte nicht beantwortet hast. Bitte, gieb ein Lebenszeichen.

Herzlichen Gruß! Dein alter
Gustav Landauer

109. AN ERICH MÜHSAM

Hermsdorf b. Berlin, 22.4.[19]10.

Lieber Mühsam!

Jetzt willst Du gekränkt sein? – Am 6. November 1909 veröffentlichte die „Zukunft" Worte, die ich direkt über Dich sprach und schon ein halbes Jahr vorher geschrieben hatte[232]: „Mühsam ... eine seltsame Verschmelzung von Produkt u. Produktivität ... Auch Mühsam ein Geprägter ... Aus ihm dichtet die Unbeherrschtheit, der Jammer, die Wut und manchmal geradezu die Degeneration und Neurasthenie ..." Ich schreibe nicht alles ab, vor allem nicht die Stellen, wo ich von Dir persönlich sagte, inwiefern Du dazu noch ein Produktiver u.s.w. bist. Jedenfalls habe ich Dich damals ausdrücklich gefragt, wie Du diese öffent-

---

232 Landauer hatte eine ausführliche Rezension von Mühsams Gedichtband *Der Krater* (1909) geschrieben. Vgl. *Die Zukunft*, Jg. 18, Bd. 69, Nr. 6 (6.11.1909), S. 199–200.

lich über Dich persönlich gesprochenen Worte aufgenommen hast, und Du hast gesagt, daß Du Dich sehr gefreut hättest.

Und jetzt, wo ich über einen Menschenschlag, zu dem Du gar nicht ganz und gar gehörst, meine Meinung nicht schonungsloser sage, wie ich sie über Dich persönlich gesagt habe, wolltest Du gekränkt sein? Das wäre Deiner nicht würdig.[233]

Wir haben abweichende Meinungen und verschiedene Naturen. Das wissen wir schon lange.

Ich habe nicht autoritativ, ich habe ganz einfach stark und bestimmt gesprochen, gegen einen Typus, den es in dieser Reinheit gar nicht gibt; all seine Vertreter sind natürlich individuell, gemischt. Ich denke gar nicht daran, zu schablonisieren und noch weniger, die Menschen, die sich unsrer Sache anschließen, auf Herz u. Nieren – Nieren ist der biblische Ausdruck für Genitalien – zu prüfen. Von Duldung oder Nichtduldung ist gar keine Rede.[234] Ich persönlich habe nur meine Meinung ausgesprochen, was ich für Verfallserscheinung und was ich für kulturwesentlich halte, und ich glaube, Du würdest viel, viel besser daran thun, meine Anschauung in sachliche Erwägung zu nehmen, als persönlich gekränkt zu sein. Lieber Mühsam, noch ist nicht aller Tage Abend für Dich; und wenn es einmal so weit ist, ich meine, wenn Du einmal mit Dir selbst fertiger bist als jetzt, dann will ich wünschen, daß es kein Abend, sondern ein Morgen ist. Es stehen in den kurzen und harten Worten dieses Artikels Dinge, die Dir ganz anders fruchtbar werden könnten, als Du jetzt zugeben möchtest.

Was willst Du von Margarethe Faas? Ich habe von ihr lange nichts gehört und auch nichts in Bezug auf diesen Artikel. Aber ich glaube, daß ich ihr mit meiner Natur und meiner Art, die menschlichen Dinge anzusehen, wertvoll gewesen bin und daß sie nicht so fern von dem ist, was Du Puritanismus oder Moral nennst.

---

233 Landauer bezieht sich hier und im Folgenden auf seinen Artikel „Tarnowska", in: *Der Sozialist,* Jg. 2, Nr. 7 (1.4.1910), S. 49–51, in dem er unter anderem zur „freien Liebe" Stellung nimmt.

234 Landauer hatte am Ende seines Artikels mit Bezug auf den „Sozialistischen Bund" geschrieben: „Stellen wir uns fest, daß wir ein Bund der Gesunden sind; keine solchen, aus denen die scheußliche moderne Welt heraus wirkt, sondern solche, die den Kraftüberschuß haben, daß sie durch ihr privates und öffentliches Leben dem [...] Siechtum entgegenwirken." (*Der Sozialist,* Jg. 2, Nr. 7, 1.4.1910, S. 51).

„Schweinerei" habe ich nicht die „Lebensführung polygamer Frauen" genannt – Du mußt besser lesen. Für mich altmodischen Philister beruht jegliche Kultur auf Vater und Mutter – und die Propaganda der Anschauung, die den Vater ausschalten will, habe ich, der ich ein Mann bin und die Ausschreitungen des Feminismus wie die Pest hasse, eine Schweinerei genannt.[235] Ich möchte aber wirklich nicht jedesmal, wenn ich temperamentvoll werde, autoritativ genannt werden. Ich habe wirklich nicht darum weniger Rechte als andere, weil ich vielleicht stärker bin als sie. Ich habe gar keine Lust, den Simson zu spielen.[236]

Ich bemerke, daß ich von den Vorgängen in Bern jetzt eben durch Deinen Brief erst gehört habe.

Meinem Artikel also „modifizierende Worte" von mir folgen zu lassen bin ich nicht geneigt. Vielmehr werde ich bei späterer Gelegenheit, was ich hier nur andeutete, ausführlicher und motivierter sagen und werde auch Bezug nehmen auf Proudhons Buch, das den prachtvollen Titel hat: „La pornocratie ou Les femmes dans les temps modernes"[237]. Das war erst ein fürchterlicher Puritaner!

Um den von Dir angekündigten Artikel[238] bitte ich und werde es an der sachlichen Erwägung und Beantwortung Deiner Argumente nicht fehlen lassen[239].

Es wäre mir lieb gewesen, wenn Du nicht bloß auf diesen Artikel, wo wir vorerst uneins sind, eingegangen wärest. Es stehen noch andre Dinge in unserm Blatt.

---

235 Landauer schrieb in seinem Artikel: „Unter Menschen, die so recht modern sind, muß man fürchten, einem Schrei der Entrüstung oder Verachtung zu begegnen und für einen rechten Philister angesehen zu werden, wenn man Ehe und Familie für eine schönheitsvolle Einrichtung und Grundlage der Menschenkultur hält, die der Zukunft ebenso wie der Vergangenheit angehört. Schon das Wort ‚Vater‘ hat in diesen Kreisen, die durchaus von entarteten, entfesselten und entwurzelten Weiblein regiert werden, einen üblen Klang. Sie behaupten, die Natur habe dafür gesorgt, daß das Kind eine Mutter, aber keinen festzustellenden Vater habe, und so wollen sie die Promiscuität, das Mutterrecht, auf deutsch die kultur- und würdelose Schweinerei begründen. Man nennt das heutigen Tags auch Mutterschutz oder freie Liebe." (*Der Sozialist*, Jg. 2, Nr. 7, 1.4.1910, S. 50).
236 Gestalt aus dem Alten Testament (Richter 13–16), deren übermenschliche Kraft sprichwörtlich geworden ist. Unter anderem erschlug Simson tausend Philister.
237 Posthum – 1875 – veröffentlichtes Fragment, das Proudhon im Verlauf einer lange währenden Polemik mit Juliette Adam(-Lamber) und anderen verfasst hatte. Ausgewählte Übersetzung: *Von der Anarchie zur Pornokratie*, Zürich 1970. – Landauer hatte sich seit der Jahrhundertwende eingehender mit Proudhon beschäftigt und plante einen deutschsprachigen Auswahlband.
238 Erich Mühsam: „Frauenrecht", in: *Der Sozialist*, Jg. 2, Nr. 18 (15.9.1910), S. 142–144.
239 Gustav Landauer: „Von der Ehe", in: *Der Sozialist*, Jg. 2, Nr. 19 (1.10.1910), S. 146–151.

Unverändert mit herzlichem Gruß Dein getreuer
G[ustav] L[andauer]

N.S. Morax soll doch aufs neue verhaftet sein. Hast Du nichts davon gehört?[240]

110. AN ERICH MÜHSAM

Hermsdorf b. Berlin. 6.5.[19]10.

Es besteht seit langem der Wunsch, dass die Kameraden des Sozialistischen Bundes sich zu Pfingsten treffen, soweit Zeit und Mittel es ihnen möglich machen.

Während wir hier in Berlin diesen Plan erwogen, ist die Geschäftskommission der anarchistischen Föderation Deutschlands an mich Unterzeichneten mit folgendem Antrag herangetreten: zu Pfingsten findet in Halle a/S. ein anarchistischer Kongress statt. Auf der Tagesordnung steht unter anderem: Stellungnahme zum Sozialistischen Bund; mir wurde der Vorschlag gemacht, dazu das Korreferat zu übernehmen. Nach reiflicher Erwägung habe ich diesen Vorschlag angenommen.[241]

Nach Rücksprache mit den Kameraden in Berlin, die meinem Plane ganz zustimmen, schlage ich nun vor, die Zusammenkunft des Sozialistischen Bundes mit dieser Kongressdebatte zu verbinden.

Die Diskussion auf dem Kongress findet am Pfingstmontag statt, doch lässt sich die genaue Stunde nicht vorher bestimmen; es lässt sich nur sagen, dass vorher und nachher Zeit zu unserer Aussprache sein wird.

---

240 Morax (d.i. Karl Schultze) blieb von seiner Verhaftung im Oktober 1909 bis zum Prozessbeginn am 22. Juni 1910, also insgesamt acht Monate, in Untersuchungshaft.
241 Die Konferenz der Anarchistischen Föderation Deutschlands fand vom 15. bis 17. Mai 1910 statt. Erster Referent zum Thema „Unsere Stellung zum Sozialistischen Bund" war der Berliner Anarchist Berthold Cahn. Vgl. Fritz Flierl: „Kurze Notizen vom Kongress deutscher Anarchisten", in: *Der Sozialist*, Jg. 2, Nr. 11 (1.6.1911), S. 84–87; Linse, *Organisierter Anarchismus*, S. 283–286.

Ich bestimme also als Treffpunkt und -zeit den <u>Wartesaal 3. Klasse des Haupt-</u><u>bahnhofs Halle am Pfingstmontag um 8 Uhr morgens</u>. Dort wird alles weitere vereinbart werden. Erkennungszeichen: Sozialistnummer in der Hand.

Den Kameraden, die einer Gruppe des Sozialistischen Bundes angehören, schlage ich vor, sich zum Kongress delegieren zu lassen und ein Mandat mitzubringen. Aber auch alle anderen haben zu den Sitzungen des Kongresses, die öffentlich sind, ohne weiteres Zutritt.

Wer meinem Vorschlag zustimmt, wird gebeten, mir möglichst schnell Nachricht zu geben.[242]

Mit herzlichem Kameradengruss!
Gustav Landauer

111. AN ERICH MÜHSAM

Hermsdorf b. Berlin 12.5.[19]10.

Lieber Mühsam,

Unter diesen Umständen hast Du natürlich sehr Recht, daß Du Dich zurückhältst.[243] – Wie ist das nun mit dem Prozeß? Ist immer noch keine Entscheidung über das Hauptverfahren getroffen? Es ist ganz absonderlich, daß es sich so lange hinzieht.– Die Zeitungen zum Schweigen zu veranlassen, ist völlig unmöglich. Ich würde auf diese Agitation ganz gern verzichten; aber es ist ja gar keine Möglichkeit; ein Versuch in der Richtung würde bösestes Blut machen und schief gedeutet werden und gar nichts nützen.

---

242 Die Zusammenkunft des Sozialistischen Bundes fand – gemäß Landauers Vorschlag – am Nachmittag des 17. Mai 1910 statt. Etwa ein Dutzend Mitglieder waren erschienen. Landauer berichtet später: „Natürlich ‚tagte‘ diese Konferenz nicht in einem dumpfen Saal, sondern im Freien. Als wir bei herrlichem Sonnenschein an den Abhängen der Saale vorbeikamen, und herrlichen alter buschiger Flieder dichtgedrängt auf dem Ruinenwerk stand, wurde die erste Resolution gefasst: Solange das nicht das Abbild der sozialistischen Bewegung sei, könne sie keine siegreiche Macht sein. In diesem Geiste wurden unsere Verhandlungen geführt: heiter, zwanglos, herzlich. Was wir für den Bund in diesen Stunden tun konnten, haben wir getan, und haben es auch dadurch getan, dass wir froh beisammen waren." (*Der Sozialist*, Jg. 2, Nr. 11, 1.6.1910, S. 87).

Der Artikel von Heinrich Mann gefällt mir sehr gut und ich bringe ihn gern.[244] Aber bitte doch Heinrich Mann, den ich sehr schätze, 1) uns recht bald einen Originalbeitrag zu geben; und 2) uns seine „Kleine Stadt"[245] zur Rezension zugehen zu lassen.

Gegen Deine Nervosität verordne ich Dir häufige, stundenlange Ausflüge in die freie Natur (Berge dürfen nicht fehlen!) und Hunger, den Du dann befriedigen musst. Ich glaube, die Nachrichten aus Lübeck deuten auf nichts Plötzliches. Dieser Zustand mit Anfällen von Herzschwächen hat sich bei meinem Vater viele Jahre hingezogen.

Ich bin in Eile. – Wenn der „Sozialist" nur mehr Mitarbeiter hätte! Wie ist's mit Dir?

Herzlichsten Gruß! Dein
Gustav Landauer

112. AN ERICH MÜHSAM

Hermsdorf b. Berlin, 27.5.[19]10.

Lieber Mühsam,

Von der Ansetzung des Termins[246] hatte ich bereits durch R.A. Böhm[247], der mich um Übersendung von Material bat, erfahren. Es wird ihm dieser Tage zu-

---

243 Wegen der bevorstehenden Gerichtsverhandlung hatte Mühsam seine Teilnahme an der Konferenz in Halle abgesagt.

244 Heinrich Mann: „Französischer Geist", in: *Der Sozialist*, Jg. 2, Nr. 11 (1.6.1910), S. 84– 87 [zuerst in der Wiener Zeitung *Die Zeit* Nr. 2731, 3.5.1910, S. 1].– Für den Abdruck in seiner bekannten Essaysammlung *Macht und Mensch* (1919) änderte Mann den Titel in „Voltaire – Goethe".

245 Heinrich Mann: *Die kleine Stadt.* Leipzig (Insel-Verlag) 1910.

246 Der so genannte Geheimbundprozess gegen Mühsam, Karl Morax, Sebastian Ertl und Otto Kindler, der für Mühsam mit einem Freispruch endete, fand vom 22. bis 25. Juni 1910 vor dem Münchner Landgericht statt. Den Angeklagten wurde vorgeworfen, die anarchistische Gruppe „Tat" gegründet zu haben, um den Staat zu stürzen. „Am meisten wurde der Kampf gegen den Militarismus gepredigt, Auflehnung gegen Gesetz und Obrigkeit. Man plante, möglichst viele Militärpflichtige zu überreden, sich dem Dienst bei der Waffe zu entziehen und in die Schweiz zu flüchten. Man erörterte auch Bombenattentate. Zu gleicher Zeit sollten in mehreren Städten Deutschlands öffentliche Gebäude, das

gehen; Du musst aber schon zu ihm gehen und ihn über die Bedeutung der einzelnen Nummern informieren.

Ich rechne bestimmt auf Deine Freisprechung; dazu ist aber nötig, daß die Richter ein klares und richtiges Bild vom S.B. und Deinen bisherigen Betätigungen erhalten. Das kann keiner so geben wie ich. Ich halte mich in diesem Prozeß thatsächlich für unersetzlich; hoffe also bestimmt, daß Deine Familie mein Erscheinen möglich macht. Dalles ist groß.[248]

Ich freue mich auch herzlich, Dich wiederzusehen. Thu, was Du kannst, um Dich inzwischen körperlich zu kräftigen. Darf ich Dich daran erinnern, daß viel Schlaf und viel Sonne Lebensbedürfnisse sind?

Der Bericht im B[erliner] T[ageblatt] war grotesker Unsinn.[249] Die Sache war interessant und wertvoll. Aus Flierls Notizen im nächsten S. wirst Du noch kein volles Bild bekommen.[250]

Reichstags- und die Landtagsgebäude, Polizeigebäude, Bahnhöfe usw. mit Dynamit in die Luft gesprengt werden. [...] Ein Einbruch in ein hiesiges Juweliergeschäft war geplant. Die Auslagefront sollte mit Dynamitpatronen gesprengt werden, in der Verwirrung sollten die Genossen die Kostbarkeiten stehlen. Auch ein Einbruchsdiebstahl in der Deutschen Bank war geplant. Nach Umsturz der gegenwärtigen Staatsordnung sollten Gütergemeinschaft und freie Liebe allgemein eingeführt werden." (*Berliner Tageblatt*, Nr. 311, 22.6.1910) Verteidiger der Angeklagten waren die Rechtsanwälte Bernstein (München), Caro (Berlin) und Böhm (München).

247 Dr. Gustav Böhm (1880–1938), Verteidiger im Geheimbundprozess, war seit Juni 1909 in München als Rechtsanwalt zugelassen.

248 Landauer hielt sich dann vom 21. bis 29. Juni 1910 in München auf. Zuerst wohnte er als Zeuge der Hauptverhandlung gegen Mühsam und andere Mitglieder der Gruppe „Tat" bei. Am 28. Juni 1910 sprach er vor etwa 250 Personen über den Sozialistischen Bund. Neben Landauer waren auch Margarethe Faas-Hardegger und Heinrich Mann in der Verhandlung als Zeugen aufgetreten.

249 „Aus dem Lager der deutschen Anarchisten", in: *Berliner Tageblatt*, Nr. 253, 22.5.1910 (6. Beiblatt). – In diesem ausführlichen Korrespondentenbericht über die Hallenser Konferenz wurde ausgeführt, Gustav Landauer habe einen „Ausgleich" zwischen der Anarchistischen Föderation Deutschlands und dem Sozialistischen Bund herbeiführen können. Die Anarchistische Föderation beziehe sich primär auf die Arbeiterschaft, der Sozialistische Bund primär auf die Gruppe der Akademiker. Weiter heißt es: „So mußte es [...] Landauer über sich ergehen lassen, von dem Föderierten Berthold Cahn-Berlin als ‚Revisionist' des Anarchismus bezeichnet zu werden, dessen Ideen trotz aller scheinbar radikalen Ziele doch weiter nichts seien, als ein ‚Revidieren des Anarchismus im bürgerlichen Fahrwasser'. Landauer zahlte Cahn damit heim, daß er ihm vorwarf, er habe es noch nicht verstanden, sich vom Marxismus zu befreien. Die Loslösung vom Marxismus bildet aber einen der wesentlichsten Unterschiede des Anarchismus von der Sozialdemokratie."

250 Fritz Flierl: „Kurze Notizen vom Kongress deutscher Anarchisten", in: *Der Sozialist*, Jg. 2, Nr. 11 (1.6.1910), S. 84–87.

Natürlich dürfen die Zeitungen nicht beeinflußt werden; ich will mit Caro mich in Verbindung setzen.

Deine Besprechung der „Kleinen Stadt" gefällt mir gut, und ich bringe sie gern, obwohl der Soz[ialist] bei seinem beschränkten Raum keine so umfangreichen Buchbesprechungen bringen dürfte.[251]

Das Gedicht „Kultur" ist mißraten oder noch nicht fertig.[252] Jedenfalls ist es schade um ein paar sehr schöne Stellen, die in wirklich öder Rhetorik als Fettaugen schwimmen. Mach's neu; oder schick ein anderes.

Herzlichsten Gruß! Dein
Gustav Landauer

Kannst Du uns nicht ein paar Abonnenten schaffen? Oder Adressen für Probenummern aufgeben?
Du könntest mir „Die kleine Stadt" einmal leihweise schicken! Ja?

113. AN ERICH MÜHSAM

Hermsdorf b. Berlin, 2. Juni 1910

Lieber Mühsam,

herzlichen Dank für Deinen Brief. Ich beantworte ihn nur vorläufig, indem ich einen Punkt herausgreife. Ich glaube, daß Dir Caro mit seiner juristischen Geschicklichkeit, seinen guten Einfällen und seinem Interesse an Deiner Person neben Bernstein noch nützlich sein kann. Übrigens aber scheint es mir zu genügen, daß er nicht schadet; denn er legt großen Wert darauf, um seinetwillen teilnehmen zu können. Der Prozeß kann ihm sehr nützlich sein ... Ich habe jüngst telefonisch mit ihm gesprochen und will nächstens einmal hingehen.

Bis auf Weiteres herzlichen Gruß! Dein
Gustav Landauer

---

251 Erich Mühsam: [Rezension von] Heinrich Mann, Die kleine Stadt, in: *Der Sozialist*, Jg. 2, Nr. 12 (15.6.1910), S. 94–95.
252 Ein Gedicht Mühsams mit diesem Titel ist nicht erschienen.

124

114. AN ERICH MÜHSAM

[Berlin N.,] Donnerstag. [17.6.1910]

Lieber Mühsam,

ich treffe also Dienstag abend 8^{42} in München ein.[253] Willst Du so gut sein, mir in einem guten, nicht zu teuren Gasthof 1 Zimmer zu bestellen? oder privat, wenn sauber; möglichst nahe am Landgericht.

Es wird sehr gut für Dich sein, wenn Du Deinen – ursprünglichen u. jetzigen – Standpunkt zum „fünften Stand" u.s.w. noch einmal schriftlich fixierst. Nun komme ich durch den Prozeß auch sehr in Nöten mit meiner Arbeit für die nächste Soz[ialist]-Nr. Willst Du das so schreiben, daß es ein Artikel fürs Blatt werden kann? (Erscheint ja natürlich erst nach dem Prozeß). Dann möglichst sofort. Es wäre schön; auch fürs Blatt gut; würde an die Presse verschickt.[254] Alles Gute!

Herzlichst Dein
Landauer

115. AN ERICH MÜHSAM

Karlsruhe (Baden), Kaiserallee 25^b, 9.7.[19]10.

Lieber Mühsam,

der Artikel[255] ist gut; schönsten Dank. Wäre sehr schön, wenn Du bald an einen Beitrag für nächste Nr. denken wolltest.

Reise nach Frankfurt[256]: so gut wie kein Umweg über Karlsruhe. Hoffe, Dich dann hier zu sehen, falls ich nicht mit meiner Frau in die Berge gehe.[257]

---

253 Landauer reiste demnach am 21. Juni 1910.
254 Erich Mühsam: „Der fünfte Stand", in: *Der Sozialist*, Jg. 2, Nr. 13 (1.7.1910), S. 97–99.
255 Erich Mühsam: „Freidenker", in: *Der Sozialist*, Jg. 2, Nr. 14 (15.7.1910), S. 105–107.
256 Mühsam reiste nach Frankfurt am Main, um dort am Kabarett des Intimen Theaters mitzuarbeiten. Als sich seine Hoffnungen zerschlugen, fuhr er bereits nach acht Tagen weiter nach Charlottenburg bei Berlin.

Herzliche Grüße, auch von meiner Frau. Dein

G[ustav] L[andauer]

Bist Du mit Chiffre em statt des Namens einverstanden? Weil in derselben Nr. Dein Gedicht mit Namensunterschrift.[258]

116. AN ERICH MÜHSAM

Karlsruhe (Baden), Kaiserallee 25^{b}, 20.7. [19]10.

Lieber Mühsam,

Artikel soeben erhalten; vielen Dank.[259] So gut wie die beiden letzten ist er nicht, aber recht brauchbar. Er behandelt nur ein Zipfelchen des Themas und geht mir zu viel auf das Utopische, zu wenig auf das Gegenwärtige und Wirkliche ein.

Mit Deinen weiteren Artikelplänen ganz einverstanden.

In Frankfurt hüte Dich vor Imhof-Offenbach[260]; schlimmer in jeder Hinsicht als Sontheimer[261].– Eisenreich[262], den ich Dir empfohlen, wohnt Nied a. Main, Krimstraße 4. Vielleicht bestellst Du ihn zu Dir.

---

257 Mühsam hatte Landauer Mitte Juli in Karlsruhe aufgesucht. Dies belegt der folgende Tagebucheintrag vom 23.9.1910: „Als ich im Juli auf dem Wege von hier nach Frankfurt Landauer in Karlsruhe besucht hatte, traf ich, im Begriff dort abzureisen, auf dem Karlsruher Bahnhof Dr. [Ludwig] Frank, der direkt vom Landtag kam und nach Mannheim in die Ferien ging. Die Budgetbewilligung hatte 2–3 Tage vorher stattgefunden. Wir begrüßten uns und er meinte im Hinblick auf meinen Prozeß: ‚Na, Ihnen hat man ja gründlich zugesetzt.‘ ‚Ja!‘, sagte ich, ‚Ihnen steht‘s noch bevor.‘"

258 Erich Mühsam: „Überschwemmung", in: Der Sozialist, Jg. 2, Nr. 14 (15.7.1910), S. 106.

259 Vermutlich Erich Mühsam: „Gleichheit", in: Der Sozialist, Jg. 2, Nr. 16 (15.8.1910), S. 122–124.

260 Der Anarchist Jean Imhof aus Offenbach war ein Anhänger der Anarchistischen Föderation Deutschlands (AFD). Auf seine Initiative war am 20. Februar 1910 in Offenbach die neue Anarchistische Föderation Süddeutschlands gegründet worden, deren Geschäftsführer er wurde. Am 3. Oktober 1910 beging Imhof Selbstmord.

261 Der Kaufmann und Anarchist Josef Sontheimer (1867–1919) aus München, Vorsitzender des dortigen Freidenkervereins, war am 15. April 1910 mit Mühsam in einer öffentlichen Versammlung aufgetreten und hatte sich dabei vom Sozialistischen Bund distanziert. Er wurde wie Landauer Anfang Mai 1919 in München von Soldaten ermordet.

Heute geht's – bei sehr zweifelhaftem Wetter – in die Vogesen. Adresse bleibt die hiesige.[263]

Laß Dir's gut gehen! Herzlichst Dein

G[ustav] L[andauer]

117. AN ERICH MÜHSAM

Krumbach (Schwaben), bei Frau Lachmann, 4.8.[19]10.

Lieber Mühsam,

Wo bist Du? Wie geht es? – Hast Du die neue Nummer erhalten? Dein Beitrag musste wegen der Länge von Flierls Artikel, der sich nicht teilen ließ[264], aufs nächste Mal zurückgestellt werden. Darf ich trotzdem um einen weiteren bitten? Jedenfalls laß von Dir hören.

Herzlichst Dein
Landauer

118. AN ERICH MÜHSAM

z. Zt. Krumbach (Schwaben), bei Frau Lachmann, 5.8.[19]10.

Lieber Mühsam,

gestern habe ich Dir eine Karte nach Frankfurt geschrieben. Artikel Gleichheit ist im Satz fertig und blieb nur zurück, weil Flierls Artikel so lang ausgefallen war. Ich kann jetzt nicht viel schreiben und wäre darum sehr dankbar, wenn ich den Artikel „Frauenrecht"[265] auch schon jetzt, also sehr bald erhielte.

---

262 Der Anarchist Wilhelm Eisenreich war ein Gegner Jean Imhofs und hatte sich am 16. Mai 1910 auf der Konferenz der Anarchistischen Föderation Deutschlands für den Sozialistischen Bund ausgesprochen.
263 Landauer kehrte bereits am 26. Juli 1910 aus den Vogesen zurück und sprach in Stuttgart über die „Errettung der Völker durch den Sozialismus".
264 Fritz Flierl: „Die Gewerkschaften, wir Buchdrucker und die Demokratie. Eine Oppositionsstimme", in: *Der Sozialist,* Jg. 2, Nr. 15 (1.8.1910), S. 117–120.
265 Erich Mühsam: „Frauenrecht", in: *Der Sozialist,* Jg. 2, Nr. 18 (15.9.1910), S. 142–144.

Wir haben eine prachtvolle Vogesentour gemacht. Ich fühle mich gekräftigt, kann aber das Ausruhen noch nötig brauchen, – ganz abgesehen von den andern Arbeiten, die mir auf die Nägel brennen.

Du wolltest mir ja ein Gedicht – von einem andern, dessen Namen ich nicht mehr weiß – schicken?

Bald mehr. Einstweilen herzlichsten Gruß, auch von meiner Frau.

Dein Landauer

119. AN ERICH MÜHSAM

[14.8.1910]

Lieber Mühsam,

ich bitte Dich, morgen Montag 15ten um 4, spätestens 1/2 5 Uhr Nachmittags in die Druckerei Habicht[266], Oranienstraße 15, zu gehen und zu korrigieren. Du hast besonders zu beachten:

1) Die Korrektur des Gedichts meiner Frau.[267]
2) Die Korrektur des neuen Stückes von Proudhon.[268] Diese beiden Stücke habe ich noch nicht gesetzt gesehen.
3) Die Revision alles übrigen, das ich bereits korrigiert habe.
Ich lege großen Wert darauf, daß der Brief Proudhons ganz in die Nummer kommt.

In Eile! Herzlichen Gruß! Dein
Landauer

---

266 In der Berliner Druckerei von Wilhelm Habicht (geb. 1876) wurde damals der *Sozialist* gedruckt.
267 Hedwig Lachmann: „Christian Wagner (Zum fünfundsiebzigsten Geburtstag des Dichters)", in: *Der Sozialist*, Jg. 2, Nr. 17 (1.9.1910), S. 130.
268 P. J. Proudhon: „Die Malthusianer" [1848], in: *Der Sozialist* Jg.2, Nr.17 (1.9.1910), S. 130–134.– Die Übersetzung hatte Landauer vorgenommen.

120. AN ERICH MÜHSAM

Krumbach (Schwaben), 19.8.[19]10.

Lieber Mühsam,

Gudula war krank, Brigitte ist krank (jetzt schon besser) – Masern; und ich bin zerschlagen. Ich wäre also sehr dankbar, wenn ich mit Deiner Mitarbeit an dieser Nummer bestimmt rechnen könnte. Vielleicht erhalte ich Deinen Beitrag schon in diesen Tagen?

Wann gehst Du ins Sanatorium?[269] Du weißt, ich halte es schon immer für sehr nötig. Ich bin etwas zerknirscht, daß ich Dir bei Deiner Erholungsbedürftigkeit noch Arbeiten zumute; aber ich beruhige mich wieder mit der Erwägung, daß Dein übles Befinden nicht gerade von der Arbeit kommt.

Herzlichen Gruß! Dein
Gustav Landauer

121. AN ERICH MÜHSAM

Krumbach (Schwaben), 23.8.[19]10.

Lieber Mühsam,

die Zusendung der korrigierten Nummer geschah keineswegs, um Dir einen stillen Vorwurf zu machen; ich habe vielmehr alle Exemplare, die zu meiner Verfügung waren, an Menschen, auf deren Lesen ich besonderes Gewicht lege, versandt, weil ich weiß, daß selbst gute Leser immer zuletzt an einen Druckfehler denken, und weil besonders Druckfehler in einem Gedicht keine Existenzberechtigung haben. Daß Du die Karte zu spät erhieltest, sah ich voraus. Ich habe leider alles vorausgesehen; den Kameraden in Berlin ist das pünktliche Erscheinen wichtiger als das korrekte ...

Selbstverständlich muß ich jetzt auf Deine Mitarbeit verzichten. Die Hauptsache ist, daß Du gesund wirst.

---

269 Mühsam begann seine Kur in Château d'Oex (Schweiz) in der Nähe des Genfer Sees am 20. August 1910.

Ich glaube übrigens nicht, daß Deine hypochondrische Stimmung gerechtfertigt ist. Die Ärzte sind die unlogischsten und abergläubischsten aller Menschen, und überdies gräßlicher als andre Kategorien der Mode unterworfen. Ich zweifle nicht, daß die Feststellung über die relative Langsamkeit Deines Blutumlaufs richtig ist. Aber weder wissen sie, was bei Dir die Durchschnittsgeschwindigkeit ist, noch wissen Sie, woher der z. Zt. möglicher Weise verlangsamte Umlauf kommt. Die Arterienverhärtung ist natürlich nicht festgestellt, sondern nach falscher Methode erschlossen; die Modehypothese. Thatsache wird sein, daß die Arbeit Deines Herzens sich der schlechten Körpernährung angepasst hat. Die Maschine ist vernachlässigt und malträtiert worden und musste also langsamer laufen. Ich bin überzeugt, daß gute Pflege und Ausruhen Deinen Nerven und übrigen Funktionen Gesundung schaffen wird.– Darin aber hast Du ganz Recht, daß dabei vorübergehende Kuren wenig Sinn haben, wenn das rechte Leben nicht von Dauer ist. Ich möchte nur raten, daß Du nachher auch Deinerseits das Mögliche thust, Deinen Körper gut zu behandeln. Die Losung: Es geschieht meinem Vater ganz Recht, daß ich die Hände erfrier' u.s.w. zeugt doch von zu großem Eigensinn.

Kurz, Du hast offenbar eine robuste Konstitution, die auch diesmal noch fertig werden wird; aber laß Dir's doch ein Wink sein.

Einige Postkarten von mir sind noch als Postlagernd nach Charlottenburg gegangen. Ich wiederhole den Inhalt, der noch in Betracht kommt:

Ein junger Freund in Bern, den ich sehr schätze, Ludwig Berndl[270], Leutulusstraße 31 I, hat seit langem den Wunsch, Dich kennen zu lernen. Er ist Philosoph und ein ernster, selten begabter Mensch. Er schrieb mir diese Tage, Du wolltest nach Bern kommen, und da er aus Gründen, die ich nicht kenne, aber respektiere, den Verkehr mit Marguerite Faas abgebrochen hat, will er durch mich mit Dir bekannt werden. Ich bitte Dich also, falls Du nach Bern kommst, ihn aufzusuchen oder ihn ins Café du Théâtre z.B. zu bestellen.

Exzerpte aus Varnhagen von Ense's Tagebüchern werden mir willkommen sein.[271]

---

270 Landauer hatte den philosophischen Schriftsteller Ludwig Berndl (1878–1946) im Umkreis von Margarethe Faas-Hardegger kennen gelernt. Berndl wurde rasch zu einem Freund und Verehrer Landauers und schrieb auch für den *Sozialist*.

271 Karl August Varnhagen von Ense: *Tagebücher*, Hg. von Ludmilla Assing, 14 Bde., Leipzig 1861–1862, Zürich 1865, Hamburg 1868–1870. – Mühsam hatte drei Bände der Tagebücher Varnhagen von Enses (1785–1858) von seinem Freund Johannes Nohl erhalten

1. oder 2. September werden wir wieder zu Hause sein. Beide Kinder waren an
Masern erkrankt; jetzt wieder wohl.

Laß wieder bald von Dir hören. Alles Gute!

Herzlichst Dein
Gustav Landauer

122. AUS ERICH MÜHSAMS TAGEBUCH

26. August 1910. [...] Gestern erhielt ich eine Reihe von Briefen. Landauer gab
in einem ausführlichen Brief Ratschläge für mein Verhalten. Er sieht meine Hy-
pochondrie, die aus dem letzten Brief an ihn sprach, für unbegründet an. Freilich war die taube Stimmung der ersten Tage wohl hauptsächlich eine Folge der
plötzlichen Zigarren-Enthaltsamkeit. Dann wiederholt er den Wunsch des Herrn
Berndl in Bern, mich kennen zu lernen. Er sei ein junger Philosoph, der sich
direkt an ihn – Landauer – gewandt habe, weil er sich mit Margret überworfen
hat. Merkwürdig, daß diese Frau mit keinem auf die Dauer auskommt!

29. August 1910. [...] Heute schicke ich die Varnhagen-Auszüge an Landauer
ab. Ich habe gestern den größten Teil des Tages mit Exzerpieren zugebracht,
und einen famosen Extrakt der vormärzlichen Zeit 1836–1846 aus den 3 Bänden herausdestilliert.

123. AN ERICH MÜHSAM

Krumbach (Schwaben), 31.8.[19]10.

Lieber Mühsam,

herzlichen Dank für Brief u. Sendung. Du hast die Auszüge ausgezeichnet, ganz
in meinem Sinne gemacht. Da Varnhagen bis 1858 gelebt hat, wäre mir Weiter-
führung sehr erwünscht. Ich würde vorschlagen zunächst den Vormärz abzu-

---

und Landauer daraufhin angeboten, für den „Sozialist" geeignete Passagen auszuwählen.
Vgl. auch Nikolaus Gatter: „„Damals lohnte es noch, Tagebücher zu schreiben', Arbeiter-
presse und vormärzliche Diaristik", in: *Mühsam-Magazin*, H. 5, Mai 1997, S. 54–61.

schließen und dann zuzusehen, ob sich auch eine entsprechend wertvolle Zusammenstellung für „Revolution und Reaktion" machen läßt. Du schätzest ihn übrigens doch zu niedrig ein; er steht hoch über Dr. Ludwig[272]. In seinen Schriften findet sich viel Wertvolles und er schreibt ein treffliches Deutsch.

Berndl in Bern würde Dir die weiteren Bände gern u. zuverlässig besorgen. (Leutulusstraße 31 I)

Wir wollten morgen abreisen, aber es geht nicht. Brigitte hat im Anschluß an die Masern eine Ohrenentzündung bekommen. Auch wieder gut, aber sie ist noch zu Bett, und ich möchte erst reisen, wenn sie sich ganz erholt hat und mehrere Tage auf war.

Deinen Artikel erwarte ich gern für nächste Nummer. Diese wird etwas verspätet erscheinen; heute erst habe ich Korrekturen erhalten.

Alles Gute für die weitere Kur!

Herzliche Grüße, auch von meiner Frau! Dein
Gustav Landauer

124. AUS ERICH MÜHSAMS TAGEBUCH

3. September 1910. [...] Landauer macht mir Komplimente wegen der Varnhagen-Exzerpte, die ganz in seinem Sinne seien, und die ich fortsetzen möge. Ob ich die ganzen noch fehlenden 15 Bände exzerpieren werde, ist mir allerdings noch fraglich.

---

272 Mühsam hatte sich vermutlich auf den ehemaligen Juristen und Schriftsteller Dr. Emil Ludwig (1881–1948) bezogen, der seit 1906 in Ascona lebte. Emil Ludwig hatte bis zum Zeitpunkt des Briefs mehrere Dramen verfasst, darunter eine Trilogie der Renaissance (1904/1910). Berühmt wurde er in der Weimarer Republik als Verfasser von Biographien. – In die Zeit Varnhagens würde freilich eher der Schriftsteller Otto Ludwig (1813-1865) aus Thüringen passen, der den Ausdruck „poetischer Realismus" prägte und dessen Roman *Zwischen Himmel und Erde* (1856) Mühsam nachweislich gelesen hat. Otto Ludwig trug allerdings keinen Doktortitel.

125. AN ERICH MÜHSAM

Hermsdorf b. Berlin, 11.9.[19]10.

Lieber Mühsam,

ich danke Dir sehr für Deinen Artikel, der in nächster Nummer veröffentlicht wird. In übernächster gedenke ich dann zu antworten. Schon jetzt kann ich Dir sagen, was Du schon zu ahnen scheinst: über das, was als „Recht" für die Frau zu beanspruchen ist, ist zwischen uns kein Streit. Mir geht es um viel wesentlichere Dinge als Rechte. Ob sich der „Sozialismus" um diese Dinge zu kümmern hat, weiß ich nicht. Gottlob aber bin ich nicht Sozialismus, sondern Landauer; und der kümmert sich um Dinge, die für das Schicksal des Menschengeschlechts bedeutend sind.

An einer Stelle muß ich Dich bitten, mir eine Änderung zu gestatten – in Deinem und im Interesse des Blattes. Wir wollen über Sachen mit einander polemisieren; nicht mit Richtigstellungen von Schiefheiten uns abgeben. Du hattest geschrieben: „In dem Artikel ‚Tarnowska' wurde heftig gegen das Bestreben geeifert, das Kind als jedenfalls zur Mutter gehörig zu betrachten." Das ist nun völlig unwahr, wie Du sofort siehst, wenn Du die Stelle liest. Ich müsste mich mit ziemlicher Schärfe gegen eine solche Wiedergabe einer Meinung wehren. Ich habe für die unterstrichene Stelle gesetzt: „die Vaterschaft in der Gestaltung des Liebes- und Familienlebens abzuschaffen". Dies ist der wahre Bericht über den Inhalt der Tarnowska-Stelle, und was Du im Anschluß daran einwendest, kann nur gegen das, was wirklich – und durchaus deutlich – gesagt war, gehen wollen. Ich bitte Dich also, mit dieser Änderung einverstanden zu sein, die sich loyaler Weise, nachdem ich Dich darauf aufmerksam gemacht habe, von selbst verstehen muß.

Eine Antwort, in der ich nur Stoff, die liebe Sonne aber Verfasserin ist, lege ich bei.[273]

Herzliche Grüße, bitte, auch an Herrn Nohl. Dein
Gustav Landauer

---

273 Es handelt sich um ein Familienfoto, das im Freien aufgenommen wurde.

126. AUS ERICH MÜHSAMS TAGEBUCH

13. September 1910. [...] Zugleich kam ein Brief von Landauer. Er will meinen „Frauenrecht"-Artikel in der nächsten „Sozialist"-Nummer bringen, obgleich er ihm recht unbequem zu sein scheint. Einen Satz, in dem er eine Verdrehung wittert, will er ändern. Mir recht. In der übernächsten Nummer will er antworten. Das ist mir auch recht. Denn mir liegt am Ende nicht daran, in einer so diffizilen Frage, die ja doch nur vom Temperament aus zu entscheiden ist, vor den Lesern recht zu behalten, sondern nur daran, daß die Leser, besonders die weniger urteilsfähigen wissen, daß Landauers Ansicht von der Heiligkeit der Ehe, der Familie und der Vaterschaft nicht etwa ein Postulat des Sozialistischen Bundes ist, und daß seine Meinung innerhalb des Bundes mit Gründen bestritten wird.

127. AN ERICH MÜHSAM

Hermsdorf b. Berlin, 26.9.[19]10.

Lieber Mühsam!

Schönsten Dank; Du hast Dich mit Deiner großen Arbeit an Varnhagens Tagebüchern sehr verdient gemacht. Mit Deiner Behandlung der Sache bin ich völlig einverstanden. (Übrigens auch mit Deinem Verhalten in Luzern und dem kurzen Bericht).[274]

Wie steht es nun mit der Münchner Gruppe? Es ist doch so eine Art Ehrensache, daß gerade in München etwas Rechtes zu Stande kommt.

Aus Anlaß Deines Artikels habe ich einen recht langen Aufsatz für den nächsten S[ozialist] geschrieben.[275] Erwäge, was ich sage; ich habe das Gefühl, der Zeitpunkt wäre da, wo wir im wesentlichen auf diesem Gebiet einiger sein könnten, als manches in Dir, was noch widerstrebt, zugeben möchte. Bleiben wir aber uneins, so zeigt das nur, was wir ohnehin wissen: daß unsere Ausgangspunkte, unsere Naturen verschieden genug sind, daß aber trotzdem uns Ziel und Weg gemeinsam ist.

---

274 In Luzern bestand seit Juli 1909 die Gruppe „Aufbau" unter der Führung des Schneiders Jakob Losch. Mühsam hatte dort im September 1910 in einem internen Konflikt vermittelt. Ein Bericht über die Gruppe oder über Mühsams Auftreten wurde nicht veröffentlicht.

Da Du Deine Gesundheit nicht erwähnst, nehme ich an, daß es Dir viel besser geht. Hoffentlich ist Deine äussere Situation so, daß Du bei Kräften und Arbeitslust bleibst.

Recht Trauriges höre ich über Margrits äusseres und inneres Ergehen. Kannst Du mir etwas darüber schreiben?[276]

Herzliche Grüße, auch im Namen meiner Frau: Dein

Gustav Landauer

128. AN ERICH MÜHSAM

Hermsdorf b. Berlin 29.9.[19]10.

Lieber Mühsam,

für die nächste, die Ferrer-Nummer des Sozialist bitte ich, mir bestimmt einen Beitrag zu schicken; Dichtung oder Prosa. Er müßte spätestens am 6. Oktober in meiner Hand sein.

Ein Dedikationsexemplar der jetzigen Nummer schicke ich noch heute Nacht, spätestens morgen an Dich ab. Ich sehe voraus, daß mein Aufsatz Dich sehr erfreuen muß, und ich glaube, ich brauche nicht einmal zu sagen: trotzdem.

Herzlichen Gruß! Dein

Landauer

129. AUS ERICH MÜHSAMS TAGEBUCH

1. Oktober 1910. [...] Landauer schickte mir die 1. Oktobernummer des Sozialist mit einem langen Artikel „Von der Ehe" als Polemik gegen meinen „Frauenrecht". „Erich Mühsam in treuer Freundschaft" steht am Rande. Sehr versöhnlich und recht schön. Um im Einzelnen urteilen zu können, muß ich ihn schon noch ein paar Mal lesen. Die nächste Nummer erscheint als Gedächtnisnummer

---

275 Gustav Landauer: „Von der Ehe", in: *Der Sozialist,* Jg. 2, Nr. 19 (1.10.1910), S. 146–151.
276 Mühsam hatte Margarethe Faas-Hardegger mit seinem Freund Johannes Nohl in Bern besucht.

zum Jahrestag der Erschießung Ferrers. Ich soll ein Erinnerungsgedicht dazu
schreiben.

2. Oktober 1910. Landauers Artikel im neuen „Sozialist" befriedigt mich sehr,
wenn ich auch nicht überall unterschreiben möchte. Er konzediert meinen Ansichten über die Freiheit in Sexualdingen mehr als ich je erwartet hätte und
schränkt die maßlosen Schimpfereien des „Tarnowska"-Artikels sehr ein. Seine
Verteidigung der Ehe präzisiert er dabei, daß unter Ehe auch Vielehe oder Ge-
meindeehe verstanden werden könne. Ferner giebt er die Einwirkung der Ge-
schlechtlichkeit auf alles seelische Erleben zu, mithin auch in den Freundschaf-
ten von Mann zu Mann, von Frau zu Frau. Was er aber noch gegen meine Auffassungen aufrecht hält, faßt er in die versöhnlichste Form, z.B. in die Frage, ob
wir denn die Freiheit der „verantwortungslosen Lust" überhaupt vertragen würden. Kurzum, ein sehr lieber, verständiger Artikel, in dem fast etwas wie Reue
über den früheren durchklingt. Ich bin sehr froh, keinen Groll mehr gegen diesen Freund tragen zu brauchen.

5. Oktober 1910. [...] Das Gedicht zu Ferrers Gedächtnis habe ich gemacht, und
werd's heute abschicken. Ich fürchte, es ist ein wenig deklamatorisch ausgefallen.[277]

130. AN ERICH MÜHSAM

Hermsdorf b. Berlin, 8.10.[19]10.

Lieber Mühsam,

herzlich freut mich, daß Du meinen Aufsatz aufgenommen hast, wie ich erwartet habe. Deine Ausführungen und Mitteilungen habe ich mit Teilnahme gelesen
und es hat mich alles sehr sympathisch berührt. Da ist aber gar kein Gegensatz
zu meinen Meinungen, wennschon vielleicht zu meiner schrofferen Natur. Solche Erlebnisse hätte ich wahrscheinlich nicht, aber ich werde niemals anders als
respektvoll von solchen Erlebnissen sprechen und habe doch wahrhaftig keine
Norm aufstellen wollen, in die alle Möglichkeiten des reichen Lebens passen.

---

277 Erich Mühsam: „Zum 13. Oktober", in: *Der Sozialist,* Jg. 2, Nr. 20 (13.10.1910), S. 153.
Landauer sprach am 13. Oktober in Berlin und am 16. Oktober 1910 in Leipzig zum Gedenken an Francisco Ferrer.

Ich bin doch kein Wurstler. Du aber bist ein bißchen ein Brackenburg[278] in Deiner Zartheit, und ich wünsche Dir, dass Du Dich nicht immer mit solchem leidvollen Glück begnügen mögest. Dies persönlich-freundschaftlich gesagt; mit unsrer Polemik hat es nichts zu thun.

Die Ferrer-Verse sind allerdings reichlich deklamatorisch ausgefallen; aber es sind einige sehr gute, dichterische Stellen darin, und das ist mehr, als man bei solchen Prologen meist findet. Da das Gedicht ausserdem sehr wirksam ist, bringe ich es gern und danke Dir. Ein halbes Dutzend unnütze und störende Endlaute-Apostrophe habe ich durch leichte Eingriffe getilgt; Du wirst einverstanden sein. Die Nummer wird, glaube ich, gut.

Meine Frage nach Margrit hast Du nicht beantwortet.

Deine Aufträge habe ich an die Expedition weitergegeben.– Mit der Gruppe mach's, wie Du rätst; es wäre aber schön, wenn es eine wirkliche Gruppe würde.– Das Geld von Hartenheim[279] ist angelangt; danke schön. Wir sind in großer Geldklemme. Der Abonnentenstand steigt aber, langsam.– Vielleicht schickst Du mir das Gedicht in der W[elt] a[m] M[ontag]? Hast Du wieder eine ständige Verbindung?[280]

Uns geht es ordentlich. Lotte ist seit kurzem in einer Hauswirtschaftsschule, schön auf dem Land gelegen; eine Eisenbahnstunde von Leipzig entfernt.[281] Herzliche Grüsse, auch von meiner Frau. Dein

Gustav Landauer.

---

278 Figur aus Goethes Trauerspiel „Egmont" (1787). In diesem Drama hält Brackenburg, dem Schiller ein „melancholisches Temperament" bescheinigt hat, an seiner unerfüllbaren Liebe zu Klärchen fest, die ihm weiterhin freundlich begegnet und nicht den Mut aufbringt, ihn eindeutig abzuweisen.

279 Möglicherweise Felix Hartenheim, ein früheres Mitglied der Neuen Gemeinschaft.

280 In der *Welt am Montag* waren 1910 zwei Gedichte von Erich Mühsam erschienen, nämlich „Liebesbrief", in: *Die Welt am Montag, Nr. 34*, 22.8.1910, 1. Beilage (aufgenommen in Erich Mühsam, *Wüste – Krater – Wolken*, Berlin 1914, S. 150), und „Die drei Gesellen", in: *Die Welt am Montag, Nr. 36*, 5.9.1910, 1. Beilage (aufgenommen in Erich Mühsam, *Wüste – Krater Wolken*, Berlin 1914, S. 163). Keines der beiden Gedichte wurde von Landauer im *Sozialist* abgedruckt.

281 Charlotte Landauer besuchte 1910/11 die Frauenschule Arvedshof in Elbisbach (Sachsen). Die Schule wurde 1906 mit zwei Lehrerinnen und neun Schülerinnen eröffnet und war dem Verein für wirtschaftliche Frauenschulen (später: Reifensteiner Verband) angeschlossen. Besitzerin und Leiterin war die Witwe Therese Roßbach (1861-1953) aus Leipzig. Der Unterricht folgte lebensreformerischen Prinzipien. Vgl. Ortrud Wörner-Heil: *Frauenschulen auf dem Lande, Reifensteiner Verband 1897-1997*, Kassel 1997 [= Schriftenreihe des Archivs der deutschen Frauenbewegung Bd. 11], S. 171 – 173.

131. AN ERICH MÜHSAM

Hermsdorf b. Berlin, 2.11.[19]10

Lieber Mühsam,

Deine Nachrichten über die Gruppe freuen mich sehr. Ich hoffe, Du schreibst recht bald für den Soz. darüber.

Die beiden Gedichte, wegen deren Du mit Recht monierst – ich glaube mich zwar zu erinnern, daß mir nur eines gefallen hat – suche ich seit der Rückkehr von der Reise; bisher vergeblich. Verloren geht nichts bei mir; aber sie müssen heillos verkramt sein. Vielleicht schreibst Du sie nochmals ab?

Die 90 Exemplare „Wüste" übernehmen wir sehr gern zum Verkauf; ich würde aber einen billigeren Preis vorschlagen; vielleicht 80 Pfennig. Kannst Du veranlassen, daß sie – an Fischer oder Hentzschel[282] – geschickt werden? Jedenfalls vielen Dank.– Deine Aufträge an die Expedition habe ich bestellt.

Was nun Deinen Protest[283] angeht, so ist da zweierlei zu unterscheiden. Erstens möchte ich Dir entschieden abraten. Hat eine Redaktion ausdrücklich erklärt, daß sie wegen Deiner Gesinnung, die doch nicht bloß in Dir, sondern auch nach Inhalt, Ton und Stil in Deinen Produkten ist, nichts von Dir veröffentlichen will, so ist es ihr gutes Recht. Wollen andere aus den nämlichen Gründen nichts von Dir bringen, schützen aber andere Gründe vor oder geben gar keine an, so ist das auch ihr Recht. Wir Schriftsteller sind keine Gilde, deren Mitglieder, wenn sie ihr Meisterstück, eine Talentprobe, abgelegt haben, Anspruch darauf haben, beschäftigt zu werden. Wir sind und wollen sein: einzeln, vogelfrei, und wenn wir schon aus unserm Geist, Witz und unserer Form einen Erwerb gemacht haben, so sollen wir doch wenigstens die Scham wahren und lieber in der

---

282 Der Tischler Richard Fischer (geb. 1884) war seit Juni 1910 Expediteur, der Zigarrenarbeiter Robert Hentzschel (geb. 1873) ebenfalls seit Juni 1910 Verleger des *Sozialist*. Hentzschel war außerdem Gruppenwart der Gruppe „Vorwärts" des Sozialistischen Bundes.

283 Erich Mühsam: „Protest", in: *Die Zukunft*, Jg. 18, Bd. 73 (26.11.1910), S. 298–300; auch in Ders., *Briefe*, Bd. 1, S. 124–126. – Mühsam protestierte öffentlich dagegen, dass seine Gedichte von mehreren literarischen Zeitschriften abgelehnt wurden, weil deren Redakteure Angst vor den „Vorurtheilen der Menge" hätten, nachdem er wegen Geheimbündelei vor Gericht stand.

Stille verbluten als das Publikum mit unsern Erwerbsangelegenheiten behelligen. Ferner aber ist die Solidarität der Redakteure und Verleger so groß, daß Du Dir sicher mit Deinem Protest für Jahre hinaus Schaden thust und gar nichts nützest.

Zweitens: das war ein Rat für Dich; thu nun, was Du und andre für richtig halten. Ich muß eine Beteiligung an etwas, was ich als Ungehörigkeit betrachte, durchaus ablehnen. All diese Erwerbskollegialität der Litteraten ist mir etwas Greuliches und ich mache nie etwas der Art mit. Ihr brauchtet bloß noch den Boykott mit dem Boykott oder gar mit dem Sabot zu beantworten! Wie wär's, wenn die berühmten Unterzeichner Deines Protestes[284] öffentlich erklärten: Zeitschriften, die Erich Mühsams Produkte nicht bringen, erhalten von uns keine Waare mehr oder nur noch schlechte? Wenn dann aber naive Leute aus dem Publikum fragten: wenn die kapitalistischen Verleger genötigt sein sollten, sich nach euren Wünschen zu richten, ob man daraus nicht schließen dürfe, daß ihr euch zuallernächst nach deren Wünschen und Bedürfnissen richtet?

Nein, auf die Weise schafft sich der Schriftsteller keine Freiheit. Er begiebt sich vielmehr durch diese Art Tarifvertrag ganz und gar in die Lohnsklaverei und Geistesprostitution. Auf diesem Gebiet ist – verkenne meine Worte nicht, sondern überlege sie – die Heuchelei durchaus nötig. Ich gebrauche absichtlich dieses Wort; die Sache, die ich meine, ist aber etwas anderes. Der Schriftsteller verkauft seine Produkte um Geld; daraus eine öffentliche Angelegenheit zu machen, sollte er sich selbst verwehren.

Dies war von jeher meine Meinung; es ist auch die Meinung meiner Frau, die sich aus solchen Gründen z.B. dem Lyrikerkartell nicht angeschlossen hat. Ich kann um Deinetwillen nicht davon abgehen.

Glaubst Du denn, daß es mir nicht viel schlimmer geht als Dir?

Hermann Bahr, Thomas und Heinrich Mann und Frank Wedekind könnten viel wirksamer und schöner gegen die schauderhaften Zustände in unsrer Publizistik protestieren: wenn sie ab und zu ohne Entgelt etwas in einem Blatt wie dem „Sozialist" veröffentlichen, was so aus der tiefsten Wahrheit ihres Wesens herausgeholt und so in Flammen gehüllt wäre, daß es ihnen kein andrer Verleger abnähme! Das thut unsrer Publizistik not: daß unsre Autoren Dinge schreiben,

---

284 Mühsams „Protest" schlossen sich die bekannten Schriftsteller Hermann Bahr, Heinrich und Thomas Mann sowie Frank Wedekind an.

die nach Inhalt und Form unsern Verlegern unmöglich sind. Sie dürften sich nicht gegen den völlig berechtigten Boykott wehren, sondern sie müssten ihn provozieren.

Überleg Dir das alles ein bißchen! Und wenn Du dann schon nicht von Deinem Vorhaben abläßt, dann hast Du vielleicht doch eine Stimme in Dir, die meine Haltung billigt und sich darüber freut.

Mit herzlichem Gruß! Dein
Gustav Landauer

132. AN ERICH MÜHSAM

[Berlin N.,] Donnerstag. [10.11.1910]

Lieber Mühsam,

meinen Brief hast Du doch erhalten?

Ich brauche so bald als möglich das Swift-Büchlein, das ich Dir einmal geliehen habe. Bitte, schick es mir.[285]

Herzlichen Gruß. Dein
Landauer

133. AN ERICH MÜHSAM

[Berlin W.] Samstag. [21.11.1910]

Lieber Mühsam,

Dank für den Brief u. d. Buch u. das Gedicht; denn Deinen Schauerulk auf -anern wirst Du kein Gedicht nennen; ich jedenfalls muß bed-anern.

---

285 *Das Swiftbüchlein oder Auswahl aus Jonathan Swift's und seiner Freunde Äußerungen von 1691–1740.* In chronologischer Reihenfolge gesammelt und deutsch hg. von Gottlob Regis. Berlin 1847.

Einstweilen: N[ettl]au's Adresse: c.o. „Freedom", 127 Ossulston Street, London N.W.

Dein Bericht über die Gruppentätigkeit freut mich sehr. Willst Du im „Sozialist" oder wenigstens im „Korrespondenzblatt"[286] nicht berichten?

Jedenfalls wäre mir baldige Mitarbeit sehr willkommen.

Margrit läßt immer mal einen Brief, auch Manuskript ankündigen; aber sie schweigt. Sie macht Schreckliches durch.[287]

Herzliche Grüße, bitte auch an Morax und die andern, die mich vom Prozeß her kennen können. Wegen der Bücher will ich bei Hentzschel anfragen. Ich habe nichts gehört. Hast Du Dich wegen des Preises entschieden?

Dein G[ustav] L[andauer]

134. AN ERICH MÜHSAM

Hermsdorf b. Berlin, 8.12.[19]10.

Lieber Mühsam,

ich bin Dir herzlich dankbar, daß Du jedesmal, wenn ich Dir eine solche Anregung zu Gelegenheitsversen gegeben habe, meinem Wunsche bereit und eifrig nachgekommen bist.

So leid es mir nun thut, möchte ich diesmal von Deinen Versen, die ich bestellt habe und die Dir gewiß Arbeit genug gekostet haben, keinen Gebrauch machen. Das ist für mich eine peinliche Situation. Aber ich glaube damit dem Blatt und vor allem auch Dir gegenüber das Rechte zu thun. Es fehlt diesen Versen jede Stärke, jede Gestaltung, jede Unmittelbarkeit. Es ist eine rhythmische und gereimte Betrachtung über die Sache; nicht die Sache selbst in der neuen Gestalt, die aus dem Rhythmus sich gebiert. Kurz, nichts weniger als ein Gedicht. Ich hatte schon bei Deinen Ferrergedenkversen große Bedenken, während Dir das

---

286 Ein *Korrespondenzblatt* für die Gruppen des Sozialistischen Bundes, das nach Bedarf erscheinen sollte, wurde erstmals im *Sozialist* vom 13. Oktober 1910 angekündigt. Die erste Nummer sollte am 15. Dezember 1910 erscheinen. Ob und wie lange das Blatt erschien, konnte nicht ermittelt werden.

Gedicht unmittelbar nach Ferrers Tod gut gelungen war. Nun ist Tolstoi eine so fest dastehende Gestalt, und ich glaube, unsre Nummer, die ich jetzt schon überblicken kann, ist auch, trotz der Verschiedenheit der Ausgangspunkte der einzelnen Autoren, so sehr Gestalt geworden, daß ich am besten thue, meinem Eindruck Folge zu geben und diese Verse nicht zu drucken.

Willst Du es nicht noch einmal versuchen? Versuchen, Dich so auf die Gestalt, auf die Flucht oder den Tod zu konzentrieren, daß nicht, wie diesmal, der Verlauf einer gesprochenen Betrachtung Mühsams in Dir entsteht, sondern ein in sich geschlossenes, objektiv dastehendes Bild, oder ein einheitliches Geschehnis (Ballade)? Kurz, gedrungen, geformte Macht? Du könntest das, könntest es ganz gewiß. Vielleicht auch ein Bild oder Ereignis (erdichtet oder im Anschluß an Wirklichkeit), in dem sich die Wirkung Tolstois auf Menschen in entscheidender Situation spiegelt. Ich bringe keine Abbildung von seinem Äussern; ich möchte, daß das Gedicht, zu dem ich Dich hier anregen will, ein solches Porträt mehr als ersetzt.

Sei nicht böse, sondern sei erfreut, daß ich Dir gegenüber, auch unserm Blatt gegenüber ungenügsam bin und versuch es einmal.

Über das andere ein andermal. Der Brief soll eiligst fort. Grüße Flierl. Widme Dich ihm etwas, das möchte ich bitten, da ich Euch beide lieb habe. Er ist eine schwierige und unglückliche Natur. Versuch einmal ihn auf wissenschaftliche Bücher zu lenken; auf Thätigkeit und Studium.

Mit Graeser[288] hast Du in der Sache völlig Recht; ich empfehle aber Gelassenheit und Überlegenheit in der Form; nicht nervöse Gereiztheit.

Für das Gedicht kann ich Dir Zeit lassen bis spätestens 14. Dezember. Da müßte es aber schon in meiner Hand sein. Aber früher ist besser.

Herzlich wie immer Dein
Gustav Landauer

---

287 Am 11. November 1910 war Margarethe Faas-Hardeggers Mutter in Bern gestorben.
288 Vermutlich der Dichter und Naturprediger Gusto Gräser (1879–1958), der sich etwa von 1909 bis 1911 in München aufhielt und möglicherweise Zusammenkünfte der Gruppe „Tat" besuchte. Vgl. Hermann Müller (Hg.) *Gusto Gräser, Aus Leben und Werk*, Knittlingen 1987.

135. AN ERICH MÜHSAM

Hermsdorf b. Berlin, 15.12.[19]10

Nochmals vielen Dank, lieber Mühsam, für Deine gute Bereitwilligkeit. Ich dachte mir, daß es zum zweiten Mal nicht gehen konnte und hatte schon vor Ankunft Deiner Karte ein andres Pferd vor den Wagen gespannt und Hedwig Lachmann um ein kleines Gedicht gebeten. Ich finde, es ist ihr recht gut gelungen.[289] Mir ist aber auch etwas gelungen: ich habe einige schöne Verse von Dir, die überall zerstreut lagen, gerettet und durch glimpfliche Eingriffe zu einem geschlossenen Gedicht gemacht. Ich bin überzeugt, Du wirst mir zustimmen und ich habe keinen Anstand genommen, unter dieses Gedicht, das „Die Flucht" heißt und ganz von Dir verfasst ist, Deinen Namen zu setzen.[290] Ein Redakteur darf sich so etwas freilich nicht erlauben; aber der Redakteur hat gern akzeptiert, was Dein Freund sich erlaubt hat. Ich erwarte Deine Absolution. Alle Hände voll zu thun; die Nummer wird sehr gut. Sonntag wird expediert.

Gruß Dir und Flierl.

136. AN ERICH MÜHSAM

[Berlin N., 4.1.1911]

?

Herzlichst, eiligst! Dein
G[ustav] L[andauer]

---

289 Hedwig Lachmann: „Tolstoi", in: *Der Sozialist,* Jg. 2, Nr. 23/24 (15.12.1910), S. 177.
290 Erich Mühsam: „Die Flucht", in: *Der Sozialist,* Jg. 2, Nr. 23/24 (15.12.1910), S. 179.

137. AN ERICH MÜHSAM

Hermsdorf b. Berlin, 10.1.[19]11.

Lieber Mühsam,

Dank für Deinen Brief. Deine Mitteilungen über Fl[ierl] wundern mich leider nicht. Er begeht in dieser Gemütsverfassung Dinge, die sich niemand gefallen lassen kann. Trotzdem würde er ein „Die Wahrheit sagen" verdienen, das unerbittlich in der Sache, aber herzlich und liebevoll gegen seine Person wäre. Jedenfalls würde ich mich freuen, falls er jetzt wieder nach München kommt, wenn Du ihn nicht aufgeben wolltest.

Ich wäre sehr dankbar, über die „sehr gute" Versammlung[291] und die Gruppenthätigkeit für das Blatt einen Bericht zu erhalten; möglichst sofort.

Zu Deinen Plänen alle guten Wünsche!

Herzlichst Dein
G[ustav] L[andauer]

138. AN ERICH MÜHSAM

[Berlin N., 15.1.1911]

L[ieber] M[ühsam]

Bitte dringend um ausführlichen Bericht vom Neugründen der Gruppe bis zu jetzigem Übergriff. Vielleicht eine Art Chronik; Versammlungen nicht vergessen.[292]

Aus Flierls kurzer Mitteilung werde ich nicht recht klug; was für eine Anschuldigung hat man euch verlesen?

---

291 Die betreffende Versammlung fand am 16. Dezember 1910 in München statt. Erich Mühsam und Fritz Flierl sprachen vor etwa 450 Personen. Vgl. [Erich Mühsam:] „Die Gruppe ‚Tat'", in: *Der Sozialist*, Jg. 3, Nr. 3 (1.2.1911), S. 23–24.
292 Mit dem in voriger Anm. erwähnten Bericht über die Gruppe „Tat", der mit der Chiffre xyz gezeichnet ist, folgte Mühsam Landauers Bitte.

Grüße ihn; ich weiß nicht, ob seine frühere Adresse noch gilt.

Alles Herzliche Dir und Euch Allen! Dein
G[ustav] L[andauer]

139. AN ERICH MÜHSAM

[Berlin N.,] Mittwoch. [25.1.1911]

Lieber Mühsam,

ich bin recht traurig, daß Du über Dein Befinden so schlechte Nachrichten giebst. Ein Vorschlag: Komm doch wieder einmal für eine Weile hierher. Ich glaube, Veränderung muß Dir gut thun.

Auf den Artikel rechne ich bestimmt bis 27ten. Ich hoffe, „Tat" wird weiterleben. Sonst geht es im S.B. recht gut. Ich würde gern allerlei mit Dir besprechen.

Viele herzliche Grüße! Dein
Landauer

140. AN ERICH MÜHSAM

Hermsdorf b. Berlin, 18.2.[19]11.

Lieber Mühsam,

Wie geht es? Dir hoffentlich besser; und der Gruppe hoffentlich gut. Gieb doch bald wieder Nachricht. Ich wäre Dir auch dankbar, wenn Du Dir bald wieder ein Thema zur Behandlung im „Sozialist" vornehmen würdest.

Endlich hab ich den „Aufruf zum Sozialismus" im Manuskript abgeschlossen. Der Schlußteil geht nun in Druck; Ende März wird das Buch – etwa 180 Seiten stark – dann erscheinen. Ich hoffe, daß wir damit einen gehörigen Ruck vorwärts kommen.

Bitte, befördere den inliegenden Brief an Flierl. Seine Adresse fehlt mir.

Ich freue mich, daß ich nun mit Nohl in – hoffentlich dauernde – Verbindung gekommen bin. Nächstens bringt der S[ozialist] wieder etwas von ihm.[293]

Wäre es ausgeschlossen, einen Originalbeitrag von Heinrich Mann zu bekommen?

Sei herzlich gegrüßt! Dein
Gustav Landauer

141. AN ERICH MÜHSAM

Hermsdorf b. Berlin, 5.3.[19]11.

Lieber Mühsam,

mit Schrecken finde ich eben den zweiten Band Coeurderoy, der Dir gehört u. seit Weihnachten bei mir liegt! Ich hatte geglaubt, ihn längst gesandt zu haben und hielt ihn immer für einen von meinen Bänden.[294]

Den dritten, der soeben herauskam, erhältst Du wohl von Nettlau direkt.

Wie geht's? Schreib bald wieder. Haben die in M[ünchen] Ausgewiesenen etwas mit Gr[uppe] T[at] zu thun?[295]

Herzliche Grüße! Dein
G[ustav] L[andauer]

---

293 Johannes Nohl: „Stefan Georges siebenter Ring", in: Der Sozialist, Jg. 1, Nr. 9 (1.5. 1911), S. 66–71.

294 Ernest Coeurderoy: Oeuvres, Tome 2: Jours d'exil, Deuxième Partie (1853–1854), Paris (Stock) 1911 [1910]. – Herausgeber der Ausgabe war Max Nettlau. Vgl. auch Gustav Landauer/Max Nettlau: „Ernest Coeurderoy", in: Der Sozialist, Jg. 2, Nr. 22 (15.11. 1910), S. 172–176.

295 In München waren bei einer Zusammenkunft der Gruppe „Tat" sechs österreichische und schweizerische Anarchisten verhaftet und am 7. Februar 1911 durch eine Anordnung des bayerischen Innenministeriums „wegen Beteiligung an anarchistischen Umtrieben" ausgewiesen worden. Im Einzelnen handelte es sich um Raimund Druml, Ludwig List, Robert Scheidegger, Zigora – genannt Cilla – Stamm und Eduard Winkler. Vgl. Erich Mühsam, Briefe, Bd. 1, S. 131.

142. AN ERICH MÜHSAM

Hermsdorf b. Berlin, 20.3.[19]11.

Lieber Mühsam,

wie geht es? – der Bericht von Morax über Eure Wirksamkeit hat mich gefreut.[296]

Heute eine Bitte. Willst Du mir für die Neue freie Volksbühne über Deine Erfahrungen mit dem Verlagsbuchhändler Frowein[297], Deine Eindrücke über ihn etwas schreiben? Sodaß ich einen Eindruck bekomme, wie weit man sich mit ihm einlassen kann. Auf meine Diskretion dürftest Du Dich verlassen. Aber die Sache ist eilig, weil ich sie verbummelt habe.

Ferner: würdest Du über Mackays Gedichte, die vor einiger Zeit in neuer Sammlung erschienen sind, ein kurzes Referat schreiben wollen? In diesem Fall würde ich Dir mein Exemplar schicken.[298]

Über die geplante Vortragstour weiß ich noch nichts Näheres.

Schreib einmal wieder von Deinem persönlichen Ergehen!

Herzlichst Dein
Gustav Landauer

---

296 Karl Morax: „München – Gruppe ‚Tat'", in: *Der Sozialist,* Jg. 3, Nr. 6 (15.3.1911), S. 48. – Morax berichtet von einer Versammlung am 7. März 1911, auf der Mühsam über „anarchistischen Sozialismus" sprach.

297 Der Schriftsteller und Verlagsbuchhändler Eberhard Frowein (1881–1964), der in Charlottenburg wohnte, war von September bis Dezember 1908 verantwortlicher Redakteur der Wochenschrift *Morgen* gewesen, für die Mühsam damals regelmäßig ein politisches Gedicht lieferte. Frowein wird im Herbst 1911 gemeinsam mit Heinrich Wibker die neu geschaffene „Volksbühnen-Buchhandlung" einrichten. Nach 1920 erlangte er als Filmregisseur und Drehbuchautor Bekanntheit.

298 John Henry Mackay: *Gedichte.* Treptow bei Berlin (Bernhard Zack) 1909. – Anstelle von Mühsam besprach Landauer selbst die Gedichtsammlung in *Der Sozialist,* Jg. 4, Nr. 4 (15.2.1912), S. 30–31.

143. AN ERICH MÜHSAM

Hermsdorf b. Berlin, 29.3.[19]11.

Lieber Mühsam,

Vogue la galère![299] – Ich bin sehr neugierig auf die erste Nr.[300] Natürlich wird sie im S[ozialist] angezeigt.[301] Ich hoffe nur, Du wirst uns als Mitarbeiter nicht untreu werden. Hätte gern bald wieder ein Gedicht von Dir.

Vor allem freue ich mich, daß Du hierher kommst! Melde Dich nur gleich, und komme, wenn Du Zeit hast. Am 7. bist Du hoffentlich unser Gast[302]; am 8ten ist Versammlung in Berlin.[303]

Herzliches von uns allen!
Dein G[ustav] L[andauer]

Am Aufruf z. Sozialismus nur noch Buchbinderarbeit. Bis Du kommst – fertig.[304]

---

299 Komme, was da wolle!
300 Gemeint ist die erste Nummer des von Mühsam herausgegebenen *Kain, Zeitschrift für Menschlichkeit,* die zum April 1911 erschien.
301 Landauer bespricht das erste Heft der Zeitschrift lobend in *Der Sozialist,* Jg. 3, Nr. 8 (15.4.1911), S. 64.
302 Am 7. April war Landauers Geburtstag.
303 Am 8. April 1911 fand eine öffentliche Diskussion zwischen Bernhard Zack als Vertreter des individualistischen Anarchismus und Landauer als Vertreter des Sozialistischen Bundes statt. Mühsam war Landauers Einladung gefolgt und nahm auch an der öffentlichen Diskussion teil. Vgl. den Bericht in *Der Sozialist,* Jg. 3, Nr. 9 (1.5.1911), S. 72.
304 Landauer musste die Druckfahnen des „Aufrufs zum Sozialismus" dann doch noch einmal Korrektur lesen, sodass das Buch erst am 3. Mai 1911 ausgeliefert werden konnte.

144. AN ERICH MÜHSAM

[Berlin N.,] 3.4.[19]11.

Lieber Mühsam,

schönsten Dank: das Heft gefällt mir recht gut.– Ich glaube, der Erwerb des Kraters, den ich sehr wünsche, ist durch Schuld meiner Arbeitslast bisher schmählich verbummelt worden. Wir wollen das besorgen, wenn Du hier bist.

Der S[ozialist] weist natürlich auf Dein Blatt hin.– Erste Aprilnummer erscheint mit Verspätung von ein paar Tagen; alle Hände voll Arbeit mit der technischen Herstellung des „Aufrufs".

Ich freue mich aufs Wiedersehen.

Herzliche Grüße! Dein
Landauer

145. AN ERICH MÜHSAM

[Berlin N.,] Montag. [12.4.1911].

L[ieber] M[ühsam]

Willst Du über die Versammlung von Sonnabend einen kurzen Bericht schreiben? Dann, bitte, sofort.

Wann sehe ich Dich wieder? Vielleicht kommst Du Charfreitag?

Herzlichen Gruß Dein
G[ustav] L[andauer]

146. AN ERICH MÜHSAM

Hermsdorf b. Berlin, 9.5.[19]11.

Lieber Mühsam,

besten Dank für No. 2 des „Kain", die ich mit Vergnügen gelesen habe. Nettlau (c./o. „Freedom", 127 Ossulston Street, London N.W.) bittet um seiner Sammlung willen um Gratisübersendung von No. 2 an; No. 1 hat er von mir.

Die „Wüste" ist noch nicht in der Expedition eingetroffen. Willst Du einmal Herrn Dr. Jaffé die Sache in Erinnerung bringen?

Hoffentlich hält sich „Kain". Laß bald von Dir hören.

Herzlichst Dein
Gustav Landauer

147. AUS ERICH MÜHSAMS TAGEBUCH

16. Mai 1911. [...] Ich habe in den letzten Tagen Landauers „Aufruf zum Sozialismus" gelesen, und habe nun begonnen, das Buch sofort zum zweiten Mal durchzugehen. Mein Urteil will ich bis zur Vollendung der zweiten Lektüre zurückstellen.[305]

19. Juni 1911. [...] Der neue „Sozialist" enthält einen Artikel Landauers „Gott und der Sozialismus", der in der nächsten Nummer fortgesetzt werden soll. Es ist eine sehr schroffe Polemik gegen Johannes Nohls Artikel in der vorigen Nummer: „Fichtes Reden an die deutsche Nation und Landauers Aufruf zum Sozialismus". Daran hatte Johannes Landauers Buch eingehend besprochen, es – besonders im Gefühlsmäßigen sehr gelobt, und nur im Hinblick auf Landauers religiöse Anschauungen abweichend kritisiert. Es war ein schöner, starker, klarer Aufsatz, dazu der erste, den der Freund mit Unterzeichnung seines ganzen Namens veröffentlicht hat. Ich war recht glücklich über die gelungene Arbeit. Landauer hatte ihm gleich nach Einlauf sehr erfreut geschrieben, ihm aber angekündigt, er werde antworten und hoffe, Johannes zu „erschüttern". Der hatte

---

305 Vgl. Erich Mühsam: „Aufruf zum Sozialismus", in: *Kain*, Jg.1, Nr.3 (Juni 1911), S. 33–39.

entgegnet, das sei nicht seine Absicht gewesen. Er sei Anfänger in der schrift-
stellerischen Laufbahn, wolle sich auf Polemik nicht gern einlassen und bitte
Landauer, den Artikel lieber ungedruckt zu lassen. Nach freundschaftlicher Verständigung zwischen beiden, war er dann also doch erschienen. Und nun legt
Landauer in einer Weise los, daß ich tief empört bin. Er wirft Johannes durch
die Blume Pose, Mache, Abhängigkeit von George, Empfindungslosigkeit und
selbst Unehrlichkeit vor und polemisiert in einem Ton, den ich nur gehässig
nennen kann. Der arme Freund ist ganz deprimiert, daß ihm so häßlich begegnet
wird und ich fühle so stark mit ihm wie ich nur mit einem Menschen fühlen
kann. Es ist, als bekäme ein Kind an seinem Geburtstag unverdiente Schläge.–
Ich bin wütend über Landauer. Das war wirklich nicht nötig, und wenn
Johannes ihn jetzt heimtückisch, untreu, wortbrüchig nennt, so weiß ich kaum,
wie ich ihm widersprechen kann. Ich erkläre nur Landauers Vorgehen
psychologisch mit einer gewissen Eitelkeit. Er will unbestechlich sein, auch einem Lobe gegenüber, in dem er mit Fichte verglichen wird. Dadurch wird er
ungerecht bis zur Gemeinheit. Hätte ich nicht infolge meiner zehnjährigen
Freundschaft mit Landauer so viele Gründe, die mir seine Haltung wenigstens
menschlich begreiflich machen, so würde ich kaum anders können, als mit ihm
zu brechen. Jedenfalls will ich ihm meine Meinung brieflich sagen. Ich hoffe, er
wird bei all seiner Empfindlichkeit daraus keine unfreundschaftlichen Konsequenzen ziehen.– Johannes gegenüber verteidige ich Landauer so gut es gehen
will.

5. Juli 1911. […] Die neue Nummer des „Sozialist", in der Landauer seine
Frechheiten gegen Johannes fortsetzt und Berndl einen unverfrorenen seichten
Aufsatz über Psychoanalyse anschleimt. Eine Landauersche Fußnote, in der er
private Mitteilungen über Otto Gross' Art, in Gesten Symbole zu suchen, öffentlich ausbreitet, vervollständigt die Berndlsche Unflätigkeit.

148. AN ERICH MÜHSAM

Hermsdorf b. Berlin, 10.7.[19]11.

Lieber Mühsam,

in Deinem Brief, den ich heute erhielt, hast Du all Deine Ritterlichkeit und Achtung für Herrn Nohl verbraucht, sodaß für mich nichts übrig blieb. Du verdankst es meiner Achtung vor Deinem Herzen und den freundschaftlichen Beziehungen langer Jahre, daß ich Dir auf diesen Brief ruhig antworte und mich geradezu in die Rolle des Beschuldigten, der sich verteidigt, füge. Was aber jetzt folgt, schreibe ich unter einer Bedingung, um deren genaue Erfüllung ich bitten muß: weder Herrn Nohl noch sonst irgend jemandem gegenüber gebe ich Aufklärungen, sondern nur Dir. Dieser Brief, der hier vorliegt, wird nur für Dich geschrieben, und ich bitte, daß Du weder den Brief noch etwas von seinem Inhalt irgend jemandem mitteilst. Ich kann Dir gegenüber, weil Du durch Dich oder andere gröblich getäuscht bist, meinen Stolz zurückstecken; aber damit ist es auch genug.

Ich bin Herrn Nohl gegenüber loyal, hyperloyal verfahren.– Sein Aufsatz[306] traf ein, ich las ihn und schickte ihn dann mit einem Begleitbrief an Martin Buber. (Beilage 1). Bubers Antwort lege ich bei (2). Nach Eingang dieser Antwort schrieb ich an Nohl eine Karte, aus der hervorging, 1) daß der Artikel gedruckt wurde und 2) daß der Artikel von mir eine Erwiderung fände. Von den interredaktionellen Vorgängen zwischen mir und Buber Mitteilung machen wollte ich nicht; es wäre nur nötig gewesen, wenn B[uber] die Aufnahme abgelehnt hätte. Irgendwie fand sich in meiner Karte die Wendung, des Sinnes: Ich hoffe Sie zu erschüttern, wie es sich gehört. Das hatte Herr N[ohl] arg mißverstanden, offenbar ungefähr in dem Sinn, ich gedenke ihn gehörig zu vermöbeln. Er schrieb also die Postkarte 3. Darauf antwortete ich dem Sinn nach: erstens aufklärend über seine Mißdeutung; ich meinte, es gehöre sich, einem so ernsten Aufsatz gegenüber, sich ganz und ernst zusammenzunehmen und die letzte, größte Wirkung für denkbar zu halten. Zweitens: der Redakteur habe den Artikel akzeptiert, der Autor habe ihm freiwillig und überflüssiger Weise im voraus mitgeteilt, er werde antworten. Da gehe ein Zurückziehen des Aufsatzes oder auch

---

306 Johannes Nohl: „Fichtes Reden an die deutsche Nation und Landauers Aufruf zum Sozialismus", in: *Der Sozialist,* Jg. 3, Nr. 11 (15.5.1911), S. 82– 87.

nur der Namensunterschrift aus diesem Grund durchaus nicht an; der Aufsatz werde wörtlich gedruckt; sei er damit nicht einverstanden, so werde ich auf die beabsichtigte Erwiderung verzichten. Um diese Zeit herum bat ich Buber, die Erwiderung zu übernehmen, damit ich schweigen könne. Buber wollte nicht. Dann kam Nohls Antwort (4). Aus ihr geht klar hervor: erstens, was ich gemeint habe, als ich schrieb, daß ich an eine Polemik in dem von ihm bös mißdeuteten Sinne nicht denke. Zweitens, daß er mir aber überdies „Polemik" in einem hohen Sinne durchaus freigegeben hat.

Darauf fing ich meine Erwiderung an zu schreiben, und wenn Du aus ihr die hohe Achtung vor dem Autor, gegen den ich mich wende, nicht merkst, bist Du verblendet und kann ich Dir nicht helfen. Von allen Seiten werde ich gefragt, was denn das für eine unbekannte Persönlichkeit sei, der ich so viel Bedeutung beilege. So bekam ich dieser Tage einen Brief, in dem steht: „Mit Interesse lese ich Ihre Auseinandersetzungen mit Herrn Nohl. Mag die Wucht dieser Erklärungen auch in einem fühlbaren Mißverhältnis zum Anlaß stehen, man vergißt diesen Schönheitsfehler gern über dem Vergnügen, Sie bei der Arbeit zu sehen, wie Sie den Anlaß nicht gering schätzen, wie Sie sich einen mächtigen Gegner träumen, sich verbohren, im Spaß recht ernst und im Ernst recht innig heiter sind etc."

Ich gehe nicht ins Einzelne und verteidige mich gegen keine Deiner Mißdeutungen, nicht einmal gegen die Unterstellung „dunkler Andeutungen!" Das alles haben wir schon einmal mit einander erlebt, und auch damals war es eine Hetze, die von zweierlei kam: erstens von der Krankhaftigkeit Herrn Nohls; zweitens aber von einem Gegensatz zwischen uns in einem für den Sozialismus und unsere Völker sehr wichtigen Punkt; einem sachlichen Gegensatz, den zu verkleistern ich keinerlei Willen habe. Ich verlange, wo es so um Dein eigenes geht, von Dir weder Zustimmung noch auch nur Verständnis; aber ich muß Achtung zur Bedingung unseres ferneren Verkehrs machen; und muß also hoffen, daß Du einsiehst, mir schmähliches Unrecht gethan zu haben, oder daß unsre Beziehungen aufhören.

Psycho-Analyse! Dazu ein paar Worte. Ich weiß mehr davon als Du glaubst und habe die Dame, auf die Groß öffentlich Jagd gemacht hat, in meiner Wohnung gehabt.[307] Gegen Groß war ich so hart, wie man nur sein kann[308], so hart wie Du

---

307 Es handelt sich um Elisabeth Lang (geb. 1889) aus München, die Otto Gross 1907/08 „neurologisch behandelt" hatte. Am 28. November 1908 hatte die 19-Jährige Landauer in

fortwährend gegen Männer bist, die Du als Typen und nicht mehr als Individuen nimmst, um einer großen Sache willen. Wärest Du einer wie Tolstoi, hättest Du Recht, mir Vorwürfe zu machen; aber nur bloß darum Vorwürfe machen, weil mir Groß als Typus der Welt gilt, die ich auf Tod und Leben befehde, Dir aber nicht, – dazu hast Du kein Recht, sondern Du müßtest Dir sagen: Was Landauer thut, thut er um der Sachlichkeit willen.

Von Deinem Standpunkt aus kannst Du natürlich Berndl nicht gerecht werden. Thatsache ist, daß der Aufsatz[309], der ohne mein Zuthun geschrieben wurde, sich als Arbeit eines der ungewöhnlichsten und stärksten jungen Männer dokumentiert, die wir haben. Im Vergleich mit dem, was noch von ihm zu erwarten steht, ist er eine geringe Nebenarbeit; aber, davon abgesehen, zeigt er doch die Klaue des Löwen; und wenn Du das nicht merkst, giebt es dafür, für Deine unverkennbare Voreingenommenheit, eben sachliche, am Ende gar persönliche Gründe.

Noch eins: Wie klein und gar nicht Deiner würdig ist die wiederholte Wendung: so antwortet Landauer auf einen Aufsatz, der sein Buch lobte! Wenn Du das nicht merkst, daß jedes Wort und jeder Ton um der Sache, um einer recht wichtigen Sache willen geschrieben ist; wenn Du nicht merkst, daß ich nach dem, was ich geschrieben habe, der Mann bin, der gerne persönlich mit J. N. zusammengekommen wäre und in langem Gespräch all das weitere erörtert hätte, – wenn Du nicht merkst, wie wild Du alles mit den Augen eines Gereizten und Verfolgten gelesen hast, wie Du offenbar diese langen und ernsten Betrachtungen mit Unwillen gelesen hast, um nur nach temperamentvollen Worten zu su-

---

Hermsdorf aufgesucht, weil sie dort die mit ihr befreundete Margarethe Faas-Hardegger vermutete. Faas-Hardegger hatte Elisabeth Lang im Sommer 1908 bei sich aufnehmen wollen. Vgl. Otto Gross: „Elterngewalt", in: *Die Zukunft*, Jg. 16, Bd. 65 (10.10.1908), S. 78–80.

308 In einer Fußnote zu Ludwig Berndls Artikel „Einige Bemerkungen über die Psycho-Analyse", in: *Der Sozialist*, Jg. 3, Nr. 13 (1.7.1911), S. 102–104, hatte Landauer ein Beispiel für den „verbrecherischen Wahnsinn" von Psychoanalytikern gegeben, das sich auf Otto Gross bezog: „Einer der schlimmsten Freudianer, ein Nervenarzt, der es verstanden hat, sich so bekannt zu machen, daß es ihm sogar möglich war, in einer angesehenen Zeitschrift auf ein junges Mädchen Jagd zu machen, das die Angehörigen seinem ruinierendem Einfluß entzogen hatten, saß einmal dabei, wie eine Dame eine Zigarette verkehrt in den Mund steckte. Aus Versehen, sagen wir Dummköpfe. Auf Grund eines ‚Komplexes', sagt der Analyst aus der Freudschule. Er rief entsetzt: ‚Pfui! Was regt sich da in dir!' – Es ist nicht zu entscheiden, ob er aus Wahnsinn zur Psycho-Analyse, oder aus Psycho-Analyse zum Wahnsinn kam."

309 Siehe vorige Anm.

chen, die Du als persönliche Gehässigkeit deuten kannst, wenn Du das alles nicht merkst, bist Du nicht etwa eine Ausnahme, sondern bist eben einer der meisten Menschen. So sind sie fast alle, so ist Herr Zack[310], so ist Herr A und Herr B bis Z.

Nun, es ist genug. Kannst Du nicht dulden, daß ich im Bezirk dieser Dinge bin wie ich bin und auftreten will, kannst Du nicht ertragen, daß ich hier immer wieder mit aller Schärfe mich gebe und Dir weh thun muß; kannst Du also, was Du gegen mich gethan hast, nicht wieder gut machen, dann ist es gleichgültig, ob Du diesen Brief beantwortest oder nicht.

Ich bitte um umgehende Rücksendung der 4 Beilagen.

Ich grüße Dich! Dein
Gustav Landauer

149. AUS ERICH MÜHSAMS TAGEBUCH

11. Juli 1911. [...] Inzwischen kamen Briefe und darunter Landauers Antwort. Er fügt sich mit Rücksicht auf unsere lange freundschaftliche Beziehung in die Rolle eines Beschuldigten, der sich verteidigt. Natürlich sieht er die Dinge in völlig anderem Licht als wir und findet, daß ich ihm schmählich Unrecht antue. Leider erlaubt er mir nicht, eine Abschrift des Briefes an Nohl zu senden. Der würde das Menschliche, Ehrliche und Schöne in Landauers Verhalten dann sicher auch einsehen, aber Landauers Stolz wehrt sich offenbar gegen die Zumutung, sich auch Nohl gegenüber zu verteidigen. Gegen mich ist der Brief respektvoll, aber doch so fest, daß Landauer direkt die Kabinettfrage stellt: ich müsse zugeben, ihm unrecht getan zu haben oder auf seine weitere Freundschaft verzichten. Als Beilagen fügt er dem Schreiben die Korrespondenz mit Nohl und seinen Briefwechsel über Nohls Artikel mit Buber bei. [...] Daß Landauer nun in allem Recht, wir andern in allem Unrecht haben, gebe ich ihm natürlich nicht zu. Ich werde noch einen Tag warten, und ihm dann schreiben, was mein ehrliches Herz mir diktiert. Was soll ich anders tun?

---

310 Der Verlagsbuchhändler und Anarchist Bernhard Zack (1868-1945) aus Treptow bei Berlin war im August 1910 Begründer der „Vereinigung individualistischer Anarchisten". Zack hatte Schriften von Friedlaender und John Henry Mackay verlegt. Siehe Anm. 303.

12. Juli 1911. An Landauer habe ich noch nicht geschrieben, will es aber heute sicher tun. Mich beschäftigt die Geschichte sehr und ich leide darunter. Wozu sind all diese Mißverständnisse nötig? Wir wollen neuen Anstand, neue Beziehungen zwischen den Menschen schaffen und schon unter uns ist keine ehrliche freie schöne Verständigung möglich.

13. Juli 1911. An Landauer schrieb ich einen vorsichtigen, freundschaftlichen – doch aber bestimmten Brief. Ich gebe mich darin mit seiner Aufklärung zufrieden, ohne, wie er verlangte, zuzugeben, daß ich ihm schmählich unrecht getan hätte. Ob und was er jetzt schreiben wird, kann ich gar nicht voraussehen. Seinem Eigensinn wäre zuzutrauen, daß er nun doch Schluß macht in unserer Freundschaft, eben so leicht ist es natürlich möglich, daß er einsieht, daß ich von meinem Standpunkt gar nicht anders handeln konnte als ich tat. Es wäre nicht hübsch von ihm, machte er deswegen ein Ende, weil ich ihm gegenüber einmal stark meine Persönlichkeit betont habe. Und mir wäre der Verzicht nicht leicht.

150. AN ERICH MÜHSAM

Hermsdorf b. Berlin, 13.7.[19]11.

Lieber Mühsam,

ich danke Dir für Deinen Brief. Die Sache ist nun zwischen uns erfreulich erledigt. Auf eines will ich noch eingehen. Du schreibst: ich hätte mich in der Form vergriffen. Das zu meinen ist Dein gutes Recht und kann unsre Freundschaft nicht beeinträchtigen. Aber Du willst beweisen, daß das nicht bloß Deine und anderer subjektive Auffassung ist und fügst also hinzu: „Sonst hätte ja das Mißverständnis nicht entstehen können". Nein nein, so entstehen keine objektiven Thatsachen, das lässt sich die Logik nicht gefallen und ich also auch nicht.– Nicht darum handelt es sich, daß in meiner Arbeit – die ja nun von mir aus fertig geschrieben ist – anerkennende Worte für Nohl stehen; meine Arbeit geht nur auf Gott, Religion, Christentum, Weltanschauung in ihrem Verhältnis zum Sozialismus ein und läßt alles andere bei Seite. Es geht darum, daß jeder, der nicht befangen ist, den wahrhaft grimmigen sachlichen Ernst sehen muß, dem jede persönliche Wendung, die nicht um der Sache willen notwendig ist, unmöglich ist. Etwas müsstest Du, und müssten auch Deine Freunde einsehen: ich kann nicht den wahren Sinn dessen, was Nohl z.B. Christentum und Materie nennt, deshalb unterdrücken, weil das, was da zum Vorschein kommt, auch ausserhalb des Artikels wahr ist. Alles, was Du „dunkle Andeutungen" genannt hast, gehört in dieses Gebiet. Ich weiß sehr genau, viel besser als ein andrer, wie mir, wenn ich schreibe, alles, was ich überdies wissen könnte, versinkt, und ich weiß: in meinem Aufsatz steht keine Silbe und kein Ton über Nohl über das hinaus, was sein Aufsatz mir gesagt hat.

Nun will ich Dir endlich sagen, da Du es nicht zu wissen scheinst, welche „Polemik" Jesus geübt hat. Jesuspolemik ist unerbittliche, unversöhnliche, durch keine Beziehungen persönlicher Art gemilderte Sachlichkeit. „Wer nicht für mich ist, der ist wider mich", da handelt es sich nicht um die subjektive Person, die da ich sagt, sondern um die Sache, mit der diese Person sich eins weiß. „Ich bin nicht gekommen, den Frieden zu bringen, sondern das Schwert". Das sind die Worte, an die man zu denken hat, wenn man von Christi Polemik spricht. Ich habe nicht gesagt, daß ich im Geiste dessen mich fassen werde, was die Öl-priester „christliche Liebe" nennen, sondern ich habe gesagt, ich liebe eine Polemik, wie sie Christus geübt hat.

Der Verdienst, Nohl zur Autorschaft gebracht zu haben, gebührt nicht Dir und Deinen langjährigen Bemühungen, sondern mir. Und indem ich jetzt das Übel, an dem Inhalt und Form seiner Mitteilungen leiden, aufgezeigt habe, indem ich mit völliger harter Schonungslosigkeit Kritik geübt habe, hoffe ich ihm wiederum förderlich zu sein. Er fängt an, aber er ist wie in einer Erstarrung. Ich habe voraus gesagt, daß ich ihn erschüttern will, und wenn er die persönliche Empfindlichkeit läßt, zu der, wenn er so ist, wie ich ihn genommen habe, kein Grund ist, dann wird er auch so kommen. In dem, was ich schrieb, ist viel Grund zur Nachdenklichkeit und Prüfung, gewiß mehr als zur Gekränktheit; es sei denn, daß ich ihn überschätzt habe.

Geschrieben hätte ich ihm. Noch habe ich seinen letzten Brief nicht beantwortet, ihm noch nicht gesagt, daß ich ihn zu Mauthner empfohlen habe, von mir aus, ehe er die Bitte aussprach[311]; und noch verschiedenes andere nicht, was zu

---

311 Landauer hatte Johannes Nohl seinem Freunde Fritz Mauthner am 28. Mai 1911 für dessen geplante „Bibliothek der Philosophen" empfohlen, und zwar mit folgenden Worten: „Johannes Nohl, Bern, Schwarztorstraße 78, ein begeisterter Jünger von Franz Baader und gewiß jetzt sein bester Kenner. Ein ernster, geistvoller Mensch, wenn auch mir in

erledigen ist. Aber ich werde jetzt nicht schreiben. In wenigen Tagen ist mein Aufsatz fertig gedruckt[312]; er erhält den Schluß auf schnellstem Wege; bis dahin dürfen wir beide, er und ich, privatim schweigen; und dann hätte ich, wenn Dein Brief nicht dazwischen gekommen wäre, von ihm einen Brief erwartet, aber freilich ganz anderer Art, als diese grellen Töne der Verletztheit! – Ich hoffe, daß der Brief Margrits in dieser Sache mir erspart bleibt. Ich fürchte, ich würde ihr nicht so antworten können, wie es Dir gegenüber möglich und geboten war. Im August will ich nach Bern kommen, und wenn ich inzwischen nichts erfahre, was meinen Entschluß ändert, werde ich bei Herrn Nohl anfragen, ob er mich treffen und mit mir plaudern will. Was Du mir schriebst, ist durch Dein Wiedergutmachen erledigt, sodaß für mich jetzt wieder auch Herrn Nohl gegenüber glatte Bahn ist.

Ich habe noch viel zu erledigen, hoffe aber, um den 20ten herum, zunächst nach Karlsruhe reisen zu können. Sowie ich Hermsdorf hinter mir habe, kann ich disponieren und werde dann die Kameraden in Süddeutschland und der Schweiz benachrichtigen. Dich hoffe ich jedenfalls zu sehen. Vielleicht kommt die Zusammenkunft in Frankfurt zu Stande.

Besten Dank für die Übermittelung der Bestellung; wird besorgt.

Grauenhafte Hitze; viel Arbeit; sonst gut.

Herzlichen Gruß! Dein
Gustav Landauer

N.S. Eins noch. Daß ich „in Nohls Ausführungen gar keine Klarheit, sondern beinahe positive Trübung" finde, heißt doch wahrhaftig ganz etwas anderes als daß Nohl absichtlich getrübt hätte!! Man reicht mir ein Glas und sagt: klares Wasser. Ich antworte: na, klar kann ich's nicht finden. Und dann steigere ich die Rede und füge hinzu: ich will gar nicht in der Negation (nicht-klar) bleiben, da ist sogar ganz positiv eine Trübung zu finden. So meine ich, daß Nohls Denken

---

seiner Geistesrichtung antipathisch." (Gustav Landauer – Fritz Mauthner, *Briefwechsel 1890–1919*, S. 234).

312 Gustav Landauer: „Gott und der Sozialismus", in: *Der Sozialist*, Jg. 3, Nr. 12 (15.6.1911), S. 93–96, und Nr. 13 (1.7.1911), S. 98–102, und Nr. 14 (15.7.1911), S. 106–110. – Landauers Antwort auf Johannes Nohl wurde zu einem seiner wichtigsten philosophischen Texte.

nicht nur unklar, sondern durch positive Bestandteile, die es aufgenommen hat, getrübt ist. Wie käme ich dazu, seine Wahrhaftigkeit anzuzweifeln!

151. AN ERICH MÜHSAM

Karlsruhe (Baden), Kaiserallee 25^b, 20.7.[19]11.

Lieber Mühsam,

herzlichen Gruß aus Süddeutschland.

Bitte, schreibe mir gleich, ob Du Dich, falls sie zu Stande kommt, an einer Zusammenkunft süddeutscher Kameraden in Stuttgart beteiligen würdest? Frankfurt ausgeschlossen. Ich habe 13. August vorgeschlagen. In der Woche vorher denke ich in der Schweiz zu sein.

Alles noch unsicher; aber ich muß nun vorbereiten.

Jedenfalls wollen wir uns sehen; aber kaum vor Mitte August.

Ich bitte gleich um eine Zeile; Du hörst dann Weiteres.

Herzlichst Dein
Gustav Landauer

152. AUS ERICH MÜHSAMS TAGEBUCH

22. Juli 1911. [...] Landauer fragt mich an, ob ich an einer Zusammenkunft der süddeutschen Genossen in Stuttgart teilnehmen will und schlägt den 13. August dafür vor. Ich habe zustimmend geantwortet. Nur wird das, was ich aus München zu berichten habe, nicht tröstlich lauten. Gestern abend spät sprach ich Morax, der von der Kati[313] kam. Ich fragte ihn, ob er denn nichts mehr tun wolle. Aber er scheint müde zu sein und redete sich hinaus, er sei bald 30 Jahre alt und müsse sich endlich eine Existenz schaffen. Als ob er nicht bei der Kati singen könnte, auch wenn er hie und da mir ein paar technische Mühen abnimmt.

---

313 Kathi Kobus (1854-1929) aus Traunstein, die seit 1903 die Schwabinger Künstlerkneipe „Simplicissimus" leitete.

Auch der eine Enttäuschung! Es ist recht, recht übel. Ich überlege, wie ich in München mit ganz neuen Personen eine ganz neue Gruppe heranziehen kann.

153. AN ERICH MÜHSAM

z.Zt. Karlsruhe (Baden), Kaiserallee 25^b, 30.7.[19]11

L[ieber] M[ühsam]

Vielen Dank. Leitartikel aus No. 3 möchte ich aus naheliegenden Gründen nicht bringen[314]; eher noch No. 4 („Menschlichkeit"), der mir gut gefallen hat und den Du mir für alle Fälle gleich schicken solltest.[315]

Für die No. vom 15.VIII. darf ich also auf einen Originalbeitrag von Dir rechnen?

Wegen unsres Wiedersehens später.– Die Karrikatur fand ich recht gut.

Herzlichen Gruß!
Dein L[andauer]

154. AN ERICH MÜHSAM

[Krumbach,] 24.8.[1911]

L[ieber] M[ühsam]

Also morgen Freitag 2 Uhr Café Luitpold.

Herzlichst auf Wiedersehen! Dein
G[ustav] L[andauer]

---

314 Mühsams Leitartikel in *Kain,* Jg. 1, Nr. 3 (Juni 1911), S. 33–39, wirbt für Landauers *Aufruf zum Sozialismus.* Siehe Anhang.

315 In diesem Leitartikel in *Kain,* Jg. l, Nr. 4 (Juli 1911), S. 50–55, geht Mühsam auf den Untertitel seiner Zeitschrift ein und erläutert, was er unter „Menschlichkeit" versteht.

155. AUS ERICH MÜHSAMS TAGEBUCH

25. August 1911. [...] Jetzt muß ich abbrechen. Landauer erwartet mich im Luitpold.

26. August 1911. [...] Landauer traf ich laut Verabredung gestern mittag um 2 im Luitpold, wo er mit Hedwig Lachmann und dem Ehepaar Croissant saß. Anna Croissant-Rust[316] lernte ich bei dieser Gelegenheit erst kennen. Sie machte einen überaus angenehmen Eindruck und wirkt in ihrer formalen Höflichkeit doch sehr schön und anziehend. Um 3 Uhr etwa brach Herr Croissant[317] mit den beiden Damen auf, um in die Alte Pinakothek zu gehen. Landauer und ich folgten nach einiger Zeit im Auto. [...] Dann Besorgungen machen. Wie vor zwei Jahren mußte ich Landauer wieder zu einem Goldschmied begleiten, da er für seine Frau ein Geburtstaggeschenk aussuchen wollte. Schließlich bestellte er eine Mondsteinkette, die nach seinen Angaben hergestellt werden soll.

156. AN ERICH MÜHSAM

[Buchloe] [25.8.1911]

L[ieber] M[ühsam]

Schick mir, bitte, meinen Ring! Er ist fertig. Und Dein Artikel – ist er fertig?

Ich freue mich, daß wir die paar Stunden beisammen waren.

Herzlichst Dein
G[ustav] L[andauer]

Adresse
Krumbach (Schwaben)
bei Frau Lachmann

---

316 Anna Croissant-Rust (1860–1943), Schriftstellerin und enge Freundin von Hedwig Lachmann. Das Ehepaar Croissant wohnte seit Juli 1904 in München-Pasing.
317 Hermann Croissant (gest. 1928), Ingenieur und Sozialist, zu dieser Zeit Berater einer Augsburger Maschinenfabrik.

157. AN ERICH MÜHSAM

Hermsdorf b. Berlin, 19.9.[19]11.

Lieber Mühsam,

ich möchte wieder einmal von Dir hören. Danke auch für die schnelle Besorgung, die Kleinigkeit können wir wohl regeln, wenn Du hier bist. Aber der Aufsatz, den Du schreiben wolltest –? Selbstverständlich auch jetzt sehr erwünscht. – Ich hoffe bestimmt, daß Deine Befürchtungen wegen J[ohannes] N[ohl]s Unauffindbarkeit sich längst als grundlos herausgestellt haben. Bitte, sag mir, ob und wann etwa er in den Besitz meines Briefes gelangt ist.

Wann wirst Du hier sein? Ich habe eine Masse Arbeit vorgefunden; aber es geht recht gut.

Herzlichen Gruß! Dein
Gustav Landauer

158. AUS ERICH MÜHSAMS TAGEBUCH

17. November 1911. [Mühsam hielt sich anlässlich eines Familientags[318] vom 9. bis 19. November 1911 in Berlin auf und besuchte u. a. eine Premiere im Berliner Theater:] Landauer besuchte ich nicht, ich sah ihn heute flüchtig im Theater.

18. Januar 1912. [...] Landauer schickt mir eine gedruckte Aufforderung, an einer Jugend-Beilage des „Sozialist" mitzutun. Ich soll gleich ein Einleitungsgedicht machen. Zugleich beschwert er sich, daß ich ihn persönlich vernachlässige. Ja, leider.

---

318 Vgl. *Der Erste Mühsam'sche Familientag am 12. November 1911*, Berlin o. J. [1912].

159. AN ERICH MÜHSAM

Hermsdorf b. Berlin, 9.4.[19]12.

Lieber Mühsam,

ich musste in der That seit langem annehmen, daß Du etwas gegen die Fortführung unserer freundschaftlichen Beziehungen hättest; von den Gründen hatte ich allerdings keine Ahnung; auch reimte es sich mir nicht zu Deiner offenen Natur, daß Du lieber schweigen als Dich offen aussprechen solltest. Nun bin ich froh, daß Du geschrieben hast und will mit Deinen Erklärungen gern zufrieden sein. Auch ohne diesen Schein einer Verstimmung wäre ich wohl wieder mit meinen Geburtstagswünschen hintennach gehinkt; es scheint, ich bleibe allzeit dabei, nicht zu wissen, ob Du einen Tag vor oder nach mir geboren bist. Nun, alles Herzliche wünsche ich Dir; bleibe jung und frisch und nach Möglichkeit Herr Deiner Nerven.

Ich habe von dem Unglück, das über Margrit gekommen ist[319], erst spät, indirekt durch Dich, infolge Deiner Anfrage an Berndl, erfahren. Mittlerweile habe

---

319 Margarete Faas-Hardegger war am 12. März 1912 in Bern verhaftet worden. Am 3. Mai 1913 wurde sie vom Schwurgericht des Kantons Zürich wegen wiederholter Falschaussagen zu vier Monaten Gefängnis verurteilt. Über die Hintergründe ihrer Verhaftung wurde im „Sozialist" berichtet: „Ein gewisser Robert Scheidegger, der wegen Schmuggels in einem deutschen oder österreichischen Gefängnis saß, soll während einer Strafzeit Mitteilungen gemacht haben, in denen er sich selbst beschuldigte, zusammen mit Ernst Frick [...] vor einer Reihe von Jahren in Zürich den Versuch gemacht zu haben, durch einen nächtlichen gewaltsamen Überfall einen Russen, der im Züricher Gefängnis saß und nach Rußland ausgeliefert werden sollte, zu befreien. Nun war dieser Fall schon damals vor dem Züricher Gericht verhandelt worden und Ernst Frick war schon damals angeklagt gewesen, hatte aber in Abrede gestellt, die Tat begangen zu haben, und war auch freigesprochen worden. es wird berichtet, er habe damals den Beweis angetreten, daß er in der fraglichen Nacht gar nicht in Zürich, sondern in Bern gewesen sei, und Margarete Faas-Hardegger habe dieses sein Alibi durch ihre Zeugenaussage bestätigt. Die Schweizer Behörde schenkt nun den Eröffnungen des Scheidegger Glauben, hat [...] das Verfahren zu Ungunsten der Beschuldigten wieder aufgenommen, die Auslieferung Scheideggers begehrt und Frick in Ascona verhaftet. Dann ist sie zur Verhaftung von Frau Faas-Hardegger geschritten, die beschuldigt wird, damals eine falsche Aussage gemacht zu haben." (Der Sozialist, Jg. 4, Nr. 7, 1.4.1912, S. 56). Ausführlicher hierzu Regula Bochsler: „Der Überfall auf die Zürcher Polizeikaserne 1907, Oder: Welche Rolle spielte Hans Gross im Anarchistenprozess 1912?", In: Bohème, Psychoanalyse und Revolution, 3. Internationaler Otto-Gross-Kongress, Hg. Raimund Dehmlow und Gottfried Heuer, Marburg 2003, S.105-124.

ich ihr geschrieben und eine Karte von ihr erhalten. Ihre Stimmung scheint fest und gut, und das ist sehr viel wert. Bleibt sie stolz und selbstbewusst, dann wird sie auch das Schlimmste, wenn es denn sein muß, gesund überstehen können. Und vor allem wird sie dann, wenn überhaupt eine Möglichkeit, ihre Freisprechung erwirken; Du weißt ja auch, welcher souveränen Sicherheit und welcher suggestiven Kraft sie fähig ist. Ob allerdings eine Hoffnung ist? ich weiß es nicht. Du wirst jedenfalls nichts thun, ohne Dich mit ihrem Rechtsbeistand, Frl. Dr. Brüstlein[320], verständigt zu haben; gutgemeinte Eingriffe von aussen können sehr viel schaden; nicht nur ihr. Es wird gut sein, diesen Scheidegger[321], von dessen Psychologie ich nichts näheres weiß, nicht zu reizen.

Es hat sich einmal jemand auf Deinen Rat an mich gewandt; Du wirst schon wissen, wen ich meine. Es wäre nötig, daß ich vom Fortgang dieser Sache etwas erfahre.

Seit Ende Januar ist Fritz Flierl für uns völlig verschollen; ebenso für alle seine Freunde und Angehörigen. Damals war er in Lodz in Rußland. Du begreifst, daß wir nicht in der Lage sind, die Öffentlichkeit zu Nachforschungen in Anspruch zu nehmen. Wenn Du irgend etwas weißt oder einen Rat geben kannst, thu es.[322]

Mit unserm Sozialistischen Bund und seinen Veröffentlichungen und Einwirkungen ginge es ganz gut, wenn entweder ich ihm mehr Zeit widmen könnte oder andere Mitarbeiter da wären, die mich ablösten. Da beides nicht der Fall ist, bleibt nichts übrig, als daß wir da sind, so klein wie wir sind. Gerade jetzt und in der nächsten Zeit werde ich nur das Notdürftigste thun können, weil sonst keine Existenz möglich ist.

Der „Sozialist" kommt jetzt immer zu spät und kommt diesmal furchtbar spät; morgen die Nummer, die am 1ten fällig war! Müller hat sich zu viel Arbeit übernommen und hat auch zu wenig Hülfe. Eben darum, bis wir wieder in Reih

---

320 Dr. Gilonne Brüstlein (1881-1933), Rechtsanwältin und Tochter des sozialdemokratischen Nationalrats Alfred Brüstlein, die Margarethe Faas-Hardegger seit ihrer Jugendzeit in Bern kannte und die sich als engagierte Sozialistin besonders für das Frauenstimmrecht einsetzte.

321 Der gelernte Zimmermann Robert Scheidegger (geb.1882) aus der Schweiz war 1910/11 Mitglied der Gruppe „Tat" gewesen.

322 Flierl hatte in Lodz geheiratet und seinen Einsatz für den Sozialistischen Bund aufgegeben. Am 15. Oktober 1914 notiert Mühsam in seinem Tagebuch: „Morax berichtet, daß Flierl wieder in Fürth sei. Dort schreibe er für Skandaltagesblätter patriotische Artikel und bekämpfe den Anarchismus. – Wieder Einer!"

und Glied sind, können wir auch das Jugendblatt noch nicht herausbringen. Die Verse wären also immer noch sehr erwünscht.

Ich freue mich, daß Du den „Kain" halten kannst.[323] Es ist immer einmal etwas darin, was mich interessiert und mir gefällt; manchmal natürlich auch etwas, wozu ich noch allerlei, ergänzend und entgegnend, zu sagen hätte. Über den Kain-Kalender kann ich aber leider noch nichts sagen: er ist mir nicht zugegangen, und ich habe nur einmal in einem Exemplar, das unsre Buchhandlung bestellt hatte, geblättert und gesehen, daß er einen angenehmen Eindruck macht.

Bei dieser Gelegenheit eine Anregung. Nettlau, der ja eigentlich nur bescheidene Mittel hat und unglaublich viel für seine Sammlung ausgiebt, besitzt, wie ich weiß, bisher nur die ersten beiden Nummern des Kain. Du solltest ihm alles Weitere, was bisher erschien und noch erscheinen wird, unentgeltlich stiften. Er wird Dir dann wahrscheinlich wenigstens das Porto ersetzen wollen; das solltest Du – ich kenne ihn – ohne Sträuben annehmen. Schick ihm auch den Kalender. Ich gebe Dir seine Adresse, bitte Dich aber, sie niemandem weiter zu geben: 11 rue de Seine, Paris. Wenn Du ihm ein paar Worte schreibst, bemerke ausdrücklich, daß Du von der Adresse keinen weitern Gebrauch machst; er ist darin sehr eigen.

Laß bald wieder von Dir hören.

Herzliche Grüße! Dein
Gustav Landauer

Ich empfehle, diesen Brief nicht aufzubewahren.

160. AUS ERICH MÜHSAMS TAGEBUCH

12. April 1912. [...] Heute kam ein ausführlicher Brief von Landauer, dem ich zum 7. April, seinem Geburtstag gratuliert hatte. Ich werde den Brief bestimmter Gründe wegen vernichten. Ein Dresdner Kain-Abonnent will meinen Rat. Er hat in einem Hausflur einer Dame unter die Röcke gefaßt und ein Schutzmann hat sich da als Voyeur beteiligt. Ich werde dem Manne raten, das Maul zu halten und die Dame nicht auch noch vor anderen Staatsgrößen bloszustellen.

---

323 Mühsams Zeitschrift konnte bis zum Juli 1914, also bis Kriegsbeginn, erscheinen.

161. AN ERICH MÜHSAM

Hermsdorf b. Berlin 20.5.[19]12.

Lieber Mühsam,

in München lebt z. Zt. ein gewisser <u>Emil Fey</u>[324], der sich Dir vielleicht schon genähert hat oder noch nähern wird. Von zuverlässigster Seite habe ich sehr üble Dinge über ihn gehört, er hat sich in der peinlichsten Weise in Bern wie in Wien unkameradschaftlich bis zum äussersten gezeigt. Ich halte es also für geboten, Dich zu warnen. Ich bemerke ausdrücklich, daß sich dies nicht auf Spitzelei bezieht; davon ist mir durchaus nichts bekannt.

No. 8/9 u. 10 des Sozialist würde sich, glaube ich, besonders gut zur Propaganda in litterarischen etc. Kreisen eignen. Vielleicht machst Du wieder einmal einige Versuche.

Ich bin sehr beschäftigt, und wollte nur gleich schreiben.

Den Beitrag von Margrit in No. 10 erkennst Du doch?[325]

Herzliche Grüße! Dein
Gustav Landauer

---

324 Margarethe Faas-Hardegger hatte den österreichischen Studenten und Anarchisten Emil Fey (1886-um 1938) im Vorjahr – auf Empfehlung von Pierre Ramus – in ihrem Haus in Bern beherbergt. Nach kurzer Zeit machte sich der Gast mit einem Koffer wertvoller Bücher, die er auf den Namen seiner Gastgeberin in der örtlichen Landesbibliothek ausgeliehen hatte, aus dem Staub.

325 H. [d. i. Margarethe Faas-Hardegger]: „Maifeier auf dem Dorfe", in: *Der Sozialist,* Jg. 4, Nr. 10 (15.5.1912), S. 76–79.

162. AN ERICH MÜHSAM

Hermsdorf b. Berlin, 11.7.[19]12.

Lieber Mühsam,

Du hast mir noch jedes Jahr die Bitte erfüllt, die ich auch dieses Jahr stelle: ich bin einigermaßen fertig und muß ausspannen. Nächste Woche reisen wir nach Krumbach. Willst Du für die nächste Zeit dem „Sozialist" ein paar Beiträge geben? Ich denke, Du könntest Lust haben, mancherlei zu sagen, was Du lieber im „Sozialist" siehst als im „Kain". Du tätest mir einen rechten Gefallen.

Ende Juli oder Anfang August hoffe ich Dich in München zu sehen. Bitte, sage mir, ob Du dort sein wirst.

Mit Herrn Nohl bin ich in einem nicht ganz klaren Verhältnis. Was zwischen uns war, ist durch einen – schriftlichen – Händedruck erledigt worden. Er hat mir dann einen Aufsatz angeboten, der mir nicht gefiel; er enthielt in weniger starker Form nur, was er schon mehrfach gesagt hatte („Gebet" und dergleichen). Seitdem höre ich nichts von ihm, obwohl ich gehofft hatte, es werde so lebendig in ihm weiter arbeiten, daß es ihm Freude machen würde, dabei zu sein. Wollte ich mir das Leben bequem und angenehm machen, würde ich natürlich drucken, was kommt. Aber ich nehme meine Aufgabe ernst und mache mir Arbeit genug damit, daß ich in der Vergangenheit die Mannigfaltigkeit suche (und übersetze!), die mir die Mitlebenden versagen. Eine Ablehnung sollte gar nicht übel genommen werden.

Ich würde mich freuen, wenn J[ohannes] N[ohl] sich mir wieder nähern wollte.

Auf Dich hoffe ich zählen zu dürfen. Auch Lyrik ist sehr erwünscht; genügt aber räumlich nicht meinem Ruhebedürfnis.

Alles Herzliche einstweilen! Dein
Gustav Landauer

163. AUS ERICH MÜHSAMS TAGEBUCH

13. Juli 1912. [...] Ein Brief von Landauer ist gekommen. Er geht wieder nach Krumbach und will inzwischen meine Mitarbeit am Sozialist. Im August will er hier sein. Er beschwert sich über Nohl, der ihm offenbar die Zurückweisung eines Beitrags übelnehme.

14. Juli 1912. [...] Von Landauer eine Postkarte. Er will Auskunft über Panizza[326]. Ich werde Scharf fragen.

164. AN ERICH MÜHSAM

[Berlin N.,] 16.7.[1912]

L[ieber] M[ühsam]

Dank für alles. Sage, bitte, Frl. B-n[327], daß wir bis Sonntag 20ten zu Hause sind. – Von 21ten an Adresse: Krumbach (Schwaben), bei Frau Lachmann.– Spätestens am 25ten wäre ein Beitrag erwünscht.

Guillaume's Geschichte der Arbeiterbewegung kenne ich nicht. Sollten die 4 Bde „L'Internationale, Documents et Souvenirs" gemeint sein, so bin ich überzeugt, daß sich für dieses Werk in Deutschland kein Verleger findet. Es hat ja auch – im ganzen – nur für Sozialforscher Interesse, bei denen man Kenntnis der französischen Sprache voraussetzen darf.[328]

---

326 Der Psychiater und Schriftsteller Oskar Panizza (1853–1921) kehrte 1905 aus Paris nach Deutschland zurück, wurde kurz darauf gerichtlich entmündigt und verbrachte sein restliches Leben in einem Sanatorium in Bayreuth. Im *Sozialist,* Jg. 4, Nr. 14 (15.7.1912), S. 110–113, und Nr. 15 (1.8.1912), S. 121–123, erschien ein Auszug aus seinem Werk *Dialoge im Geiste Huttens* (1897) (Neuausgabe mit einem Vorwort von Heiner Müller: München 1979). In seiner Vorbemerkung betont Landauer, dass Panizza „nicht bloss als tragische Kämpfergestalt unserm Volk, sondern als Künstler unsrer Litteratur" angehöre.
327 Jenny Brünn (1892–1928), mit der sich Mühsam am 22. Juli 1912 verlobte.
328 James Guillaume: *L'Internationale, Documents et Souvenirs (1864–1878),* 4 Bde., Paris 1905–1910.– Mühsam meinte zweifellos dieses Werk des schweizerischen Anarchisten James Guillaume (1844–1916). Guillaume, Mitbegründer der Juraföderation, lebte seit 1878 in Paris und sympathisierte nach 1900 mit den Syndikalisten der CGT, bei denen er am ehesten das Erbe der ersten Internationale aufgehoben glaubte.

Von Krumbach aus schreibe ich weiteres. Dein Kommen und Fußwanderung sehr erwünscht.

Herzlichst Dein

G[ustav] L[andauer]

165. AUS ERICH MÜHSAMS TAGEBUCH

14. August 1912. [...] Donnerstag Abend kam Landauer. Wir trafen uns um 11 Uhr im Luitpold. Ich hatte ihm in meiner Pension Unterkunft besorgt. Vorgestern waren wir – mit Berndl – den ganzen Tag zusammen. Gestern fuhr er zu Berndl nach Dachau hinaus. Inzwischen kam Siegfried Jacobsohn[329] zu mir. Wir waren bis zum Nachmittage zusammen, wo ich wieder Landauer traf und in den Zug setzte. Ich werde Feuchtwanger für die Zeit seiner Abwesenheit bei der „Schaubühne" vertreten, wahrscheinlich nur 3–4 Monate.[330] Landauer weihte ich in die Verlobung ein. Er war sehr erfreut, hatte aber schon was geahnt. Es ist seltsam, wie schwer sich solche Dinge verheimlichen lassen.

29. September 1912. [Mühsam hielt sich vom 20. bis 27. September 1912 in Berlin auf.] Ich war täglich im Café des Westens und sprach viele alte Freunde: Rudolf Johannes Schmied, Ali Hubert, Felix Hollaender, Peter Baum, John Henry Mackay, den ich in der Untergrundbahn traf, Adolf Paul, Gustav Landauer, der meinetwegen ins Café Monopol kam und noch viele.

166. AN ERICH MÜHSAM

Hermsdorf b. Berlin, Treskowstraße 2ª, 5.4.[19]13.

Lieber Mühsam,

Gruß, herzliches Gedenken und alle guten Wünsche zum Geburtstag.

329 Siegfried Jacobsohn (1881–1926), Theaterkritiker und Publizist, Herausgeber der *Schaubühne*, später *Weltbühne* (1905–1926).
330 Der Schriftsteller Lion Feuchtwanger (1884–1958) war seit November 1908 Theaterkorrespondent der *Schaubühne*.

Ich hoffe, Du kommst bald einmal in unsre neue Wohnung.[331]

Dein Gustav Landauer

167. AN GUSTAV LANDAUER

M[ünchen] 6/IV. [19]13

Lieber Landauer,

hab herzlichen Dank für den pünktlichen Glückwunsch. Ich erwidere ihn sehr herzlich zu Deinem Geburtstag und auch zur neuen Wohnung. Wann ich wieder in Berlin bin, ist noch unbestimmt. Ich glaube aber, daß es nicht mehr lange dauern wird. Dir und den Deinen viele Grüße.

Dein Erich Mühsam

168. AN ERICH MÜHSAM

Hermsdorf b. Berlin, 30.12.[19]14.

Lieber Mühsam,

Von Dir zu hören, hat mich gefreut[332]; doch tut es mir leid, in der Hauptsache, auf die ich gleich eingehe, Dir für die nächste Zeit gar keine Hoffnung machen zu können. Die „Volksbühne" als ein Gebilde, das in den letzten Jahren immer-zu und gleichmäßig gewachsen war, hat einen ungewöhnlich kühnen Etat auf-gestellt und hat gesagt: wenn wir die und die Mitgliederzahl und den und den Kassenverkauf haben, können wir unsere Hypothekenzinsen, Gagen u.s.w. u.s.w. bezahlen. Nun ist der Krieg gekommen und hat alles über den Haufen

---

331 Landauer und Hedwig Lachmann waren am 1. April 1913 innerhalb von Hermsdorf bei Berlin in eine größere Wohnung umgezogen.
332 Bereits am 28. Dezember 1913 hatte Mühsam an Margarethe Faas-Hardegger geschrie-ben: „Auch zwischen mir und Landauer ist eine – unausgesprochene – Entfremdung da. Warum? weiß ich selbst nicht. Aber wir haben uns fast ein Jahr lang nicht mehr gesehn und uns nicht geschrieben." (*Briefe*, Bd. 1, S. 158).

geworfen. Wollen wir diese schauderhafte Krise überhaupt überstehen, so darf kein unnützer Pfennig ausgegeben werden. Als Dramaturg ist Dr. Sinsheimer[333] da, sowie das Militär ihn losläßt, und brauchen wir noch überdies eine Hilfskraft, so ist – von der Tätigkeit des künstlerischen Ausschusses abgesehen – kein Zweifel, daß es begabte und am Theater interessierte Literaten genug gibt, die gern noch etwas zuzahlen, wenn sie nur volontieren dürfen.

Dagegen kann es nur Sinsheimers ganz unmaßgebliche Privatansicht sein, was er über Deine anarchistische Betätigung gemeint hat. Er hat gar keinen Sinn für Politik und ist überhaupt keine soziale Natur; damit erkläre ich, daß er sich so geirrt haben kann. Wie unsere Angestellten über ihre freie Zeit verfügen, ist ihre Sache.

Ich dagegen hätte, ganz offen und unnötigerweise dazugesagt, einen anderen Grund, warum ich nicht sicher bin, ob ich Dich, wenn die Frage jetzt überhaupt gestellt werden könnte, empfehlen oder für Dich stimmen würde. Du bist in Deinem Urteil über litterarische und besonders theatralische Dinge der Beeinflussung der Freundschaft und geradezu der Clique durchaus nicht unzugänglich, läßt es an harter Sachlichkeit, seit Du in München bist, oft fehlen; und wo es sich um Theatervolk und Schriftsteller handelt, ist das eine bedenkliche Eigenschaft. Ich weiß, daß dieser Zug mit sehr Sympathischem in Deinem Wesen, vor allem mit Dankbarkeit eines Vereinsamten zusammenhängt, und will Dich wahrhaftig nicht kränken; aber in der „Volksbühne" brauchen wir hartes Holz.

Das ist ohne weiteres ein Übergang zu Halbes Anfrage, die ich dahin beantworte, daß sein Stück „Freiheit" von der Mehrheit des Ausschusses abgelehnt wurde, die das Stück für ausnehmend schlecht hielt, und daß ich zu dieser Mehrheit gehört habe.[334] Ich nehme an, daß die übrigen Personen des Ausschusses, wenn er sie einzeln befragt, ihm ebenso bereitwillig Auskunft geben werden.

Vielen Dank für die beiden kleinen Beiträge zum „Sozialist". Das Gedicht, das ich zu Deinen schwächeren rechne, wird gelegentlich gebraucht werden; die Legende gefällt mir, aber ich bin mir nicht sicher, ob sie während des Krieges

---

333 Hermann Sinsheimer (1883–1950), Theaterkritiker, seit Anfang 1914 Dramaturg und Regisseur der „Neuen Freien Volksbühne".

334 „Freiheit, Ein Schauspiel von 1812" des Schriftstellers Max Halbe (1865–1944) wurde am 27.9.1913 vom Münchner Schauspielhaus uraufgeführt. Landauer hatte Halbe 1893 in Berlin kennen gelernt und schätzte dessen naturalistisches Drama „Jugend" (1892).

erscheinen kann; muß darüber noch mit dem Redakteur konferieren.[335] – Peukerts Memoiren hättest Du längst erhalten sollen: ich sorge dafür.[336]

In dieser Zeit ergeht es uns allen übel; um so trauriger bin ich, daß ich Dir in materieller Hinsicht nichts Tröstliches schreiben konnte. Dagegen hatte ich mit Deinem Gedichtband[337], der s. Zt. eingetroffen ist, rechte Freude; schönes, starkes Altes und Neues, und gute Anordnung. Es soll darüber im Soz[ialist] geschrieben werden, und auch eine Probe wird gebracht werden. Wahrscheinlich aber erst nach dem Krieg; der Druck ist jetzt zu stark. Ich halte es trotzdem für richtig, daß der Sozialist erscheint, solange es in Ehren geht; das und jenes kann denn doch auch jetzt gesagt werden, und ich finde, daß die Mitarbeiter[338] die rechte Form gefunden haben. (Du hattest Sie in Deinem Kain-Abschied für mein Gefühl nicht gefunden; ich kann es nicht gutheissen, daß von fremden Horden z.B. geredet wird, solange nicht die Möglichkeit besteht, alle Armeen, die in Feindesland hausen, so zu bezeichnen; Du warst offenbar deroutiert; am Ende gar vorübergehend vom Wedekindkreis oder dergleichen angesteckt)[339].

Alle guten Wünsche, und die herzlichsten Grüße von uns allen!

Dein Gustav Landauer

---

335 Mühsams Beiträge sind nicht mehr im *Sozialist,* der sein Erscheinen am 15. März 1915 einstellen musste, veröffentlicht worden. Redakteur war damals Max Müller.

336 Joseph Peukert: *Erinnerungen eines Proletariers aus der revolutionären Arbeiterbewegung.* Berlin (Verlag des Sozialistischen Bundes) 1913. Neuausgabe: Frankfurt a. M. 2002. – Landauer hatte zu diesem Buch ein längeres „Vorwort" geschrieben.

337 Erich Mühsam: *Wüste – Krater – Wolken, Die Gedichte.* Berlin (Paul Cassirer) 1914.

338 Seit Juli 1914 waren an der Gestaltung des *Sozialist* außer Landauer nur noch Hedwig Lachmann und der protestantische Pfarrer und Pazifist Carl Vogl aus Thüringen beteiligt.

339 Mühsam hatte am 1. August 1914 für die Leser des *Kain* eine Erklärung verfasst und begründet, weshalb die Zeitschrift während des Krieges nicht erscheinen wird. Am 3. August fügte er – bereits in der Druckerei – den folgenden Nachsatz hinzu: „Vorerst ruhe im Lande aller Zwist. Das Grundsätzliche meiner Überzeugungen wird durch die gegenwärtigen Ereignisse nicht berührt. Aber ich weiß mich mit allen Deutschen einig in dem Wunsch, daß es gelingen werde, die fremden Horden von unsern Kindern und Frauen, von unsern Städten und Äckern fernzuhalten." Vgl. Erich Mühsam: „Aufklärung" in: *Ver!,* Jg. 1, Nr. 4 (1.10.1917), S. 54–58.

169. AUS ERICH MÜHSAMS TAGEBUCH

2. Januar 1915. [...] Ein längerer Brief Landauers, als Antwort auf meinen Neujahrsbrief, gibt mir zu denken. Er gibt mir leider wenig Hoffnung auf die Anstellung als Dramaturg bei der Berliner Volksbühne. Natürlich sei Sinsheimers Verlangen, ich dürfe mich dann nicht anarchistisch betätigen, Unsinn. Aber erstens müsse man rechnen und bekomme leicht Literaten, die froh sind, wenn sie nur volontieren dürfen, zweitens aber zweifle er (Landauer) selbst, ob er, falls die Frage überhaupt gestellt würde, für mich stimmen wurde. „Du bist in Deinem Urteil über literarische und besonders theatralische Dinge der Beeinflussung der Freundschaft und geradezu der Clique durchaus nicht unzugänglich, läßt es an harter Sachlichkeit, seit Du in München bist, oft fehlen ... Ich weiß, daß dieser Zug mit sehr Sympathischem in Deinem Wesen, vor allem mit Dankbarkeit eines Vereinsamten zusammenhängt, und will Dich wahrhaftig nicht kränken; aber in der Volksbühne brauchen wir hartes Holz." Das ist bitter. Abgesehen von der zerstörten Hoffnung, endlich doch Boden unter die Füße zu kriegen und ein Haus für Jennys Kinder schaffen zu können – diese klare Anzweiflung meiner Unabhängigkeit. Ob Landauer recht hat? Manchmal gewiß. Es will mir scheinen, als ob manchmal im gütigen Suchen nach guten Eigenschaften in einem schlechten Werk und im Verschweigen seiner Schwächen eine höhere Gerechtigkeit sei als in der unbedingt von allem Persönlichen absehenden Objektivität des Urteils, die Laudauers Art ist. Das harte Verurteilen kann furchtbar weh tun und im Gefühl des Betroffenen dauernde Wunden hinterlassen und selbst Werte seiner Persönlichkeit herabmindern. Abgesehen davon, daß in künstlerischen Dingen reine Objektivität ja garnicht existiert und daß es sicher ebenso wichtig ist, das Gute im Schwachen zu erkennen als um der Schwächen willen alles Gute mit zu verdammen.

L. sagt mir dann einiges Nette über mein Gedichtbuch, daß ihm – in vollem Gegensatz zu Johannes Nohl – Freude gemacht hat. „Schönes, starkes Altes und Neues, in guter Anordnung!"

Meine Erklärung an die Kain-Leser hat ihm nicht gefallen, und ich muß schon selbst gestehen, daß ich recht wünschte, den letzten nachträglich eingefügten Absatz darin nicht geschrieben zu haben. Landauer sagt mit Recht: „Ich kann es nicht gutheißen, daß von fremden Horden z.B. geredet wird, solange nicht die Möglichkeit besteht, alle Armeen, die in Feindesland hausen, so zu bezeichnen." Natürlich war ich, als ich den Satz schrieb, durchaus geneigt, auch die ins Ausland eindringenden Deutschen als „fremde Horde" anzusehen. Aber ich hätte das Mißverständliche des Ausdrucks erkennen sollen und mir viel Ärger ersparen können. Landauers Meinung, daß ich etwa „vorübergehend vom Wedekind-Kreis oder dergleichen angesteckt" gewesen sein könnte, ist natürlich Unsinn. Ich werde, sobald der Kain wiedererscheint, eine klare Definition geben müssen.

170. AN ERICH MÜHSAM

Hermsdorf b. Berlin, 21.6.[19]15.

Lieber Mühsam,

Es hat mir sehr leid getan, daß ich nicht da war, als Du uns besuchtest. Es ist eine schauerliche Zeit, die nun für Dich noch besonders schwer gemacht wird. Nach dem, was mir vor einigen Tagen Dein Onkel sagte, steht es sehr ernst mit Deinem Vater. Solltest Du in der nächsten Zeit die Reise noch einmal machen[340], so wäre es mir sehr lieb, wenn Du herauskämst oder mir wenigstens Gelegenheit gäbest, Dich in Berlin zu sehen. Es wird doch gut sein, allerlei zu besprechen, was bald aktuell werden kann.

Ich habe in der Schweiz wertvolle Menschen kennen gelernt und manches Interessante erlebt.[341] Es ist eine fast unerträgliche Zeit des Wartens, in allem Wesentlichen des Wartens; was sich jetzt tun läßt, ist fast nichts.

Kannst Du von beiliegendem Rundschreiben eine Anzahl in die rechten Hände geben, so schreib mir, wie viele ich Dir schicken soll.

---

340 Mühsam war Ende April 1915 nach Lübeck gereist und hatte sich auf der Rückfahrt einige Tage in Berlin aufgehalten, um Jenny Brünn ein letztes Mal zu treffen.

341 Landauer hatte am 24. April 1915 in Zürich zum 70. Geburtstag des Schriftstellers Carl Spittelers gesprochen. Sein Vortrag trug den Titel „Vom Sinn deutschen Geistes dargetan an der Dichtung Carl Spittelers". Am 28. April 1915 hatte er dann in Bern über „Das Amt der Schweiz an der Menschheit" gesprochen (Vortragsnotizen in GLAJ 18). Diesen Vortrag hatte Margarethe Faas-Hardegger für ihn organisiert. Während seines Aufenthalts in Zürich lernte er die religiösen Sozialisten Jean Matthieu und Leonhard Ragaz kennen.

Weißt Du jemanden, der in nächster Zeit in die Schweiz und wieder zurück reist, so bitte ich um Mitteilung. Ich hätte eine – harmlose und zulässige – Besorgung, die nur persönlich erledigt werden kann.

Alle herzlichen Grüße und Wünsche, auch im Namen von Frau und Töchtern.

Dein alter Gustav Landauer

Richtig: man hat mich bei der Musterung für dauernd untauglich erklärt.[342]

171. AUS ERICH MÜHSAMS TAGEBUCH

23. Juni 1915. [...] Eben finde ich einen Brief von Landauer vor, der ebenfalls sehr deprimiert klingt. Er bittet mich, ein beigelegtes Rundschreiben zu verbreiten. Es lag dem Brief aber nicht bei. Soll ich nun glauben, Landauer habe vergessen, es ins Kuvert zu stecken, oder der Überwachungs-Sixt[343] habe es konfisziert? Ich will es mir sogleich an eine Deckadresse noch einmal ausbitten. Zugleich hofft L. auf mein baldiges Wiedereintreffen in Berlin (er hat Onkel Leopold gesprochen). Es gebe mancherlei Wichtiges zu besprechen, das vielleicht bald aktuell werden könnte. Ob er auf schnellen Frieden hofft? Oder – auf Aktionen noch während dieser fürchterlichen Zeit? Die Fahnen flattern schon wieder (Lemberg!), aber die Menschen hungern und trauern, und die Krüppel, die mit zerschossenen Gliedmaßen oder gar fehlenden alle Straßen und Plätze beleben, sind schon ein so gewöhnter Anblick geworden, daß sich kein Hund mehr danach umschaut.

---

342 Landauer war am 26. Mai 1915 gemustert worden.
343 Oberstleutnant Sixt, Leiter der Münchener Überwachungsstelle, die während des Krieges für die Briefzensur zuständig war. Mühsam hatte im September 1914 mit ihm korrespondiert. Vgl. Erich Mühsam: *Tagebücher 1910–1924*, Hg. von Chris Hirte, München 1994, S. 120.

172. AN ERICH MÜHSAM

Hermsdorf b. Berlin, 24.6.[19]15.

Lieber Mühsam,

Wie Du siehst, hat es sich um ein rein geschäftliches Rundschreiben gehandelt, das ich beizulegen vergessen hatte. Jetzt lege ich ferner bei den Privatdruck eines Aufsatzes, den das „Zeitecho (Kriegstagebuch der Künstler)" in einer vom Kgl. Bayrischen Kriegsministerium lächerlich verstümmelten Fassung gebracht hatte.[344]

Deine Mitteilung freut mich <u>sehr</u> – offen gesagt, nach der negativen wie positiven Hinsicht –; ich war nie der Meinung, daß J[enny] B[rünn] die rechte Gefährtin Deines Lebens gewesen wäre.[345] Ich drücke Dir herzlich die Hand, und bitte Dich, Deine Gefährtin von mir zu grüßen. Hoffentlich lernen wir sie bald kennen.[346]

Alles, was Du weiter schreibst, hoffe ich bald mündlich mit Dir erörtern zu können.

Vergiß die Sache mit der Schweiz nicht. Es handelt sich darum, daß jeder, der hin- und herreist, ein Buch mit zurückbringen sollte, das von eminenter Bedeutung ist.

Herzliche Grüße! Dein
Landauer

---

344 Gustav Landauer: „Aus unstillbarem Verlangen", in: *Zeit-Echo (Ein Kriegstagebuch der Künstler)*, Jg. 1 (1914/15), H. 13, S. 188–191. – Zur Zensur von Landauers Beitrag vgl. Vera Grötzinger: *Der Erste Weltkrieg im Widerhall des Zeit-Echo (1914-1917), Zum Wandel im Selbstverständnis einer künstlerisch-politischen Literaturzeitschrift*, Bern 1994, S. 117–121, und S. 323–325 [vollständiger Privatdruck der Korrekturbögen].
345 Jenny Brünn hatte Landauer im Juni 1914 in Hermsdorf besucht.
346 Gemeint ist Kreszentia Elfinger (1884–1962) aus München, die spätere Ehefrau Erich Mühsams. Mühsam hatte sie bereits Anfang 1914 kennen gelernt.

173. AUS ERICH MÜHSAMS TAGEBUCH

27. Juni 1915. [...] Landauer schreibt mir von neuem. Sehr herzlich.– Morgen soll ich mit Annette Kolb konferieren. Vielleicht kann ich doch noch zum Guten beitragen in diesem Chaos des Schlimmen und Bitteren.

28. Juni 1915. [...] Hoffentlich komme ich bald nach Berlin. Der Mann, an dessen Seite ich gehöre, ist Gustav Landauer.

174. AN ERICH MÜHSAM

Hermsdorf b. Berlin, 28.7.[19]15.

Lieber Mühsam,

Ich erfahre, daß Dein Vater gestorben ist.[347] Laß mich Dir herzlich die Hand drücken. Ich weiß nicht, ob Du durch Berlin gekommen bist oder noch kommen wirst. Jedenfalls weißt Du, wie sehr ich mich freue, wenn wir uns sprechen können.

Die Sache mit der Schweiz hat vorerst keine Aktualität.

Alle guten Grüße Dir und Deiner Gefährtin. Dein
Gustav Landauer

175. AUS ERICH MÜHSAMS TAGEBUCH

7. August 1915. Einen sehr genußreichen Tag mit Landauer verlebte ich gestern. Ich ging früh zu ihm nach Hermsdorf hinüber. Wir machten einen prächtigen Spaziergang durch den schönen märkischen Wald, ich aß bei ihm Mittag (Frau Hedwig ist verreist[348]) und blieb bis zum Spätnachmittag. Wir stellten die erfreulichste Übereinstimmung in der ganzen Beurteilung der Vorgänge fest. Auch unsere Wünsche und die Entwicklung unserer Wünsche im Lauf des Kriegsjahres laufen konform. Auch Landauer freute sich anfangs der deutschen

---

347 Siegfried Mühsam war am 20. Juli 1915 in Lübeck gestorben.
348 Hedwig Lachmann war zu ihrer Mutter nach Krumbach gereist.

Siege aus dem gleichen Gefühl wie ich: Wir sahen darin den schnellsten Weg zum Frieden. Jetzt stehen wir dem weiteren mit derselben Hoffnungslosigkeit gegenüber. Sehr schmerzlich war nur ein Brief, den Johannes Nohl nach einjährigem Stillschweigen aus Bern an Landauer geschrieben hat und den er mir mit seiner Antwort zu lesen gab. Zunächst in dezidierter Form ein Anpumpungsversuch um 100 Mark, daran anknüpfend aber leider ein traurig schwungvolles Bekenntnis zur „gerechten Sache" Deutschlands und Österreichs. Landauers Antwort ist mehr als grob. Er versagt ihm Hilfe und Achtung und erklärt sich zur Sache Tolstois.

Mit meinem Plan, die Beziehung herzustellen zwischen noch so ungleich Gesinnten, die aber in Sachen des Krieges am gleichen Strang ziehen, war Landauer völlig einverstanden, und wir beschlossen, für heute nachmittag eine kleine Konferenz in einem Berliner Caféhause zusammenzutrommeln, bestehend aus Landauer, mir und etwa noch Ströbel[349], Schickele[350] und Hardekopf[351], um Mittel zu beraten, wie auf konspirativem Wege für die Sache des Friedens und der Verbreitung rebellischer Gesinnung gewirkt werden kann. Ich verabredete daher zu heute nachmittag mit Ströbel ein Rendez-vous und bestellte auch Schickele hin. Hardy und Landauer wollten mich noch antelefonieren. Leider ist nun Leo Landau[352] schon heute in Berlin, und wir müssen Familienkonferenz halten, sodaß ich alle Verabredungen wieder umstoßen mußte. Ich hoffe aber sehr, daß am Montag doch noch etwas Gutes zusammenzubringen ist. Liebknecht ist leider eingezogen.

9. August 1915. Um zwei Uhr heute nachmittag findet in einem Caféhause am Belle-Alliance-Platz eine Konferenz statt, die meiner Initiative zu danken sein wird und zu der ich geladen habe: Ströbel, Landauer, Schickele und Hardekopf. Einzelheiten für unsere Verabredungen habe ich noch nicht im Sinne. Nur will ich versuchen, für eine Art „Burgfrieden" zwischen den verschiedenen Parteien und Richtungen, die gegenwärtig gegen den Strom schwimmen, die Basis zu

---

349 Heinrich Ströbel (1869–1944), Sozialdemokrat und Kriegsgegner, 1900 bis 1916 Redakteur beim *Vorwärts*, Mitglied des preußischen Landtags, 1917 Übertritt zur USPD. Am 30. Juli 1916 mit Landauer Mitbegründer der „Zentralstelle Völkerrecht", die die Befürworter eines Verständigungsfriedens sammelte.
350 René Schickele, (1883–1940), expressionistischer Schriftsteller, Herausgeber der Literaturzeitschrift *Die weissen Blätter* (1915–1920).
351 Ferdinand Hardekopf (1876–1954), mit Mühsam befreundeter Schriftsteller und Theaterkritiker.

gründen. Wir müssen uns dahin einigen, unsere Differenzen in allgemeiner Weltanschauung, in Zielen und Arbeit vollkommen zurückzustellen und einen Weg zu konspirativer Propaganda suchen, um unsere gemeinsamen Ansichten zur Geltung zu bringen. Ob das in der Form des von mir geplanten „Weltbundes gegen den Krieg" möglich sein wird oder ob wir uns zunächst auf Inlandsarbeit einigen werden, das stehe dahin. Jedenfalls hoffe und glaube ich, daß sich Möglichkeiten finden werden, wie wir trotz Zensur und Militärdespotie, trotz Staatswillkür und Gesinnungsverrottung den Ideen der Kultur und des Willens zum Frieden Raum und Atem schaffen können. Ich darf nicht eher nach Hause, ehe ich nicht weiß, daß mir dort – unter Hunderttausenden Einem – die Aufgabe winkt, für Gegenwart, Zukunft und Menschheit Zuträgliches zu wirken, und ehe ich nicht in Berlin Fäden gewebt habe, die den Telegrafendienst zwischen den paar Deutschen meiner Gemütsverfassung still und sicher versehen.

12. August 1915. Die Ströbel-Konferenz am Belle-Alliance-Platz kam Montag nicht zustande. Landauer und Hardekopf blieben entschuldigt, Ströbel unentschuldigt aus, sodaß nur Schickele und ich da waren. Am Abend kam dann im Café Josty doch noch eine gute Konferenz zusammen. Schickele kam mit Landauer, einem Ostpreußen Alex. Bloch[353], einem Bankier Simon[354], einem Herrn Kahrmann[355] und einer jungen Russin aus einer Sitzung des „Bundes Neues Vaterland". Die Diskussionen wurden sehr lebhaft. Leider verzapfte Herr Bloch eine Suada, gegen die wir anderen nicht aufkamen. Landauer und ich erhoben den Standpunkt: Frieden um jeden Preis so schnell wie möglich durch Aufstand in den Massen und Gehorsamsverweigerungen im Feld und in den Kasernen. Bl[och] hingegen wollte den „dauerhaften" Frieden, und meint, den erst nach dem Siege der Entente erwarten zu können. […] Es soll – dahin kamen wir im Café Josty überein – über den „Geistigen" ein zu publizierendes Zirkular vorbereitet werden, in dem die kompromittierende Kundgebung der 93 Elitedeutschen

---

352 Dr. Leo Landau (1880–1956), Rechtsanwalt, Ehemann von Mühsams Schwester Charlotte. Das Ehepaar wohnte in Lübeck.

353 Alexander Bloch (1877–1954) aus Königsberg, gelernter Bücherrevisor, Journalist und zeitweise Redakteur einer USPD-Zeitschrift, ab November 1918 im Vorstand des Bundes „Neues Vaterland", später auch Mitglied der Liga für Menschenrechte. 1933 emigrierte Bloch über Paris nach Palästina.

354 Hugo Simon (1880–1950), Bankier und Politiker, früher SPD, dann USPD, Mitbegründer des Bundes „Neues Vaterland", 1919 preußischer Finanzminister, Kunstsammler und Förderer junger Künstler.

355 Nicht zu ermitteln.

zurückgewiesen und durch Proklamation einer anständigen Gesinnung kompensiert werden soll.

176. AN ERICH UND KRESZENTIA MÜHSAM

Hermsdorf b. Berlin, 25.2.[19]16.

Liebe Mühsams,

Seit wir Frau Creszenz kennen gelernt und lieb gewonnen haben, besteht der Wunsch, Euch eine kleine Gabe der Freundschaft in die Ehe zu stiften.[356] Am liebsten wär's etwas in die Wohnung geworden; das bleibt vorbehalten, bis einer von uns oder wir beide Euer Heim kennen lernen.

Einstweilen sollt ihr diese drei Bände haben: nach unserm Sinn ein wundervolles Werk, das, da es bei aller Geistigkeit edelster Art immer im Sinnlichen bleibt, für Euch beide so recht geschaffen ist. An der Übersetzung, mit der wir, das weiß ich, ein braves Stück Arbeit geliefert haben, habe ich meinen redlichen Anteil, wenn ich auch nicht auf dem Titelblatt stehe.[357]

Und so laßt's Euch schmecken, wie wir uns Eure Gaben in dieser mageren Zeit gut bekommen lassen.

Mit herzlichsten Grüßen Euer
Gustav Landauer

177. AUS ERICH MÜHSAMS TAGEBUCH

9. März 1916. [...] Ich habe Liebknecht geschrieben, ebenso Landauer, und eine Berliner Konferenz während der nächsten Reichstagstagung angeregt. Ich denke dabei an die Begründung meiner „Deutschen Gesellschaft 1916".

---

356 Erich Mühsam und Kreszentia Elfinger hatten am 15. September 1915 in München geheiratet.
357 Thomas Malory: *Der Tod Arthurs.* 3 Bde. Leipzig (Insel) o. J. [1913]. – Das Werk war von Hedwig Lachmann und Gustav Landauer gemeinsam übersetzt worden, im Buch wurde jedoch nur Hedwig Lachmann als Übersetzerin genannt.

178. AN ERICH MÜHSAM

Hermsdorf b. Berlin, 29.3.[19]16.

Lieber Mühsam,

Ich habe in den letzten Wochen ganz besonders arg zu tun gehabt und meine ganze Korrespondenz hat darunter leiden müssen. Auch habe ich mir Deine gute Anregung hin und her überlegt und bin zu dem Ergebnis gekommen, daß eine solche Zusammenkunft der verschiedenen Richtungen sehr erwünscht ist, daß sie aber in der Weise bewerkstelligt werden sollte, daß man erst einmal – ohne Schriftlichkeit also – die im Umkreis Berlins vorhandenen zusammenbringt. Läßt sich dann etwas Größeres für Deutschland machen, dann nur nach dieser Vortagung. Es wäre also gut, wenn Du Deine Absicht, hierher zu kommen, zu der von Dir genannten Zeit – Mitte April – spätestens ausführtest. Jedenfalls wäre mir persönlich lieb, wenn es nicht später wäre, weil ich Ostern für etwa 14 Tage nach Süddeutschland reise.

Inzwischen ist in der Welt im allgemeinen und in der sozialdemokratischen im besondern ja allerlei Wichtiges vorgefallen.[358] Ich schätze aber die speziell sozialdemokratischen Dinge nicht hoch ein. Die Leute, mit ganz geringen Ausnahmen, haben kein wirkliches Kulturgewissen; es dreht sich alles um die Macht in der Partei. Es ist der Streit inferiorer Geister, unter denen keine überragende Natur ist, um das Erbe Bebels. So schauderhaft es zu sagen ist, ist der Krieg und alles Tatsächliche, was mit diesem Namen bezeichnet ist, für sie von untergeordneter Bedeutung und nur Anlaß. Von allen, die ich kenne, habe ich nur Vertrauen zu Bernstein, der alt und krank ist, und – schon mit einigen Vorbehalten – zu Liebknecht, der beschränkt ist.

Die Besten sind auch diesmal die, die nicht berufsmäßig Politik treiben, die noch nicht verlernt haben, mit dem Herzen zu denken. Solche aber trifft man jetzt mehr als sonst, Männer und Frauen.

Ich tue einiges, will lieber erst mündlich davon sprechen.

---

358 Anlässlich der Debatte über den Notetat, den die Kriegsgegner innerhalb der Fraktion ablehnten, hatte sich die Reichstagsfraktion der SPD am 24. März 1916 gespalten. Die Minderheit um Hugo Haase war aus der Fraktion ausgeschlossen worden und hatte sich daraufhin als „Sozialdemokratische Arbeitsgemeinschaft" konstituiert.

Daß Deine Gedichte zu Kurt Wolff übergegangen sind, ist sehr gut.[359]

Butter haben wir keine erhalten, von keiner Seite, und werden dürr wie die Stockfische. Natürlich auch kein anderes Fett, das uns ebenso willkommen wäre.

Schreibe, wann Du kommst.

Herzliche Grüße von Haus zu Haus! Dein
Landauer

179. AUS ERICH MÜHSAMS TAGEBUCH

31. März 1916. [...] Ein Brief von Landauer bestätigt mich in meiner Ansicht, daß eine Vereinbarung zwischen den Gleichgesinnten der verschiedenen Richtungen getroffen werden müsse. Vergeblich wird also meine Reise, die ich in 8 Tagen anzutreten hoffe, nicht sein. Darin mag L. wohl recht haben, daß es den meisten Separatisten unter den Sozialdemokraten nicht um Frieden und Menschenglück zu tun ist, sondern um Politik und Partei: Er hat nur Vertrauen zu Bernstein, der aber alt und krank, und zu Liebknecht, der beschränkt sei. Ich vertraue auch Haase[360], und hoffe aus andren Lagern wesentlich auf Hellmuth v. Gerlach[361], der eine vorzügliche Haltung einnimmt. Hätte ich hier in München nur außer den platonischen Zustimmern auch aktive Kräfte! Vorerst kann ich da nur auf eine bauen: auf meine Frau.

6. April 1916. [...] Ich reise Samstag nach Berlin, dort hoffe ich mit Landauer, Bernstein und andren, vielleicht auch Haase und Liebknecht zu einem Einverständnis zu kommen. Natürlich können wir die Revolution nicht machen, wahrscheinlich nicht einmal erheblich beschleunigen. Aber ist sie über Nacht da,

---

359 Im Verlag von Kurt Wolff (1887–1963) erschien lediglich Mühsams Gedichtband *Brennende Erde, Verse eines Kämpfers* (1920).

360 Hugo Haase (1863–1919), Rechtsanwalt und Sozialdemokrat, Mitglied des Reichstags und Sprecher der Kriegsgegner, 1917 Übertritt zur USPD. Am 8. Oktober 1919 wurde auf Haase ein Attentat verübt, an dessen Folgen er wenig später starb.

361 Hellmut von Gerlach (1866–1935), linksliberaler Journalist und Politiker, Redakteur bei der *Welt am Montag*, Mitglied des pazifistischen Bundes „Neues Vaterland", Vorsitzender der deutschen Liga für Menschenrechte. 1918 war von Gerlach kurzzeitig Staatssekretär im preußischen Innenministerium.

dann muß jeder seinen Platz kennen und seine Aufgabe. Der Boden ist gedüngt, sobald die Keime sichtbar werden, müssen die Gärtner bereit stehen.

10. April 1916. [...] Ich wohne in Waidmannslust (aus Gewohnheit und Sparsamkeit). Der Zweck dieser Reise liegt nun ganz auf politischem Gebiet. Gestern war ich bei Landauer, der mit der Idee einer gemeinsamen Besprechung sehr einverstanden ist.

18. April 1916. [...] Buek[362], der eine Zeit lang als Dolmetscher in einem russischen Gefangenenlager wirken mußte, und den ich gestern bei Landauer traf, erzählt Scheußliches von Zumutungen, die man an ihn stellte, um Gefangene zu bewegen, zu Spionen und Verrätern zu werden.

19. April 1916. [...] Gestern habe ich Herrn Karl Kraus in Wien brieflich die Feindschaft aufgekündigt. Ich las bei Landauer einige „Fackel"-Hefte und fand Kraus' Haltung darin so anständig und tapfer, daß ich meinte, das Einigende sei zwischen uns doch stärker als das Trennende. So schlug ich ihm vor, wir wollen einander wieder grüßen, was ich zugleich tat. [...]

Gestern war ich seit langem wieder im Theater. Landauer sollte einen jungen Mann vom Darmstädter Hoftheater, namens Ehrle[363], rezensieren, der am Schauspielhaus auf Engagement als Ferdinand gastierte. Da die Luise von Frl. Thimig[364] gespielt werden sollte, von der ich viel Rühmliches gehört hatte, ohne die Dame je gesehen zu haben, ging ich mit.

---

362 Dr. Otto Buek (1873– um 1965) aus Petersburg, Philosoph und bekannter Übersetzer aus dem Russischen, Herausgeber der Werke von Nikolai Gogol (ab 1909), Iwan Turgenjew (ab 1911), Miguel de Unamuno (ab 1920) und von Schriften Immanuel Kants. 1907 hatte Buek die Erinnerungen des russischen Revolutionärs Alexander Herzen übersetzt und herausgegeben, später auch die pädagogischen Schriften Tolstois. Um 1935 emigrierte Buek nach Frankreich und starb später völlig verarmt in einem Pariser Altersheim. Mühsam hatte den entschiedenen Kriegsgegner bereits 1904 in Ascona kennen gelernt.

363 Kurt Ehrle (1883-1967), Schauspieler, 1911 bis 1917 am Großherzoglichen Hoftheater in Darmstadt, seit 1918 am Berliner Schauspielhaus. 1935 ging Ehrle in die Schweiz, 1955 kehrte er nach Deutschland zurück und wurde Spielleiter am Stadttheater Saarbrücken. Mitteilungen des *Stadtarchivs Darmstadt*, 12.11.2003, und des *Stadtarchivs Saarbrücken*, 19.01.2004.

364 Helene Thimig (1889–1974), bekannte Schauspielerin, 1911 bis 1917 am Königlichen Schauspielhaus Berlin. 1935 heiratete sie Max Reinhardt.

180. AN ERICH MÜHSAM

Hermsdorf b. Berlin, 14.5.[19]16.

Lieber Mühsam,

Ich habe eine schöne Frühlingsfahrt mit viel Wanderungen hinter mir und hoffe, daß die Erholung eine Weile vorhält. Diese Erholung verdanke ich einer Art geistigen Diät, die ich beibehalten will: ich lese so gut wie keine Zeitung mehr. Ich bin nicht pedantisch und lese wichtige Aktenstücke; außerdem ist meine Frau so freundlich, mir Tatsachen mitzuteilen.

Man darf sich in seinen Bestrebungen und Wünschen nicht von den Nerven abhängig machen. Ich war fast in Gefahr, dem Nichtmehraushaltenkönnen zu erliegen.

Von Deinem während unsrer Reise eingetroffenen Brief habe ich nach Rückkehr Kenntnis genommen; heute ist Deine eingeschriebene Sendung wohlbehalten angekommen. Für beides besten Dank.

Deine Beurteilung Hardens – um damit anzufangen – halte ich für unrichtig. Was er gegenwärtig schreibt, ist gewiß ganz unabhängig vom Autor und seinen Motiven, lesenswert. Daß er Dinge schreiben darf, die andere nicht einmal abdrucken dürfen, ist bemerkenswert; die Methode, die er angewandt hat, um sich in Furcht zu setzen und eine Ausnahmestellung zu erlangen, ekelhaft. Er will allerdings jetzt Frieden um jeden Preis, weil er glaubt, daß das Deutsche Reich mit jedem Kriegsmonat schlechter davonkommt. Leicht möglich, daß er mit dieser Beurteilung recht hat; je mehr er aber Recht hätte, umso weniger würde ich mich seinen Wünschen anschließen. Im übrigen ist er ein Eingänger, will es sein und soll es auch von mir aus sein; so sehr ich wünsche, daß gerade die reinen Eingänger sich finden, so sehr verzichte ich darauf, mich mit unreinen an einen Tisch zu setzen. Harden ist und bleibt der Mann der Ferrerkloake und jeder schmierigen Hintertreppe; ich habe nichts mit ihm zu tun.–

Dein Entwurf ist jedenfalls eine geeignete Unterlage für eine Vorbesprechung und wohl auch für die Interessierung eines erweiterten Kreises, und in diesem Sinne wohl auch von Dir gemeint?[365]

---

365 Mühsam war in seinem Brief vom 5. Mai 1916 noch einmal auf die geplante Besprechung von Kriegsgegnern eingegangen. Zweck dieser Besprechung, so schreibt Mühsam, soll

Ich gedenke in den allernächsten Tagen eine Besprechung mit Ha[ase] zu stande zu bringen.

Bis auf weiteres die herzlichsten Grüße! Dein
Gustav Landauer

Besondere Grüße Deiner Frau.

181. AN GUSTAV LANDAUER

14. Juni 1916.

[...] Ich habe angefangen, ein Buch über den Krieg zu schreiben, unter dem Titel „Abrechnung", das ich gern unmittelbar nach Beendigung des Krieges herausbringen möchte. Es soll ein vorläufiges Dokument des Protestes sein, eine Widerlegung jedes Krieges an der Hand der Erfahrungen dieses.[366] [...]

182. AN ERICH MÜHSAM

Hermsdorf bei Berlin, 16.6.[19]16.

Lieber Mühsam,

Ich verschiebe es schon allzulange, Dir zu schreiben; Dein lieber Brief bringt mich aber jetzt dazu.

---

sein, „zu beraten, wie man den sehr wirksamen Ungeniertheiten der Annexionisten, Alldeutschen und Kriegstrompetern, die sich aus allen Lagern zusammengefunden haben, ebenso wirksame gemeinsame Kundgebungen von der anderen Seite entgegensetzen kann, und was man im Falle plötzlicher Ereignisse zu tun hat. Das brauchen noch lange keine revolutionären Explosionen sein (obgleich ich finde, daß man sie, seien sie noch so unwahrscheinlich, nicht einfach als unmöglich betrachten sollte), es genügt die Freigabe der Kriegszielerörterung, um es möglich zu machen, daß jeder für Agitation und Aktion seinen Platz und seine Mannschaft findet, und bei den Gleichgesinnten aller Schattierungen sich rechtzeitig den Rückhalt und die Unterstützung gesichert hat." (Gustav Landauer, *Lebensgang*, Bd. 2, S. 135 Anm. 1).

366 „Abrechnung" (1916/17), eine Auseinandersetzung Mühsams mit dem Militarismus, wurde nicht zu Mühsams Lebzeiten veröffentlicht. Vollständig erstmals in Erich Mühsam: *Streitschriften, Literarischer Nachlaß*, hg. von Chris Hirte, Berlin 1984, S. 49–218.

Nie mehr als in dieser Zeit spüre ich lebendig, wie das Entscheidende für den Menschen nicht Ansichten, Meinungen, Überlegungen sind, sondern, was Sokrates den Dämon genannt hat. Ich sehe ein, ich beschließe, ich will, – aber irgend etwas läßt mich nicht, und es wird wohl am Ende gar recht haben, für mich recht haben. Ich habe alle möglichen Versuche gemacht, der Hemmung Herr zu werden, die mich in unserm besonderen Fall nicht dazu kommen ließ, den Versuch zu der Zusammenkunft und allem, was sich in Deinem Sinne daran anschließen sollte, zu machen. Aber ich sehe nun ein, daß alles nichts hilft. Mir ist es immer besonders schwer gewesen, andrer Ideen und Pläne zu adoptieren und auszuführen. Ganz selbstverständlich, daß ich dabei wäre, sowie es zu einer solchen Einladung käme, und mich redlich bemühte, etwas Rechtes zu Stande zu bringen. Aber ich kann nicht die Initiative ergreifen. Es wird wohl so sein, daß ich im tiefsten Grunde an ein irgend gedeihliches Zusammenarbeiten mit Politikern nicht glauben kann; nicht einmal in diesem Augenblick. Ich kann mit ihnen irgendwie koordiniert zusammen sein nur unter der Bedingung, daß ich mich auf ihren Standpunkt, in ihr[en] Bereich hinabbegebe. Das kann man natürlich sehr gut und virtuos, und wenn ich es einmal tue, bin ich nur allzu konziliant; so viel Phantasie hat man schon, sich hinabschrauben zu können. Aber es ist gefährlich, sich darauf einzulassen; und ich will mich für die künftige Aufgabe rein bewahren. Die Wahrheit ist, gerade heraus gesagt, daß solche Leute wie Gerlach, Haase, Bernstein u.s.w. für mich nur brauchbar wären, wenn sie wieder Kinder und wie neugeboren wären. Das aber ist natürlich nicht zu erwarten; und darum will ich nicht in ihre Kreise gehen, wo ich mich umbiegen und anpassen müßte, um nach etlichen Wochen oder Monaten mit einem gewaltigen Katzenjammer die Ergebnislosigkeit all solcher Versuche einzusehen. Was ich zu geben habe, muß ich, darf ich, soll ich wirklich für neuen Wein halten; und den soll man nicht in alte Schläuche gießen.

Es entspricht meiner Natur, mich jetzt still zu halten und das, was getan werden kann, sehr individuell für mich zu tun; ich muß die Toten ihre Toten begraben lassen und kann zur Beendigung dieses Krieges oder zur Einwirkung auf seine Begleiterscheinungen nicht mit reuigen Sündern zusammengehen.

Das alles ist Hochmut, dessen Berechtigung sich entweder zeigen wird oder nicht; soll aber nur der Versuch sein, unaussprechliche Hemmungen doch in Worten zu erklären, keineswegs eine Kritik an Deinen sehr löblichen Bestrebungen.–

Friedrich Wilhelm Foerster jr. z.B. würde ich sehr gern näher zu treten versuchen[367]; und Constantin Frantz, den ich vor ihm – im „Sozialist" – wieder aus-
gegraben habe[368], wäre auch eine Brücke; aber ich müßte doch irgendwie von
ihm aus ein Zeichen haben, daß er einen solchen Annäherungsversuch gut aufnehmen würde; ich habe das Gefühl, daß da mindestens ebenso starke Absto-
ßung wie Anziehung besteht.–

Herzlich drücke ich Dir die Hand zu Deinem offenen Brief in der „Bremer Bürgerzeitung"[369]; da hast Du brav und tapfer gehandelt.

Aber ich besinne mich, ob man Deinem spontanen Schritt folgen soll. Nicht aus
irgendwelchen persönlichen Bedenken; ich finde es zwar keine Schande, wenn
einer sich bewahren will, und würde es ruhig eingestehen; aber es liegt nichts
der Art vor; und überdies ist die Form, die Du gefunden hast, ganz unangreifbar. (Höchstens riskiert der Redakteur etwas.) Aber: die Leute, auf deren Entscheidung es ankommt, erfahren nichts Neues, wenn man ihnen mitteilt, daß
viele in allen, auch geistig-bürgerlichen Schichten mit Liebknecht sympathisie-
ren. Im Gegenteil, sie überschätzen diese Strömungen, nehmen sie jedenfalls
sehr ernst und finden gerade in ihnen die Veranlassung zu schärfsten Repres-
sivmaßregeln. Und wenn Liebknecht von seinen „Richtern" ins Zuchthaus gesteckt wird, geschieht es nicht, weil sie seine Tat für ehrlos halten, sondern umgekehrt: weil sie ihn ins Zuchthaus bringen wollen, sind sie vom Gesetz genötigt, sein Vorgehen für ehrlos zu erklären. Und vielleicht wollen sie ihn umso
eher ins Zuchthaus bringen, je gefärlicher er ihnen erscheint, je größer und
einflußreicher seine Anhängerschaft erscheint.[370]

---

367 Friedrich Wilhelm Foerster (1869–1966), Pädagoge und Philosoph, 1893 bis 1903 füh-
   rendes Mitglied der „Deutschen Gesellschaft für ethische Kultur", Kriegsgegner und
   1918/19 unter Ministerpräsident Eisner bayerischer Gesandter in der Schweiz. Nach einem Aufsatz in der *Friedens-Warte* war Foerster im Sommer 1916 für zwei Semester von
   der Münchner Universität „beurlaubt" worden. Landauer war 1896 anlässlich des Berliner
   Streiks der Konfektionsarbeiter und -arbeiterinnen mit Förster, damals Redakteur der
   Ethischen Kultur, in Konflikt geraten.
368 Auszüge aus einem Werk des Bismarckgegners und Föderalisten Constantin Frantz
   (1817–1891) hatte Landauer erstmals im *Sozialist* vom 15. März 1914 veröffentlicht.
369 Erich Mühsam: „Ein mutiges Bekenntnis" [Offener Brief an die Redaktion der ‚Bremer
   Bürger-Zeitung'], in: *Bremer Bürger-Zeitung,* Nr. 133, 8.6.1916, 1. Beilage.
370 Karl Liebknecht war am 1. Mai 1916 in Berlin verhaftet worden, als er bei einer von der
   Spartakusgruppe veranstalteten Demonstration „Nieder mit dem Krieg! Nieder mit der
   Regierung!" gerufen hatte. Er wurde daraufhin am 28. Juni 1916 zu einer Strafe von
   zweieinhalb Jahren Zuchthaus verurteilt.

Ein anderer Gesichtspunkt wäre: mit solchen Erklärungen entscheidend auf die Öffentlichkeit, aufs Volk wirken zu wollen. Das wäre der Standpunkt, wie ihn Liebknecht selbst eingenommen hat: alles zu tun, um jetzt die sogenannte Revolution hervorzubringen. Daran glaube ich nicht; und ich will es auch nicht; aus den selben Gründen, aus denen auch die russischen Revolutionäre alles tun, um jetzt eine Revolution zu verhindern. Eine Revolution kann nur gelingen, wenn sie positive, bestimmte Ziele hat, die in der Öffentlichkeit und in organisierten Gruppen erörtert und vorbereitet werden. Was in sechzig Jahren Sozialdemokratie versäumt und verpfuscht und untergraben worden ist, läßt sich nicht während eines Krieges aus dem Boden stampfen. Ich habe die größte Achtung vor Liebknechts persönlicher Tapferkeit, und das herzlichste Mitgefühl mit seinem Schicksal; für den Bankerott der Sozialdemokratie aber ist es bezeichnend, daß ihr ganzer revolutionären Zündstoff in hoffnungslosen Ausbrüchen eines einzelnen Mannes, des Typus vernagelter Beschränktheit und radikaler Negation verpufft. Liebknecht will – ein Mittel: die Revolution; von dem Zweck aber, von dem Sozialismus, von der neuen Ordnung der Völker und der Menschheit, von den geistigen und seelischen Vorbedingungen zu dieser neuen Gesellschaft hat er in Wahrheit weniger Ahnung als solche Anpassungspolitiker wie Heine[371] oder Landsberg[372]. Die vollendetsten Typen der Kulturlosigkeit und Dummheit in der Sozialdemokratie sind denn doch die sogenannten Radikalen. Adolf Hoffmann[373], Stadthagen[374] u.s.w.

Keiner der Gegensätze, in die die sozialdem. Partei zerfällt, geht uns etwas an: wir sind in einer andern Ebene als sie; unsre Linie schneidet die ihrigen also nicht, weil gar keine Berührung stattfindet. Neue oder gänzlich erschütterte Menschen müssen zu uns kommen; nicht wir zu den alten und halben.

---

371 Wolfgang Heine (1861–1944), Rechtsanwalt und Sozialdemokrat, Mitglied des Reichstags und Kriegsbefürworter, 1918/19 preußischer Justizminister, 1919/20 preußischer Innenminister. Heine war 1899 bei einer Gerichtsverhandlung Landauers Verteidiger gewesen.

372 Otto Landsberg (1869–1957), Rechtsanwalt und Sozialdemokrat, Mitglied des Reichstags und Kriegsbefürworter, 1919 kurzzeitig Reichsminister der Justiz. Landsberg war 1898 bei einer Gerichtsverhandlung Landauers Verteidiger gewesen.

373 Adolph Hoffmann (1858–1930), Buchhändler und Verleger, Sozialdemokrat und bekannter Freidenker, Berliner Stadtverordneter und Mitglied des preußischen Landtags, 1917 Übertritt zur USPD. 1919 kurzzeitig Reichsminister der Kultur.

374 Arthur Stadthagen (1857-1917), ursprünglich Rechtsanwalt und Sozialdemokrat, Redakteur beim *Vorwärts,* Berliner Stadtverordneter und Mitglied des Reichstags, 1917 Übertritt zur USPD.

Dieses Gefühl, daß man uns jetzt braucht, und daß nach dem Abwirtschaften aller Politiker die neue Parole gesucht wird, sollten wir uns in Reinheit wahren und alle unsre Kräfte auf unser Ganzes sammeln.

Sehr freut es mich darum, daß Du Dich an Dein Buch[375] gemacht hast. Um Dich wegen des Verlags zu beraten, müßte ich mehr davon wissen. Wie ist es mit Birk & Co., der Brupbacher verlegt hat?[376]

Alle herzlichen Grüße von Haus zu Haus. Dein
Gustav Landauer

183. AUS ERICH MÜHSAMS TAGEBUCH

19. Juni 1916. [...] Von Landauer bekam ich einen sehr ausführlichen Brief, in dem er begründet, warum es ihm unmöglich ist, zu der von mir gewünschten Aktion mit Haase und Gerlach die Initiative zu ergreifen. Er meint, wir hätten doch zu wenig Gemeinsames mit allen Politikern, um mit ihnen gehen zu können, ohne uns herabzuschrauben. Zu meiner Liebknecht-Verteidigung in der „Bremer Bürgerzeitung" beglückwünschte er mich. Gegen die Bemühungen, eine Revolution zu provozieren, wendet er sich aus dem Grunde, der auch die Russen jetzt von Erhebungen absehen läßt: weil dazu bestimmte Ziele aufgestellt und organisatorisch vorbereitet sein müßten. Die Ansicht teile ich gar nicht. Das Ziel einer Revolution wäre jetzt einfach Friede. Ist der erreicht, dann hat das Volk ein moralisches Plus, das es für die Vorbereitung größerer und sozialistischer Dinge sehr aufnahmefähig machen müßte.

---

375 „Abrechnung" (1916/17), siehe Anm. 366.
376 Fritz Brupbacher (1874–1945), Schweizer Arzt und Anarchist, den Mühsam 1904 und Landauer 1915 in Zürich kennen gelernt hatten. Im Münchner Verlag Birk & Co. erschienen hauptsächlich Schriften sozialdemokratischer (revisionistischer) Autoren, so etwa von Eduard Bernstein, Wilhelm Blos, Paul Kampffmeyer und Johannes Timm. Von Fritz Brupbacher waren dort nur *Kindersegen – und kein Ende?* (1909) sowie *Marx und Bakunin* (1913) erschienen.

184. AN ERICH MÜHSAM

[Berlin] 30.11.[1916]

L[ieber] M[ühsam]

In Eile bestätige ich den Empfang; konnte noch nicht lesen.

„Neue Jugend" sagt, sie hätte sich schon mit Dir in Verbindung gesetzt.[377]

Möglich, daß ich Dir für Dein Werk[378] einen Verleger beschaffen kann. Näheres später. Oder hast Du in F. etwas ausgerichtet?

Schade, daß Du nicht etwas später da hin gereist bist. Ich werde übermorgen dort sein.

Viele Grüße von Haus zu Haus, Dein
L[andauer]

185. AN ERICH MÜHSAM

Hermsdorf b. Berlin, 26.1.[19]17.

Lieber Mühsam,

Es bleibt mir nichts übrig, als Dir in aller Eile, wie Du es wünschtest, mitten in strenger Arbeit zu sagen, daß ich Deine Sendungen und Briefe alle erhalten habe. Nur wirklich schreckliche Überladung mit Arbeit ist schuld, daß Deine Briefe, die beantwortet werden sollen, noch immer bei dem immer höheren Stapel derer ruhen, die durch Nichtbeantwortung sich selbst erledigen müssen! In den allernächsten Tagen aber hätte ich Dir sowieso geschrieben und werde es auch tun.

---

377 Die von Wieland Herzfelde herausgegebene expressionistische Zeitschrift *Neue Jugend* veranstaltete am 17. November 1916 im Münchner Prinzensaal ihren fünften Autorenabend. Dabei lasen Theodor Däubler, Johannes R. Becher, Else Lasker-Schüler, George Grosz und Ado von Bernt. Erich Mühsam wird nicht erwähnt.

378 „Abrechnung" (1916/17), siehe Anm. 366.

Einstweilen recht herzliche Grüße von Haus zu Haus! Dein
G[ustav] L[andauer]

186. AN ERICH MÜHSAM

Hermsdorf b. Berlin, 5.4.[19]17.

Lieber Mühsam!

Alles Herzliche wünschen wir uns und unsrer Sache.

Mit Händedruck und guten Grüßen für die Frau Dein
Gustav Landauer

187. AN ERICH MÜHSAM

Krumbach (Schwaben), 23.5.[1917]

Lieber Mühsam,

Seit gestern hier[379], noch im größten Durcheinander. Aber ich hoffe, daß Du bald einmal zu uns kommst; äußere Dich darüber; mir ist die Bestimmung eines geeigneten Zeitpunkts jetzt noch nicht möglich, da ich noch einmal für ein paar Tage weg muß und noch eine Nachricht abwarte.

„Aufruf zum Sozialismus" – Verbreitung seit 1915 verboten und faktisch unmöglich gemacht! Weißt Du das nicht? Solange ich hier bin, kann auch sonst nichts besorgt werden; es ist niemand da.

Herzliche Grüße allerseits! Dein
G[ustav] L[andauer]

---

379 Landauer war mit seiner Familie am 22. Mai 1917 von Hermsdorf bei Berlin nach Krumbach (Bayerisch-Schwaben) gezogen, wo seine Schwiegermutter lebte.

188. AN ERICH MÜHSAM

Krumbach (Schwaben), 26.5.[19]17.

Lieber Mühsam,

Ich möchte gerne zu der ersten Aufführung von Pfitzners „Palestrina" am 17. Juli nach München kommen.[380] Das ist zwar noch lange hin; aber ich bitte Dich doch, mir schon jetzt zu sagen, wie man es macht, um für diese Aufführung zwei Plätze zu bekommen.

Sonst hat sich noch nichts verändert; ich bin noch im Ungewissen.

Bald also Weiteres.

Herzliche Grüße von Haus zu Haus. Dein
Gustav Landauer

189. AN ERICH MÜHSAM

Krumbach (Schwaben), 13.6.[19]17.

Dank und herzlichen Gruß, lieber M[ühsam].

Vorerst kann ich nicht nach M[ünchen] kommen; hoffentlich später.

Dein G[ustav] L[andauer]

---

380 Die Oper „Palestrina, Musikalische Legende in drei Akten" des Komponisten Hans Pfitzner (1869–1949) wurde am 12. Juni 1917 in München uraufgeführt.

190. AN ERICH MÜHSAM

Krumbach (Schwaben), 25.7.[19]17.

Lieber Mühsam,

Auch ich habe sehr den Wunsch, Dich bald zu sehen. Aber ich habe mich so an die Arbeit gebunden[381], daß es mir unwahrscheinlich ist, ob ich in der Zeit meines süddeutschen Aufenthalts überhaupt nach München komme. Wenn Du aber jetzt sowieso die sehr erwünschten Landexkursionen machst, solltest Du wirklich einmal entweder hierher, oder, wenn Dir das zu weit ist, nach Mindelheim über Buchloe kommen. Das letztere ginge in einem Tag bequem zu machen, und wir wären einen halben Tag beisammen. Die Gegend ist in jeder Hinsicht angenehm. Eventuell könnten auch unsre Frauen dabei sein. Von mir aus geht es erst nach 5. August, weil wir jetzt den Besuch meiner Mutter erwarten.

Mit herzlichen Grüßen von Haus zu Haus, Dein
Gustav Landauer

191. AN ERICH MÜHSAM

Krumbach (Schwaben), 3.8.[19]17.

Lieber Mühsam,

Heute nur die vorläufige Nachricht, daß ich leider jetzt nicht nach München kommen kann; ich habe der Störungen in meiner Arbeit, von der unsre Existenz abhängt, schon zu viel. Wir treffen uns also nach dem 10. August in Mindelheim; alles Nähere, auch Deine Fahrt, in den nächsten Tagen.

Einstweilen alles Herzliche allerseits, besonders [auch?] Dein Tizu[382], der ich alles Gute für die Heimat wünsche.

Dein G[ustav] L[andauer]

---

381 Landauer arbeitete in dieser Zeit an seinem geplanten Shakespeare-Buch, das posthum unter dem Titel *Shakespeare, Dargestellt in Vorträgen* (1920) von Martin Buber herausgegeben wurde.
381 Mühsams Katze.

.

192. AN ERICH MÜHSAM

Krumbach (Schwaben), 23.8.[19]17.

Lieber Mühsam,

Das trifft sich sehr gut; ich habe sowieso in Ulm zu tun; Bedingung wäre mir, daß Dir in der Tat jeder Wochentag paßt; denn ich kann meine Sache nicht mehr verzögern.

Also übermorgen 25ten am <u>Sonnabend</u> (Samstag): Du fährst mit Schnellzug 8^{05} morgens in München ab und bist 10^{37} in Ulm (<u>nicht</u> in Neu-Ulm aussteigen). Ich soll schon 10^{23} ankommen; eine Verspätung kann es aber bewirken, daß Du vor mir ankommst; Treffpunkt also Wartesaal (<u>nicht</u> Wirtschaft) zweiter Klasse.

Herzlich auf Wiedersehen, Dein
Landauer

193. AN ERICH MÜHSAM

Krumbach (Schwaben), 31.8.[19]17.

L[ieber] M[ühsam]

Dank für Deine Sendung. In Deinem Manuskript habe ich schon gelesen und habe Ausgezeichnetes darin gefunden.[383] Darüber nächstens.

Heute will ich Dich nur schnell bitten, den beifolgenden Brief in München in den Kasten zu stecken.

Herzliche Grüße, Dein
Landauer

---

383 Vermutlich weitere Teile von Erich Mühsams „Abrechnung" (1916/17).

194. AN ERICH MÜHSAM

[Krumbach, Februar 1918]

Dank.

Ich habe den Tod meiner Frau miterlebt; dann hat die Kraft nicht weiter ge-reicht, als den Freunden die furchtbare Tatsache mitzuteilen. Mein erster Dank für Einkehr und Zuspruch ist so Bitte um Nachsicht; ich werde zu allen, die sie gekannt und geliebt haben, noch einmal kommen und ihnen Dank bringen, der einzige Tröstung birgt: ich werde erzählen, wie Hedwig Lachmann gestorben ist.[384]

In Liebe mit allen vereint, die sie geliebt haben
Gustav Landauer

Dein – Euer – Besuch hier wird uns sehr willkommen sein.
In Freundschaft Dein
G[ustav] L[andauer]

195. AN ERICH MÜHSAM

Krumbach (Schwaben), 17.[5.19]18.[385]

Lieber Mühsam,

Dank für Deinen Brief.– Dein Aufenthalt in der schönen, ländlichen Gegend wird doch auch sehr viel Gutes für Dich haben.[386] Ich nehme auch an, daß Dir

---

384 Gustav Landauer: *Wie Hedwig Lachmann starb*. Privatdruck 1918.– Auch abgedruckt in Hedwig Lachmann: *Vertraut und fremd und immer doch noch ich, Gedichte, Nachdich-tungen und Essays*, Hg. von Armin Strohmeyr, Augsburg 2003, S. 182–189 (Anhang).

385 Landauer hat diesen Brief „17.1.18" datiert. Aus seinem Inhalt geht jedoch hervor, dass es sich hierbei um einen Schreibfehler handeln muss und der Brief wohl am 17. Mai 1918 geschrieben wurde.

386 Weil Mühsam durch „aufreizende Reden" bei den von Kurt Eisner in München veranstal-teten Diskussionsabenden die Interessen der Landesverteidigung gefährdet haben soll, war ihm am 25. April 1918 vom stellvertretenden Generalkommando des Bayerischen Armeekorps der Aufenthalt im Stadtbezirk München untersagt und die östlich des

der Sinn für den Humor der Sache nicht fehlt. Deiner Einladung käme ich wahrhaftig gerne nach; aber ich darf an so etwas nicht denken, solange ich nicht richtig wieder zur Arbeit zurückgefunden habe. Vor mir liegen Berge von angefangenen und zugesagten Arbeiten, lauter Sachen, die mir selbst am Herzen liegen. Ich muß also zunächst bleiben, wo ich bin; schön wär's hier ja auch. Bin ich erst einmal wieder tüchtig im Schaffen, dann werde ich gern einmal ein paar Tage ausspannen und zu Dir kommen, falls Du bis dahin noch dort bist.[387]

Inzwischen alle herzlichen Grüße Dir und Deiner Frau von Deinem
Gustav Landauer

Chiemsees gelegene Kleinstadt Traunstein als neuer Aufenthaltsort angewiesen worden. Mit ihm wurde auch der Freidenker und Anarchist Josef Sontheimer dorthin verbannt. Mühsam konnte erst nach Beendigung des Ersten Weltkriegs, genauer am 31. Oktober 1918, nach München zurückkehren. Vgl. Erich Mühsam, *Briefe,* Bd. 1, S. 259 ff., und Bd. 2, S. 765–766.

387 Landauer hielt sich im August 1918 für einige Tage in München auf und besuchte das Ehepaar Anna und Hermann Croissant-Rust. Dass er bei dieser Gelegenheit auch nach Traunstein fuhr, lässt sich nicht zweifelsfrei belegen. Darüber hinaus unternahm Landauer während Mühsams Verbannung lediglich zwei Vortragsreisen nach Düsseldorf und einen Ausflug an den Bodensee, bei dem er Fritz Mauthner besuchte.

ANHANG

Erich Mühsam:

Artikel und Gedichte über Gustav Landauer 1903 – 1929

1. [Rezension:] Gustav Landauer, Skepsis und Mystik. Versuche im Anschluß an Mauthners Sprachkritik. Berlin (Friedrich Fontane & Co.) 1903.

„Das Wort Wirklichkeit mögen wir ruhig behalten für unsere Erscheinungswelt, für das, was auf uns wirkt und wiederum von uns bewirkt wird; Wahrheit aber ist ein durchaus negatives Wort, die Negation an sich, und darum in der Tat Thema und Ziel aller Wissenschaft, deren bleibende Ergebnisse immer nur negativer Natur sind."[1] Man vergegenwärtige sich, welche furchtbare Erkenntnis uns Gustav Landauer hier erschließt: „Alles ist anders: Das ist die Formel all unserer Wahrheit!"[2]

Fritz Mauthner hat in seinem bis jetzt dreibändigen Werk *Beiträge zu einer Kritik der Sprache*[3] alle lieben Vorstellungen von wissenschaftlicher Wahrheit zertrümmert; er hat das bequeme Werkzeug unsrer Überzeugungen, die Logik, mittels seiner Logik ein für alle Male vernichtet; und Landauer resümiert nun in dem vorliegenden Buche seine Resultate, führt uns das platte Nichts, auf das unsere Sprache – ein anderes, exakteres Wort für Vernunft – nach allen Seiten stößt, so recht handgreiflich zu Gemüte. Man ist versucht, angesichts dieser Skepsis, die keulenschwer auf einen herniedersaust, allem Eindringen in das, was wir sehen, hören, fühlen resigniert zu entsagen. Und in der Tat verzichtet Landauer darauf, aus den unzähligen Welterklärungen, Weltanschauungen und –auffassungen, die zerschmettert zu unsern Füßen liegen, etwa noch brauchbare Fragmente herauszusuchen und zu einer neuen Religion zusammenzuleimen. Wir müssen uns bescheiden. Wir müssen die Philosophien, die Versuche, das Wesen der Dinge zu ergründen, als geistreiche gehirnliche Schachspiele betrachten lernen und müssen blind dem vertrauen, was unser tiefstes Empfinden, über das der Verstand keine Rechenschaft mehr ablegen kann, in uns bewegt: das alles Räumliche zeitlich ist, dass alles, was war, ist und sein wird, gegenwärtig und ewig ist, dass wir uns der Illusionen, die wir endlich als Illusionen erkannt haben, freuen und in ihnen leben.

Aber eben dieser Verzicht, diese radikale Skepsis führt Landauer gradewegs in das heilige Mysterium der Kunst. All das, was zu wissen uns nun einmal versagt ist, müssen wir ersetzen durch die großen Symbole der Mystik. Wem die Kunst als letztes Wissen, als höchste Erkenntnis genügt, und wer im übrigen seine gedankliche Tätigkeit auf das richtet, was das lebendige Leben gebietet, den wird die „himmelstille, himmelsheitere Resignation der Entsa-

---

1 Gustav Landauer: *Skepsis und Mystik, Versuche im Anschluß an Mauthners Sprachkritik*, Berlin (F. Fontane) 1903, S. 99.
2 Gustav Landauer: *Skepsis und Mystik*, S. 99.
3 Fritz Mauthner: *Beiträge zu einer Kritik der Sprache*. 3 Bände. Stuttgart 1901/02.- Weitere Bände sind nicht erschienen.

gung"[4], wie Mauthner sie nennt, zu ersprießlicherem Tun führen als jene Positivisten, die mit ihrer „Weltanschauung" glauben alle sozialen, wissenschaftlichen, ethischen und ästhetischen Fragen lösen zu können.

Mit erfreulicher Schärfe wendet Gustav Landauer sich denn auch gegen die modernen Religionsstifter, gegen die „Offenbarungen" Bruno Willes[5] und gegen die Verwandlungslehre Julius Harts[6]: „Man könnte sie allesamt utopistische Kurpfuscher nennen, mag ihr Interesse mehr von der Praktik oder von der Weltanschauung bewegt werden – alle, die darauf ausgehen, die Welt von einem Punkt aus zu kurieren."[7] In der Tat, es wird hohe Zeit, die Nutzlosigkeit einzusehen, die darin liegt, moralische Warnungslehren zu erkenntnistheoretischen Weisheiten aufzuputzen. Denn – um mit einem Wort zu schließen, das Landauer einst bei andrer Gelegenheit aussprach: „Wie sich die Menschen zu einander verhalten, das ist keine Weltangelegenheit, sondern Menschensache."

Der Bücherfreund, Beilage zu „Der Volkserzieher" Jg. 2 Nr. 14 (5. Juli 1903), S. 54.

---

4 Gustav Landauer: *Skepsis und Mystik*, S.154.
5 Bruno Wille: *Offenbarungen des Wacholderbaums. Roman eines Allsehers*. 2 Bände. Leipzig (Diederichs) 1901.
6 Julius Hart: *Zukunftsland. Im Kampf um eine Weltanschauung*. Bd. 2: *Die neue Welterkenntnis*. Leipzig (Diederichs) 1902.- Der erste von zwei Teilen dieses Bandes trägt den Titel „Verwandlungen".
7 Gustav Landauer: *Skepsis und Mystik*, S. 63.

2. [Gustav Landauer]

Gustav Landauer, geboren 1870 in Karlsruhe, jetzt in Hermsdorf (Mark), ist eine erzrevolutionäre Natur. Als sehr junger Mensch stellte er sich an die Spitze der deutschen Anarchistenbewegung und bekämpfte in äußerst scharfen Artikeln in der von ihm redigierten Zeitschrift „Der Sozialist" die Politiker und Meinungsmacher seiner Zeit. In sehr wirren, unabgeklärten Ausführungen stellte er seine Lehren schon als Zwanzigjähriger in dem eigentümlichen Roman „Der Todesprediger" auf, einem Buche, das ein sehr radikales Temperament und ein leidenschaftlich glühendes Herz verriet. Die Handlung war sprunghaft und oft gewaltsam zugespitzt, aber doch sprach ein mit sich arbeitender Mensch und einer, der philosophische Schulung hat, aus dem Roman. Landauers nächste Arbeiten gingen hervor aus dem aktuell-politischen Kampf, in den er mit einer Reihe von Schriften eingriff. In seinem Buche „Skepsis und Mystik" versuchte er Mauthners Lehre aus der „Kritik der Sprache" weiterzuführen, indem er dem Nichtswissen auf der einen Seite das Ahnen, Fühlen, die Mystik und schließlich die Kunst gegenüberstellte. Seinem Hang zum Mystischen folgend, gab er dann „Meister Eckharts mystische Schriften" neu heraus, eine vorzüglich gewählte Auslese in ausgezeichnetem, aber dem Charakter Meister Eckharts eng angepasstem Deutsch. In künstlerischer Form hat Landauer neuerdings seine Auffassungen in dem Novellenbande „Macht und Mächte" ausgesprochen, in zwei Erzählungen, in denen er Menschen nach seinem Herzen schildert, die über die Moral- und Sittenbegriffe der Gesellschaft hinausgewachsen sind und in Empfinden und Handeln sich von neuen und höheren Gesichtspunkten leiten lassen. – Skepsis und Mystik, diese beiden grundverschiedenen Stimmungen, sind in seinen sämtlichen Schriften so sehr ineinander verschmolzen, dass Gustav Landauer als eine einheitliche, harmonische und völlig moderne Erscheinung eine gesonderte Stelle im modernen Geistesleben beanspruchen darf.

Führer durch die moderne Literatur. Dreihundert Würdigungen der hervorragendsten Schriftsteller unserer Zeit. Hg. von Dr. Hanns Heinz Ewers unter Mitwirkung der Schriftsteller Victor Hadwiger, Erich Mühsam, René Schickele und Dr. Walter Bläsing. Berlin (Globus) o. J. [1906]. S. 114-115.

3. Aufruf zum Sozialismus

„Der Staat sitzt nie im Innern der Einzelnen, er ist nie zur Individualeigenschaft geworden, nie Freiwilligkeit gewesen. Er setzt den Zentralismus der Botmäßigkeit und Disziplin an die Stelle des Zentrums, das die Welt des Geistes regiert: das ist der Schlag des Herzens und das freie, eigene Denken im lebendigen Leibe der Person. Früher einmal gab es Gemeinden, Stammesbünde, Gilden, Brüderschaften, Korporationen, Gesellschaften, und sie alle schichteten sich zur Gesellschaft. Heute gibt es Zwang, Buchstaben, Staat."[8]

„Sozialismus ist Umkehr; Sozialismus ist Neubeginn; Sozialismus ist Wiederanschluss an die Natur, Wiedererfüllung mit Geist, Wiedergewinnung der Beziehung."[9]

Das sind Sätze aus einer Schrift von Gustav Landauer, die eben erschienen ist und den Titel führt: „Aufruf zum Sozialismus", und in diesen Sätzen ist in nuce enthalten, woher uns, die wir werbend auf die Bühne treten, die Verzweiflung kommt, und wohin unsere Sehnsucht will.

Gesetze, Reglementierungen, Zentralisationen, Zwangsgebilde sind den Menschen der Gegenwart so selbstverständliche Faktoren der gesellschaftlichen Organisation, dass ihnen jedes Bekenntnis zur Dezentralisation, zur Staats- und Herrschaftslosigkeit närrisch oder verbrecherisch vorkommt. Anarchie, das Wort der Freiwilligkeit, meinen sie, sei Verwirrung. Polizei aber scheint ihnen Ordnung, Kapitalismus Ausgleich, Justiz Gerechtigkeit. Den Begriff Sozialismus haben sie in den Bestand der Dinge eingereiht und nehmen ihn als Flagge einer demokratischen Reformpartei.

Nur an den kleinen Symptomen der gesellschaftlichen Wirrnis wird Rednerei und Kritik geübt, wird gebastelt und gemodelt. Das heißt man Politik; und um das Parlamenteln und Schachern, um die Flickerei und Pflasterei am kranken Körper der Gesamtheit erregen sich die Leidenschaften. Von dem andern, von der Seuche selbst, von all dem Furchtbaren, das die Menschen zu Betrügern und Mördern aneinander, das Unrecht zu Recht, Lüge zu Wahrheit, Heuchelei zu Ehrlichkeit, Diebstahl zu Eigentum, Ausbeutung zu Lohn, Knechtung zu Vertrag, Gewalt zu Liebe macht, wird nicht gesprochen. Selbst da, wo sich die Not der Zeit am traurigsten fühlbar macht, in den Schichten der arbeitenden Bevölkerung, gibt es keinen Kampf, der von innen kommt, der verzweifelt hinausdrängt aus der kapitalistischen Sklaverei, sondern nur einen vorsichtigen Eiertanz im Dunkeln und Dumpfen und ängstliche Scheu vor radikalen Wandlungen und vor frischer Luft.

Die trockne Kathederweisheit des Marxismus hat es vermocht, im unterdrückten Volk jeden frohen Willen zu lähmen. Die entsetzliche Theorie, dass

---

8 Gustav Landauer: *Aufruf zum Sozialismus, Ein Vortrag*, Berlin (Sozialistischer Bund) 1911, S. 21.
9 Gustav Landauer: *Aufruf zum Sozialismus*, S. 154.

sich die Zeit nach naturnotwendigen Gesetzen wandeln muss, die Karl Marx und seine demagogischen Spießgesellen anweisen, hat in Millionen Menschen den Wahnsinn kultiviert, sie dürften nur zusehen, wie sich der Kapitalismus selbst auffrisst. Man muss ihn nur nähren und pflegen und ihn auswachsen lassen, bis er sich überschlägt, platzt, stinkt und sich an seine Stelle der Sozialismus, vielmehr die komisch-philiströse Zwittergestalt eines sozialdemokratischen Zukunftsstaates präsentiert.- Seit einem halben Jahrhundert ist der Marxismus Evangelium des deutschen Proletariats. Seit einem halben Jahrhundert ist eine These dieser pseudowissenschaftlichen Sozialprophetie nach der andern von den Tatsachen der Wirklichkeit ad absurdum geführt worden. Und heute noch winselt die Sozialdemokratie bei den Inhabern der Macht um Beteiligung an der Verwaltung des Staats, den sie angeblich bekämpft. Heute noch sammelt sie in untätiger Geschäftigkeit Stimmen, hunderttausende, Millionen Stimmen zum Bekenntnis zu Marx' Lehren.

Die angekündigte und umfänglich bewiesene Akkumulation des Kapitals ist ausgeblieben: es gibt heute mehr Kapitalisten als vor 50 Jahren. Die Verelendung der Massen, die „naturnotwendig" zur Katastrophe führen sollte, ist ausgeblieben: denn der Staat, der ebenso schlau war wie Marx, hat – mit Hilfe der „Sozialisten" – durch eine Arbeiterschutzgesetzgebung ein Ventil geschaffen, das das Äußerste verhütet, also geeignet ist, den Kapitalismus zu verewigen. Die wirtschaftlichen Arbeiterorganisationen, die – von den Marxisten anfänglich keineswegs willkommen geheißen – sich aus den Zeitumständen wirklich „naturnotwendig" entwickelten, drehen sich innerhalb der kapitalistischen Wirtschaft im Kreise herum, erzielen als Produzenten bessere Bezahlung und müssen sie als Konsumenten ihrer Waren selbst wieder hereinbringen; sie schaffen den Kapitalismus so wenig ab, wie sie den Sozialismus herbeiführen, und sie haben das Unternehmertum gelehrt, das stärkste Bollwerk gegen die Gefährdung des Kapitalismus durch wirtschaftliche Kämpfe dadurch zu schaffen, dass sie selbst sich zu Interessenorganisationen, zu Arbeitgeberverbänden, zu Ringen und zu Trusts zusammengeschlossen haben.

So stellen sich unter der Herrschaft der marxistischen Dogmen die Aussichten des Sozialismus dar. Die Sozialdemokraten aber predigen noch immer die materialistische Geschichtsentwicklung, das Hineinwachsen in den Sozialismus als Krönung des Baus, dessen Grundlagen sie selbst schon als bröckelhaft auf den Kehricht geworfen haben. Denn die Verelendung der Massen behaupten selbst die Frömmsten der Marx-Jünger nicht mehr, und die Konzentration des Kapitals mitsamt der Krisentheorie wird zumindest von den Revisionisten schon stark in Zweifel gezogen, die ja nachgerade kaum mehr etwas andres scheinen wollen als reformerische Realpolitiker, und die das Wort Sozialismus, wenn sie es bei Wahlreden oder andern Repräsentationsangelegenheiten mal aussprechen müssen, nur unter Ächzen und Würgen aus dem Halse bringen.

Müssen wir denn nun, nachdem wir die gewaltige Bewegung, die unter dem Namen Sozialdemokratie seit einem halben Jahrhundert trübe, faulig und unendlich breit stagniert, als Scharlatan-Wissenschaftshuberei erkannt haben, - müssen wir denn nun darauf verzichten, jemals aus der qualvollen Knechtschaffenheit des kapitalistischen, militaristischen, klerikalistischen Polizeistaats heraus- und in eine menschenwürdige, freiheitliche, im Volke gefügte und auf Gegenseitigkeit gegründete Gesellschaft hineinzukommen? Das müssen wir wahrlich nicht, sofern der Wille zur Freiheit, zur Gerechtigkeit und zum Sozialismus in uns lebendig und zur Tat bereit ist.

Marxens leblose, ertüftelte und erklügelte Theorien sind an den Tatsachen der Wirklichkeit jammervoll gescheitert. Jede einzelne seiner Aufstellungen ist als falsch erwiesen. Wollen wir zum Sozialismus kommen, so dürfen wir an keinen der Versuche, die – auch mittelbar, wie der Syndikalismus, der Anarchosozialismus etc. – von seinen Ansichten ausgingen, anschließen. Wir müssen den Mut finden zurückzugreifen. Wir müssen den Karren dahin zurückführen, wo er, von Marx geschoben, in den Dreck fuhr, in dem er jetzt erbarmungslos drinsteckt. Wir müssen da anfangen, wo Marx' großer Zeitgenosse Pierre Joseph Proudhon anfangen wollte.

Der sah die Dinge der Welt nicht mit den Augen des politisierenden Philosophasten, sondern mit denen des freiheitlichen Enthusiasten: und darum sah er sie, wie sie wirklich waren. Er sah das Elend und die Verworrenheit und wusste, dass man dagegen nicht mit theoretischen Systemen kämpft, sondern mit der zugreifenden Hand. Und so riet er zum Anfang, zur Tat, zur Arbeit.

Das ist der Unverstand der kapitalistischen Produktionswirtschaft: es wird gearbeitet ohne Rücksicht auf die Nachfrage. In den Speichern häufen sich die Waren, man redet von Überproduktion, aber die, die Waren brauchen, bekommen sie nicht. Mancher Arbeiter fertigt sein Leben lang Hemdenstoffe an; sein Auftraggeber jammert über die Krise in der Textilindustrie, die ihm mit seinen Vorräten an Hemdstoffen den Markt verschließt; aber der Arbeiter, der unermüdlich weiter webt, kommt nie in den Besitz der hygienisch und ästhetisch notwendigen Zahl Hemden.- Diese Absurdität erkannte Proudhon, und so empfahl er die Gründung der Tauschbank, d.h. einer Institution zur Regelung des Austausches der Produkte unter den Arbeitern selbst.

Heute ist eigentlich die Fabrik Arbeitgeber, und es sollte so sein, dass die Kundschaft Arbeitgeber wäre. Arbeitet der Produzierende nur noch für den Bedarf, stellt er also seine Arbeit ausschließlich in den Dienst des Verbrauchs, dann hat er von selber die Kundschaft, die für ihn Geld oder – was dasselbe ist – Kredit bedeutet. Die Gründung von Produktiv-Konsum-Genossenschaften, die unter Vermeidung des kapitalistischen Marktes miteinander und füreinander schafften und anschafften, wäre der erste entscheidende Schritt auf dem Wege zum Sozialismus.

Zur Gründung solcher Genossenschaften ruft Gustav Landauer auf. Gruppen sollen sich bilden, in denen sich Menschen vereinigen, die zu gemeinsamem Tun bereit sind. Vorerst ist nur Werbung und Verständigung Aufgabe dieser Gruppen, deren etliche schon bestehen und die sich Gruppen des „Sozialistischen Bundes" nennen. Ehe sie ans Werk gehen können, an den Beginn, bedarf es noch mancher Vorarbeit. Der Staat, die Parteien, der sinnlose Konkurrenzkampf haben vieles zerstört, was als verbindender Geist unter den Menschen war und unter den Menschen sein muss, die Gemeinsames wirken wollen. Brüderlichkeit, Gerechtigkeit, Nächstenliebe sind Eigenschaften, die nur mit sehr viel gutem Willen, mit sehr viel Aufopferung und mit sehr viel Nachsicht unter den Menschen unserer Zeit wieder geweckt werden können. Solidarität, die über das gemeinsame materielle Interesse hinausgeht, muss erst wieder in die Menschen hineingetragen werden, – das Mittel, Solidarität, Entschlossenheit, Opfermut und Rechtsgefühl zu beleben, ist die Idee, die zur Überzeugung wird, zur Überzeugung, dass das Neue das Richtige ist, dass es kommen soll und kommen muss, weil das Alte als schlecht erkannt und nicht mehr erträglich ist.

Sind die rechten Menschen beieinander, solche, deren Wille sich nicht bändigen lässt, Verzweifelte, die keine Materialisten sind, sondern Draufgänger, Unbesonnene, Idealisten, dann wird die neue, die sozialistische Gesellschaft von innen heraus von selbst erwachsen. Dann werden die Gruppen, die zur Arbeit drängen, in eigenen Siedlungen das herstellen, was sie nötig haben. Die verschiedenen Siedlungen werden miteinander in Tauschverkehr treten; der Ertrag der Arbeit wird denen gehören, die sie geleistet haben, und aus den Gemeinschaften, Bünden, Siedlungen, Kommunen wird die neue sozialistische Gesellschaft erstehen, die gewiss anders aussehen wird als wir sie träumen, und die ganz gewiss besser, menschlicher, schöner, kulturvoller sein wird als der Staat mit seinen Kasernen, Gefängnissen, Zuchthäusern, Bordellen, Polizeiwachen, Zwangsschulen, Kirchen und Parlamenten.

Was ich hier skizziert habe, ist der dürftige Extrakt dessen, was Landauers *Aufruf zum Sozialismus* enthält. Was da Kritisches über den Staat und über den Marxismus steht, ist ebenso überzeugend, wie das, was Landauer Positives vom Sozialismus und vom Sozialistischen Bunde sagt, begeisternd ist. Wen Theorien, Kritiken und nationalökonomische Spekulationen nicht interessieren, der lese das Buch um der warmen, starken Leidenschaft willen, mit der es geschrieben ist. Wer aber bei der Lektüre kalt bleibt und nicht selbst zum Eiferer wird, der bleibe ja bei seinen Leisten oder bei seiner Politik; aus ihm soll ja beileibe kein Proselyt gemacht werden.

Kain, Zeitschrift für Menschlichkeit Jg. 1 Nr. 3 (Juni 1911), S. 33-39.

4. Gustav Landauer. Gedenkblatt zu seinem 50. Geburtstag: 7. April 1920

Die äußeren Umstände, unter denen diese Zeilen geschrieben werden, lassen die allein würdige Form, Gustav Landauer zu ehren, nicht zu: die der glutvollen Werbung für die von ihm erstrebte Neubildung der menschlichen Gesellschaft, für Sozialismus, anarchische Gerechtigkeit und ihre Bedingung, Revolution. Da mir in meiner Zelle auch alles literarische Material fehlt, an Hand dessen ich ihn selbst von reinem Menschentum, von Völkerfreiheit, von innerem und äußerem Aufruhr sprechen lassen könnte, mag der Leser sich mit den einfachen Gedenkworten zufrieden geben, die der Überlebende dem Toten, der Freund dem Freunde, der Schüler dem Lehrer, der Rebell dem Kampfgenossen aus verehrendem und dankerfülltem Herzen zu widmen hat.

Die Daten seiner Entwicklung, seines Werdens und Wirkens, seines Wandels von der Geburt an bis zu seiner scheußlichen Ermordung im Stadelheimer Bluthof werden an dem Tage, an dem Gustav Landauer sein fünfzigstes Lebensjahr abgeschlossen hätte, in so vielen Artikeln und Nekrologen aufgezählt werden, dass diese Sätze nicht mit seinem Curriculum vitae beschwert zu werden brauchen. Aber er käme zu kurz, wollte man die Abschätzung seiner Lebensarbeit ganz den Wohlmeinenden überlassen, die, aus seinen Schriften wissender geworden oder auch durch den persönlichen Umgang mit ihm bereichert, die Pflicht fühlen, die hochragende Bedeutung des Mannes vor geistig bewegten Bürgern oder gar misstrauischen Zeitungslesern ins Licht zu stellen, seinen „Idealismus" zu preisen, um aus ihm seine schroffe Abkehr vom Staatstum, seine kämpferische Haltung gegen Traditionen und Normen abzuleiten und womöglich zu entschuldigen.

Nur aus der umgekehrten Betrachtung ist Landauers Persönlichkeit gerecht zu werden. Sein Grundcharakter war wahrhaftig nicht der eines Schwarmgeistes, eines Weltfremdlings oder Gottessüchtigen, wie ihn sich der wohlwollend lächelnde Philister vorstellen mag, der sein praktisches Einmaleins gelernt hat und dem überall zwölf auf ein Dutzend gehen. Nicht nahebringen will ich das Bild des toten Freundes dem Geschmeiß der satten Gemüter, die sich freie Geister dünken, weil sie die hungernden, nie gesättigten Seelen, die sehnsüchtigen Herzen, da sie selber doch ohne Herz sind, interessant finden, die bereit sind, alles zu verzeihen, weil sie nichts verstehen; sondern entfernen will ich es von ihnen, es ihrem befleckenden Blick entziehen, die Feindschaft, den untilgbaren Gegensatz aufzeigen, der Landauers Geist ewig trennt von dem bürgerlichen Idealismus seiner literarischen Begreiner, die ihre gelockten Häupter über die Glatzen der Geschäftsidealisten erheben möchten, aber mit den Hintern stets an deren Kontorsesseln kleben bleiben.

Ein Idealist! Natürlich war Landauer das, wie jeder, dem seine sittliche Idee Wegweiser des Lebens ist. Aber der Begriff muss gesäubert werden von dem Schleim, in den ihn die Anbiederungssucht ideeloser Jammerkerle gehüllt hat, die mit tönenden Worten hausieren und den reinen Glockenklang einer schallenden Menschenstimme in dem dürftigen Geklingel ihrer humanitären Salbaderei verkommen zu lassen suchen. Ich habe keinen Satz zur Hand, in dem Gustav Landauer selbst sich gegen die Gemeinschaft mit idealistischen Phrasenrasslern gewehrt hätte. Aber ich weiß, dass er mehr als einen geschrieben und in Gesprächen hundertmal bekannt hat, was der unerbittlichste Rebell aller Zeiten, Michael Bakunin, dem auch er mit Leidenschaft anhing, so ausgedrückt hat: „Doch muss mit jenem Idealismus aufgeräumt werden, der es verhinderte, dass man nach Gebühr handle; er muss durch grausame, kalte, rücksichtslose Konsequenz ersetzt werden." Wir dürfen Landauer einen Idealisten nennen, wir, die sein Ideal kennen und teilen und als ein Ideal tatfrohen Zukunftswillens pflegen, nicht die, die selbst- und weltzufrieden Schöngeistern mit himmelnden Augen Sympathie für den Außenstehenden anschwätzen wollen.

Gustav Landauer war Revolutionär: nichts anderes; nichts außerdem. Revolutionär aber heißt Umstürzer, Zerstörer und Neuschaffer. Aus seiner revolutionären Natur erklärt sich alles, was er dachte, wollte und schuf. Sie war ihm Antrieb und Mittel seines Werks, nur sie. Sie stellte den Gott in seinem Herzen auf, nur sie. Sie leitete sein Tun und sein Schicksal, nur sie.

Freilich war sein revolutionäres Wirken nicht begrenzt im Kampf gegen staatliche Satzungen und gesellschaftliche Systeme. Es erstreckte sich auf alle Kategorien des Lebens, machte nicht halt vor wissenschaftlichen Methoden, vor künstlerischen Konventionen und moralischen Doktrinen. Sein profundes Wissen erlaubte es ihm, mit der Kritik seines revolutionären Geistes in viele Gebiete des menschlichen Denkens hinabzusteigen und sie als Wüsten der Gedankenlosigkeit und verwilderter Überkommenheiten zu entschleiern. Es ist aber eine Verfälschung seines Lebenswerkes, wenn die einzelne Erkenntnis, die aus diesem seinem Abtasten der Weltprobleme der Philosophie oder der Ästhetik, der Literaturgeschichte oder der Soziologie neue Fährten zeigte, als Verteidigung seines Wertes vor dem besitzbangen Bourgeois bemüht wird. Dem kann nicht eindringlich genug gesagt werden, dass Landauer kein Bourgeois war, sondern sein ausgeprägtes Gegenteil: ein Neuerer, der als Voraussetzung aller kulturellen Umwälzung die soziale erstrebte. Ihr, der sozialen Revolution, hatte er sich verschworen von Jugend an, und sein Walten als Neuerer in den Bezirken der Sittlichkeit und der Kultur klomm aus dem Willen, den Geist vorzubereiten für die Tat, im Volk Niveau zu schaffen für die Empfängnis des selbst erkämpften Sieges.

Noch einmal: wer Gustav Landauer im härenen Gewande zeichnet mit dem friedseligen Schmachtblick des Versöhners, der fälscht sein Bild. Nur wer ihn als Kämpfer sieht, als rücksichts- und furchtlosen Kämpfer, gefällig zwar und milde und von gütiger Heiterkeit im täglichen Umgang, aber unduldsam, hart und eigenwillig bis zum Hochmut überall, wo es um Entscheidendes ging, der sieht ihn, wie er war. Es ist nicht wahr, dass er aus lauter Liebe zusammen-

gesetzt war. Wie irgendeiner hat er den Hass gekannt, den Hass gegen das Unrecht, gegen die Ausbeutung, gegen den gewalttätigen Staat, gegen die Idee der
Brutalität — und gegen ihre Träger. Jawohl, auch die Personen hat er gehasst,
alle, die sich dem Werk der Volksbefreiung entgegenstemmten aus Eigennutz
oder Gedankenfaulheit, aus Dummheit oder Eitelkeit. Man vergleicht Landauer
oft mit Tolstoi. Mit Recht — gewiss. Denn was Tolstoi einmal in seinem Tagebuch
als das „einzig Notwendige" bezeichnet: „die Lösung sittlicher Fragen und ihre Anwendung im Leben", das war auch ihm Richtung und Ziel alles Denkens und
Schaffens. „Tolstoianer" in dem Sinne, wie ethische Schmalztropfer die Gattung
verstehen, war Landauer nicht, Tolstoi selber übrigens ebensowenig. Auch der
kannte den Hass und die Inbrunst der Verachtung, und auch ihm war die Liebe
nicht das stets bereite Handwerkszeug in allen Lebenslagen, sondern der glühende Ursprung und das leuchtende Ziel des menschlichen Seins.

Landauer war Revolutionär von Natur wegen. Er gehörte nicht zu den
Buchstabenschnüfflern, denen die Erwägungen des Hirns langsam und auf Wi-
derruf die Zweckmäßigkeit des Umsturzes beweisen. Seine ursprüngliche Einstellung zu allen Dingen und Werten war voraussetzungslos, darum skeptisch, darum
zur Ablehnung geneigt und kämpferisch. Nichts galt ihm die noch so exakte
Wissenschaft, also die Erkenntnis anderer, deren Autorität beweiskräftig sein
sollte. Noch nie ist das Ergebnis einer Forschung ungestürzt geblieben, und alle
Wahrheit hat nur Bestand, bis sie einer neuen weichen muss. „Wahr ist, dass
nichts wirklich ist", hat Landauer einmal geschrieben, ich glaube, in *Skepsis und
Mystik*, diesem merkwürdigen, götzenzertrümmernden Buch, in dem „im Anschluss an Mauthners Sprachkritik die letzte Autorität, die Vernunft selber, als
Produkt der Sprache, des unzulänglichen Verständigungsmittels der Menschen,
und mithin die Logik", als nichts beweisend verworfen und an ihrer Statt die „Mys-
tik", das Urwissen, das unmittelbare, intuitive Erkennen als einzig positiver
Wert aufgestellt wird. Das Wissen um die Wahrheit ist primär, der vernünftige
Beweis, das sprachliche Erfassen nachträglich.

Mit dieser Erkenntnis kommt nun Landauer nicht wie Mauthner zur „fröhli-
chen Resignation", sondern zum Extrem, zum entschlossenen Angriff gegen das
Bestehende, als falsch, schlecht und brüchig Erwiesene, zum Angriff gegen die Autorität schlechthin. Er entwurzelt die Autorität aller herrschenden Normen, von
der Sprache angefangen — dabei ist seine Sprache von einer gedrungenen Wucht
sondergleichen — bis zu Artikeln, Gesetzen und Fesseln des sozialen Lebens der
Menschen. Aus seinem antiautoritären Wesen entspringt sein Wissen um die
Freiheit, daraus sein Wille zur Befreiung und aus diesem Willen sein innerstes
Bündnis mit der geknechteten Klasse des Volks, mit dem Proletariat, seine revolutionäre Entflammtheit für das Recht.

Was ist Recht? Das, was das Gewissen verlangt. Die Beobachtung des Unrechts leitet das Gewissen zum Recht. Der Name des sozialen Unrechts ist Kapitalismus, das heißt Ausbeutung, Zwang, Entrechtung des Volkes zugunsten einer Klasse.

Landauer wusste diese Begriffe identisch mit Zentralismus und Staat. „Der Staat", sagt er in seinem herrlichen *Aufruf zum Sozialismus*, „sitzt nie im Innern der einzelnen, er ist nie zur Individualeigenschaft geworden, hie Freiwilligkeit gewesen. Er setzt den Zentralismus der Botmäßigkeit und Disziplin an die Stelle des Zentrums, das die Welt des Geistes regiert." Gerechtigkeit des sozialen Lebens kann es nur geben bei Selbständigkeit, Freiwilligkeit und gesellschaftlicher Gleichheit, also im Sozialismus. Von ihm sagt Landauer: „Sozialismus ist Umkehr, Sozialismus ist Neubeginn, Sozialismus ist Wiederanschluss an die Natur, Wiedererfüllung mit Geist, Wiedergewinnung der Beziehung."

Es ist klar, dass bei diesen aus antiautoritärem Drängen gewonnenen Einsichten Landauers Sozialismus auf anarchistischem Boden fußte, dass ihm jeder Staatssozialismus genau so zuwider sein musste wie der Staat selbst und dass er seinen Plan zum Aufbau der sozialistischen Gesellschaft nicht an Marxens zentralistisches Programm, sondern an die Ideen des Anarchisten Proudhon anschloss, ohne sich in allem mit diesem System zu identifizieren. Um „System" war es ja Landauer überhaupt nirgends und niemals zu tun, und so begnügte er sich auch in der Werbung nicht mit schulmäßigem Empfehlen einer sozialistischen Doktrin, sondern verlangte die Tat, den Beginn mit dem Sozialismus selbst. Durch Aufbau sozialistischer Pioniersiedlungen wollte er den Staat von innen heraus unterminieren, das Neue schaffen, um das Alte daran verderben zu lassen. Dies war der Sinn seines Sozialistischen Bundes, den er 1909 begründete und dem er in seiner Zeitschrift *Der Sozialist* das eindringliche Organ schuf.

Der Weltkrieg, der ihn nicht schwach fand in seinen Überzeugungen, griff vernichtend ein in seine friedliche Revolutionsarbeit. Und dann kam die Revolution. Sie riss den Mann, dessen Element der Kampf war, der als junger Student schon in ständigem Konflikt mit allen Staatsgewalten und Parteipäpsten gestanden und viele Monate in Gefängnissen gelebt hatte, mit seiner ganzen Person mitten in die Bewegung der Massen, machte ihn dank seiner quellenden Beredsamkeit zu einem ihrer Führer.

Der von Russland herübergeschnellte Rätegedanke fand in Landauer einen glühenden Propandisten. Er zeigte ihm die Möglichkeit einer freien Formung des gesellschaftlichen Aufbaues bei der Verwirklichung des Sozialismus. Ich will hier nicht verschweigen, dass in dieser Zeit, in der wir dauernd miteinander und nebeneinander am Werk der Befreiung arbeiteten, bei aller Freundschaft, die nicht einen Augenblick lang getrübt war, eine gewisse Gegensätzlichkeit in der Erfassung der Situation zwischen ihm und mir bemerkbar wurde. Landauer sah mit dem Zusammenbruch des alten Staates und der Labilität des neuen Zustandes schon die Möglichkeit gegeben, sofort mit dem Aufbau, mit der Verwirklichung vor allem des agrarischen Sozialismus zu beginnen und inzwischen der eben gewordenen bayerischen Republik unter Eisners Leitung soviel Unterstützung zu leihen, wie sie zur Förderung dieser proudhonistischen Pläne brauchte. Der ungestüme Drang, das Gebäude, wie er es sich dachte, hinzustellen, ehe neue Erschütterungen den Bau verhindern könnten, erklärt seine Nachgiebigkeit gegen Eisners

Politik. Mir lag der destruktive Teil der Revolution, den ich noch zu leisten sah, näher, und ich kann den Gegensatz zwischen uns nicht besser klarmachen, als ich es in einem der letzten Gespräche mit ihm tat. „Ich erkenne jetzt deutlich die innere Verschiedenheit zwischen Proudhon und Bakunin an uns beiden. Dich führt die Revolution immer stärker zu Proudhon hin, mich zu Bakunin." Landauer gab mir recht.

Der Gedenktag macht alles wieder lebendig in mir. Denn der 7. April war nicht nur Landauers Geburtstag. Er war vor einem Jahre auch der Tag, an dem in München die Räterepublik proklamiert wurde, der Tag, den wir beide in tragischer Verkennung seiner Bedeutung als den Beginn der neuen Epoche begrüßten und der doch zum Unheil und für den großen, reinen Kämpfer, dem dieser Gruß gilt, zum Verderben wurde. Der Zeitpunkt war nicht richtig erfasst. So konnte Verrat sich einnisten und unendliches Leid stiften, wo unermesslicher Segen hätte entstehen sollen.

Boshafte Verleumdung hat behauptet, Landauer habe die Ausrufung der Räterepublik eitler Selbstsucht wegen auf seinen Geburtstag „geschoben".[10] Ich will dieser elenden Legende, die nur glauben kann, wer diesen Mann nie gekannt und nie begriffen hat, ein für allemal den Hals abdrehen. Genau das Gegenteil ist der Fall. Die Ausrufung sollte am Morgen des 5. April erfolgen. In der Nachtsitzung vom 4. auf 5. im Kriegsministerium verlangten plötzlich die Mehrheitssozialdemokraten durch den Mund desselben Mannes, der dann an der Spitze der Gegenrevolution stand, einen Aufschub von 48 Stunden, um die Provinz noch im Sinne der neuen Wendung zu bearbeiten. Landauer und ich waren diejenigen, die am heftigsten gegen diese Verzögerung geeifert haben. Sein Geburtstag wurde gegen seinen Wunsch und erregt geäußerten Willen zum Tage der Proklamation bestimmt.

Der weitere Verlauf ist bekannt. Die Empfindungen, die mich beim Gedanken an sein Ende erfassen, seien verschwiegen. Ich habe das Meinige getan, wenn ich die Gestalt dieses Menschen und Kämpfers den Vertraulichkeiten betulicher Bourgeois-Idealisten entzogen und Gustav Landauer als den gezeigt habe, der er war und vor der Geschichte bleiben wird: als Mann des Volkes und der sozialistischen Revolution.

Das Forum Jg. 4 H. 7 (April 1920), S. 528-532.
Auch in: Erich Mühsam, Scheinwerfer oder Färbt ein weißes Blütenblatt sich schwarz. Politische Essays, Gedichte, Briefe, Flugblätter. Beiträge von Ulrich Linse u. a. Berlin (Guhl) 1978. S. 96-100.

---

10 Mühsam bezieht sich hier vor allem auf Paul Werner (d.i. Paul Frölich): *Die bayrische Räte-Republik, Tatsachen und Kritik*, Leipzig (Franke) 1920, S. 19.- Der Kommunist Frölich schreibt: „Die Proklamierung [der Räterepublik] wurde auf Montag, den 7. April, verschoben, auf den Geburtstag Landauers, der damit sich selbst und der internationalen Arbeiterklasse eine Räterepublik zum Geschenk machte."

5. Gustav Landauer[11]

Ihr seid gekommen, einen Toten ehren,
zu laden seinen abgeschiednen Geist,
wo Kunst und Andacht ewige Welten preist,
als Gast der Herzen bei euch einzukehren.
Doch erst schafft Raum im Herzen! Wisst zuvor,
wen ihr erwartet.- Hingegossenes Blut
ist noch kein Grund, in weihevollem Chor
die Musen und die Genien zu bemühen.
Mord weckt Verzweiflung, Trauer, Jammer, Wut –
doch, Kunst ist Freude, Leben, Quellen, Blühen.
Prüft, ob die Tränen, die vom Herzen drängen,
sich mischen mit dem Strom von Feierklängen!

Seht ihr ihn noch im Geiste, der euch rief?
Das Auge dem Gewissen hingegeben,
und seiner Stimme Klang prophetisch tief,
sprach er von Frieden, Liebe, Freiheit, Leben
und rief zur Schönheit und zur Kunst die Schar,
zur Andacht und zu freudigem Genießen.
Die Borne alles Glückes aufzuschließen,
das war die Sehnsucht, die sein Leben war.

Ein Träumer also, der vom Guten schwärmte?
Der gern die helle Sonne scheinen sah?
Sich gern an ihren bunten Strahlen wärmte? ...
O wartet noch, Musik und Poesie!
Noch ist der Geist des toten Freunds nicht nah –
und wer ihn *so* begreift, dem naht er nie.
Wohl mahnt er euch: Macht euch die Erde schön!
Wohl zeigt er euch die Tempel auf den Höhn!
Doch mächtig scholl sein Ruf im Vorwärtsschreiten:
Wer Glück und Freiheit will, muss sie *erstreiten*! –

Ihr seid gekommen, einen Toten ehren,
der, als er lebte, Glück und Freiheit dachte;
der, als er starb, den Leib zum Opfer brachte

---

11 Im Erstdruck mit dem Titel „Zur Gustav Landauer-Gedächtnisfeier in München am 7. April
1920, Prolog". Später mit dem falschen Untertitel „Zur Gedächtnisfeier in München am 2.
Mai 1920".

für seinen Glauben und für seine Lehren …
Macht weit die Herzen! Macht die Seelen weit!
Kunst ist *ein* Weg, die Lehren zu empfangen,
für die man ihn erschlug.- Macht euch bereit,
durch Andacht seinen Glauben zu erlangen:
Den Glauben an die Menschheit, an das Recht,
das jedem seinen Teil vom Ganzen gibt,
das nicht nach Namen fragt und nach Geschlecht,
das nie am Rand des flüchtigen Zufalls streift,
das jeden hütet, weil es jeden liebt, -
das Recht, das sich im Namen *Volk* begreift!
Dem ganzen Volk sein ganzes Recht zu bringen,
rief er's zum Kampfe auf, es zu erringen.

Zum Kampfe rief er! Denn nur Kampf macht frei.
Kampf war sein Werk, Kampf seines Zornes Schwert.
Kampf war sein Leben, Kampf! Nicht Schwärmerei.
Nur[12] wer den Kämpfer ehrt, weiß, *wen* er ehrt! …
So fiel er auch im Kampf. Doch mit ihm fiel
die Liebe nicht, die ihn zum Kampf befeuert.
Er gab sie uns – und in der Kunst erneuert
grüßt euch die Liebe: seines Kampfes Ziel.

Die Liebe lebt, und in ihr lebt sein Geist,
den wir zur Feier heut zu Gaste rufen,
wo Kunst und Andacht ewige Welten preist …
Als Gebender, als Spender tret er ein!
Der Liebeskämpfer soll empfangen sein
von Genien an des Freiheitstempels Stufen,
und Genien leiten ihn durch Tempelsäulen
in unsre Mitte. Die sein Blut vergossen,
sie hatten keine Flinten, keine Keulen
zu töten ihn im Herzen der Genossen.

So grüße ihn die Kunst. Durch ihre Pforte
lass ihn ein jeder in sein Herz gelangen
und lausche: was es spricht, sind *seine* Worte.[13]
Der Mann des Volks – er kommt als Gebender.
Seid Ihr bereit, die Gaben zu empfangen,
so wird er bei euch sein: ein *Lebender*!

---

12 Im Erstdruck fehlt „Nur“.
13 Im Erstdruck lautet der Vers offenbar fehlerhaft: „und lauschte, was es spricht, sind *seine*
   Worte.“

Neue Zeitung, Organ für das arbeitende Volk Nr. 395, 22. April 1920, S. 3.
Auch in: Erich Mühsam, Sammlung 1898-1928. Berlin (J. M. Spaeth) 1928.
S. 201-203.
Auch in: Gustav Landauer. Worte der Würdigung von Erich Mühsam,
Rudolf Rocker, Helmut Rüdiger, Diego Abad de Santillán. Darmstadt-
Land (Freie Gesellschaft) o. J. [um 1950]. S. 35-37.

6. Gustav Landauer und die bayrische Revolution

Die Begebenheiten, die in München am 7. April 1919 zur Ausrufung der Räterepublik geführt haben, im Zusammenhange darzustellen, muss ich mir so lange versagen, als ich nicht frei und ungehindert, ohne Rücksicht auf Personen und Einrichtungen, d.h. unzensiert sprechen kann. Nur so viel kann und muss schon jetzt festgestellt werden, dass bisher keine einzige objektiv richtige Schilderung der Ereignisse, die mit der Ermordung Kurt Eisners einsetzten, vorliegt. Auch Werners Schrift *Die bayrische Räte-Republik. Tatsachen und Kritik*[14] enthält eine Fülle von Parteivoreingenommenheit, direkte Unrichtigkeiten und Fehlschlüsse. Ich werde zu gegebener Zeit eine Zusammenfassung der Vorgänge vornehmen, die volle Aufklärung schaffen wird.[15] Dazu glaube ich besonders berufen zu sein, da ich persönlich sehr aktiv an dem Unternehmen beteiligt war und keineswegs unkritisch auf jene Tage zurückblicke, vielmehr durch den Verlauf vollständig überzeugt worden bin, dass wir damals in eine Falle gelaufen sind und uns im Zeitpunkt und in der Form der Proklamation gründlich vergriffen haben.

Um Missverständnisse zu vermeiden: unser Fehler betraf nicht die Sache selbst, sondern nur ihre Ausführung. Die Räterepublik war mein Bekenntnis und ist es geblieben, und sie ist meine Hoffnung mehr als je.

Es ist bekannt, dass auch Gustav Landauer an der Aufrichtung der kommunistischen Räterepublik treibend beteiligt war. Unsere langjährige enge Freundschaft brachte es mit sich, dass wir in der kritischen Zeit in dauernder Verbindung miteinander standen, unsere Haltung und unsere Schritte stets ausführlich miteinander besprachen und bei allen wichtigen Angelegenheiten gemeinsam oder doch im Einverständnis handelten. Ich bin daher über Landauers Stellung zu allen Einzelfragen, über seine Anschauungen und Absichten absolut zuverlässig unterrichtet.

Neuerdings wird versucht, Landauer für Tendenzen in Anspruch zu nehmen, die ihm meilenfern lagen. Man möchte ihm den Charakter des konsequenten Kämpfers nehmen und seinen starken, unerschrockenen, tatbereiten Geist in einer süßlichen Brühe von bürgerlich-ethischer Allerweltsliebe aufweichen. Die

---

14 Paul Werner (d.i. Paul Frölich): *Die bayrische Räte-Republik. Tatsachen und Kritik.* Leipzig (Franke) 1920.- Der Kommunist Frölich schreibt in seiner Darstellung über Mühsam: „*Mühsam* war mit Landauer liiert. Er war ein Epigone jener Kaffeehausdichter aus der lustigen Zeit Peter Hilles, die in einer Atmosphäre von Hunger, Alkohol, Perversität und Größenwahn manchen kecken lyrischen Triller und gegen die Gesellschaft manch freches Spottlied ertönen ließen. Die Bohème war sein Element und das hieß: er war ein politisches Kind. Seine rührende Naivität nahm einen für ihn ein. Aber wenn er Politik machte ... Gott, o Gott!" (S. 19)

15 Vgl. Erich Mühsam: *Von Eisner bis Leviné. Die Entstehung der bayerischen Räterepublik. Persönlicher Rechenschaftsbericht über die Revolutionsereignisse in München vom 7. November 1918 bis zum 13. April 1919.* Berlin-Britz (Fanal) 1929.

Tatsache, dass er das Ziel des Kampfes, die Verbrüderung der Menschen in waffenloser Arbeitsgemeinschaft, in beredter Begeisterung seinem revolutionären Werben voranstellte, wird von betriebsamen Anarcho-Pazifisten benützt, um Gustav Landauer als Kronzeugen für ihr revolutionsfeindliches Geschwafel zu benützen. Er kann sich gegen die Verfälschung seines Wesens nicht mehr wehren, da er, ein Opfer seines lauteren Wollens und seines tapferen Kampfes, ermordet wurde. Ich halte mich verpflichtet, das Andenken des toten Freundes in Schutz zu nehmen und mit aller Deutlichkeit, mit der größten Entschiedenheit festzustellen, dass es Landauer nie eingefallen ist, das erstrebte Ziel der Revolution auch als ein Mittel der Revolution anzusehen. Er hat genau gewusst, dass revolutionärer Kampf ein Kampf auf Leben und Tod ist, der nicht allein mit passiven Resistenzmitteln geführt werden kann. Der erste Erlass des Zentralrates verkündete das Standrecht für die Klasse der Bourgeoisie. Der diesen Erlass vorschlug und begründete, war Landauer. Bei dieser Gelegenheit bekannte er sich ausdrücklich zur proletarischen Diktatur.

In *Erkenntnis und Befreiung*[16] stellte jemand die Behauptung auf, Landauer habe sich gegen die Bewaffnung der Arbeiterschaft ausgesprochen.[17] Das ist erstaunlich. Landauer hat allerdings immer wieder betont, dass jeder Krieg entsetzlich und der Bürgerkrieg dreimal entsetzlich sei. Er hat immer wieder die Leidenschaft befeuert mit der Ausmalung der ersehnten Zukunft, die keine Gewalt mehr kennen wird und in der die Kanonen zu landwirtschaftlichen Maschinen umgeschmolzen werden können. Aber er hat nicht einmal, sondern wenigstens zehnmal in öffentlichen Versammlungen ausgesprochen, dass das Proletariat so lange kein Gewehr aus der Hand geben dürfe, als die Gegenseite noch

16 Die Zeitschrift *Erkenntnis und Befreiung, Organ des herrschaftslosen Sozialismus* erschien von 1919 bis 1927 und wurde von dem österreichischen Anarchisten Pierre Ramus (d.i. Rudolf Grossmann, 1872-1942) in Wien herausgegeben.

17 Mühsam bezieht sich hier offenbar auf die ungezeichnete Notiz „Eine geschichtliche Feststellung zu Landauers Todestag am 2. Mai", in: *Erkenntnis und Befreiung* Jg.2 Nr.23 (1. Mai 1920), S. 4.- Darin heißt es: „Neuerdings erhalten wir eine weitere Kunde von Landauers Verhalten während seiner Aktivität in jenen Münchener Tagen. Wir entnehmen sie dem Prozessbericht [...] von *Silvio Gesell*, der bekanntlich Finanzminister der Räteverfassung in München gewesen ist. Der Vorsitzende richtete an den Angeklagten Gesell die Frage: ‚Ist Ihnen nicht bekannt geworden, ... dass die organisierte Arbeiterschaft bewaffnet wurde?' Darauf antwortete Gesell mit den für uns ungemein wichtigen Worten: ‚In einer Versammlung hörte ich *Landauer*, wie er *gegen* die Bewaffnung der Arbeiter und Soldaten redete.' Es ist somit erwiesen, dass Gustav Landauer das Unheil voraussah, das eine allgemeine Bewaffnung der Arbeiter und Soldaten für diese bedeuten musste – ein Unheil, das bekanntlich in schrecklichster Weise eingetreten ist. Ohne uns näher auf das Problem selbst einzulassen, wollen wir durch obiges nur festgestellt haben, dass Landauer auch in dieser Frage und sogar in solch kritischer Zeit sich nicht dazu hinreißen ließ, die absolut falsche und selbstmörderische Taktik der militärischen Waffengewalt [...] gutzuheißen oder sie irgendwie zu befürworten." – In einem anderen Artikel des gleichen Jahrgangs hebt Pierre Ramus die „hochideale, absolut gewaltlose Persönlichkeit" Landauers hervor und in einem Gedicht von Kurt Sonnenfeld wird Landauer mit Jesus Christus verglichen.

bewaffnet sei. Die erste Proklamation der Räterepublik, in der die Bewaffnung des Proletariats als eine der wichtigsten Maßnahmen angekündigt wurde, trägt neben meinem auch seinen Namen. Mit Schleimhustern, mit Glacéhandschuh-Revolutionären, mit Halb-Tolstoianern (so hoch er die wahren Tolstoi-Jünger geachtet hat) wollte Landauer nie etwas zu tun haben. Wer ihn anders schildert, verfälscht sein Bild.

Ob Landauer Bolschewist war? Er behielt sich, als ich mich schon offen zum Bolschewismus bekannte, sein Urteil noch vor. Aber er sprach mit der höchsten Bewunderung und Verehrung von den Leistungen Lenins und der russischen Kommunisten. Er hat mir oft gesagt, dass er noch nicht klar genug erkenne, ob er den Bolschewiki vor den linken Sozialrevolutionären den Vorzug werde geben können, deren ungeheure Verdienste um die russische Revolution 1905-1907 er zu hoch erachte, um nach den Kämpfen zwischen ihnen und den Bolschewiki ohne weiteres für ihre Gegner Partei nehmen zu mögen. Aber Landauer war einer der ersten, die die Parole „Alle Macht den Räten!" aufnahmen – und was bedeutet dieser Ruf anderes als die Forderung der Diktatur des Proletariats? Landauers Haltung ist also vollständig eindeutig.[18] Wer für eine verwaschene, revolutionsfremde, biedermännisch-christliche, friedfertige Phrasenethik Kronzeugen braucht, suche sie sich aus vegetarischen Sanatorien oder Temperenzler-Logen zusammen; aber er lasse die Hände von einem der edelsten Geister unserer Zeit, von dem klaren, reinen, starken und unerbittlichen Rebellen Gustav Landauer!

Der Abend (Wien) Nr.181, 10. August 1920, S. 4.
Auch in: Der freie Arbeiter Jg. 13 Nr. 36 (September 1920), S. 2.

---

18 Wenig später stellt Mühsam klar, dass Gustav Landauer die Bolschewisten „nicht blind anerkannte", und erläutert, dass er selbst den Bolschewismus „nicht als rein marxistische Lehre, sondern viel eher als ein Produkt Bakuninschen Geistes auffasse." Außerdem muss er einräumen, dass Landauer nie von einer „Diktatur des Proletariats" gesprochen habe, sondern lediglich – in einem polemischen Zusammenhang – von der „Diktatur der Revolution". Vgl. Erich Mühsam: „Replik", in: *Ver!* Jg.4 Nr.32 (1921), S. 8-10.- Landauer hat seine damalige Haltung recht eindeutig in dem Rede- oder Aufsatzmanuskript „Zur Frage der deutschen Verfassung und der Nationalversammlung" (GLAJ) ausgesprochen, das vom November 1918 datiert: „Ich würde die Diktatur des Proletariats auch fürchten, wenn sie drohte; sie steht nicht bevor; bevorsteht, früher als irgend jemand ahnt, die Abschaffung des Proletariats und die Erstehung der neuen Menschengesellschaft. Ich wünsche dagegen das, was da ist und noch eine ganze Weile nicht verschwinden darf, wenn die Erneuerung, die gerade erst begonnen hat, sich vollenden soll: die Diktatur, nenne man's meinetwegen so, die Diktatur der Revolution oder, was das nämliche heißt, des Geistes." (auch in Ulrich Linse: *Gustav Landauer und die Revolutionszeit 1918/19*, Berlin 1974, S. 57)

7. Vom literarischen Nachlass Gustav Landauers

Der neu begründete Marcan-Block-Verlag in Köln[19] führt sich sehr verdienstvoll durch die Neuherausgabe von Werken aus Gustav Landauers Nachlass ein. Bis jetzt liegen drei Bücher dieser Ausgabe vor in einheitlicher, einfacher und würdig-guter Ausstattung, von Martin Buber als literarischem Testamentvollstrecker Landauers allen denen geboten, die bereit sind, Geist und Herz von den aufrüttelnden Rufen, Mahnungen und Bekenntnissen des kühlsten Kopfes und des heißesten Herzens unserer Zeit wecken zu lassen.

Es handelt sich um Neudrucke vergriffener und verschollener Schriften, die zu vergessen ein Unrecht wäre gegen den, der sie schrieb, ein Verbrechen aber der Vergessenden gegen sich selbst. Denn wir sind nicht reich genug an geistigen Werten, um uns das Beiseitewerfen köstlichen Gutes leisten zu dürfen. Der Verlag kündigt das Erscheinen weiterer Werke Landauers für dieses Jahr an, und es scheint mir Pflicht, für ihre Verbreitung auch unter Menschen zu werben, denen der Tote als Genosse und Lehrer verbunden war, diese von Wissen und Innerlichkeit durchglühten Bücher dem Monopol von Schöngeistern, Literaten, Fachleuten, Allerwelts-Ethikern und geistigen Feinschmeckern zu entziehen und freiheitlich gerichtete, vor strengen Anforderungen an selbständiges Mitdenken nicht zurückschreckende Arbeiter darauf hinzuweisen.

Nur darauf hinzuweisen. Denn es ist nicht Sache des Rezensenten, den Lesern das, was ihnen der Autor – und wem Landauer nicht unbekannt ist, weiß, wie gedrungen und von Ballast frei seine Sprache ist – zu einem Buche gehäuft vorlegt, in ein paar Dutzend Zeilen zusammengedrängt vorzukauen. Wer eigene Gedanken, eigene Empfindungen mitzuteilen hat, der hat Anspruch, dass sie mit seinen eigenen Worten und in der Ausführlichkeit, die ihm zu ihrer Verständlichmachung nötig schien, aufgenommen werden.

Wohl könnte ich etwa eine kurze Inhaltsangabe des Romans *Der Todesprediger* geben, in dem der zwanzigjährige Gustav Landauer den Versuch unternahm, sein revolutionäres Drängen und Sehnen künstlerisch zu packen, um damit in sich zur Klarheit zu kommen. Was wäre damit gedient? Landauer sagt in dem Nachwort, das er der zweiten Ausgabe des Romans im Jahre 1903 anfügte, selbst: „Es sind Seelenvorgänge, was gestaltet wurde, phantastisch-visionäre Sehnsucht" – und der reife Mann stand damals dem gärenden Erzeugnis seines jugendlichen Bekenntnisdranges kritisch und unbefangen genug gegenüber, um selbst aus der Entfernung urteilen zu dürfen, „dass manche dieser Visionen sehr schön sind".- Ich beschränke mich zum Hinweis auf das Buch ganz auf weitere Worte aus Landauers eigenem Nachwort, wo die Zusammenfassung des Inhalts in diesem Satze geschieht: „Es ist also so etwas wie men-

---

19 Der Marcan-Block-Verlag, der vier jeweils von Martin Buber herausgegebene Bücher Gustav Landauers neu verlegte, war im Sommer 1922 von Fritz Marcan gegründet worden, bestand jedoch nur bis 1924.

schenfeindlicher Sozialismus, weltabgewandter Anarchismus, was in diesem Buche zu finden ist: Revolution, die nach innen geschlagen ist." Und auch zur Kritik des Romans sagt der inzwischen zu blendender Klarheit des Urteils über sich und seine Sache gelangte Autor, mit milder Ironie und doch schöner Pietät gegen das Ungestüm seiner Anfänge: „Friedrich Theodor Vischer und Gottfried Keller haben ersichtlich Pate gestanden bei diesem Buch, das ein Vorbote jener großen Revolution war, die zu machen man am Ende des 19. Jahrhunderts aus Versehen vergessen hat." Zur kräftigen Betonung dessen aber, dass der dreiunddreißigjährige Landauer mit dem Herzen noch beim zwanzigjährigen stehe, nicht bei der Blasiertheit derer, die den Verfasser zum Eingeständnis zwingen, er gebe den „Todesprediger" nur heraus, weil er „seine Leser bisher nicht gefunden hat", fügte er der Kritik an seiner Arbeit in Parenthese die weit kritischere Vermutung über die jungen Leute von 1903 an, deren Müdigkeit und interessante Blässe wohl auch von den großen Taten komme, die ihre Väter unterlassen haben.

Lest Landauers Jugendroman, Genossen! Lest, junge Leute, was ein Zwanzigjähriger 1890 ringend schrieb; lest den Aufruf des Todespredigers an die Jugend seiner Zeit am Schluss des Buches. Es steht vieles drin, was der Jugend von 1923 zu lesen bekömmlich wäre. Seine letzten Worte heißen: „Mein Leben ist jung und reich, folge mir nach, wer kann!"

Landauer hat außer im *Todesprediger* nur noch in drei Novellen seine Stellung zu den Dingen des Lebens (und des Todes) dichterisch zu gestalten versucht. Zwei dieser Novellen „Arnold Himmelheber" und „Lebendig tot" gab er im Jahre 1903 zusammen unter dem Titel *Macht und Mächte* in Buchform heraus. Ihnen hat der Herausgeber des Nachlasses eine dritte, kurze, novellistisch gefasste Dichtung „Der gelbe Stein" aus dem Jahre 1910 hinzugefügt; der zusammenfassende Titel blieb.

Auch bei diesen Geschichten kommt es am wenigsten auf die Erfindung der Vorgänge an, sondern hauptsächlich auf die werbenden Absichten Landauers. Die gehen bei den beiden älteren Novellen in ethischer, bei der letzten in philosophischer Richtung. In „Arnold Himmelheber" werden Vorurteile beiseite geräumt, Beziehungen und Handlungen, die den Paragraphenhütern ihrem Wesen nach als kriminell gelten, begeben sich unter Menschen, deren Art sie aus der Masse der Traditionellen heraushebt und ihr Tun trotz Geboten und Satzungen sittlich und schön macht. „Lebendig tot", die zweite der Novellen, beschäftigt sich weniger mit dem Verhalten des Menschen zueinander als mit den Kämpfen und Irrungen eines Einzelnen im Widerstreit von Erlebnissen und Sehnsüchten in seinen erotischen Auswirkungen. Als Rest bleibt der Selbstmord, unumgänglich, unentrinnbar – und die Form des Selbstmords: das Weiterleben als Einsamer. Der diese beiden Novellen schrieb, war der Individualist Landauer. Es geht hier um die Angelegenheiten der Persönlichkeit im Gedränge der Umwelt, um Nöte und Rechte des Einzelnen in der Liebe zum andern Geschlecht und in der Besinnung auf sich selbst.

„Der gelbe Stein" handelt in der Form eines Märchensymbols von tiefe-
ren Dingen, von Wirklichem und Vorgestelltem, von „Tag" und „Traum" und
von der Überwindung ihrer Gegensätzlichkeit in der Verschmelzung des Erfah-
renen mit dem Erschauten.

Nicht die dichterische Größe dieser Prosastücke soll hier gerühmt werden: Landauers eigener Ehrgeiz strebte nicht nach der Palme des Dichters. Was
aber den Wert auch seiner Novellen ausmacht, ist ihre sichere Einfügung in die
Gesamterscheinung des Verfassers. Seine Natur war polemisch-kritisch und
baufreudig-kämpferisch. Ins ganze literarische Werk gestellt führen die Novellen, die sehr verfehlt als „belletristisch" bezeichnet würden, hinüber zu seinen
sozialen, philosophischen und kulturkritischen Schriften.

Als wichtigstes seiner philosophischen Studien ist das schmale Buch an-
zusehen, das den Titel führt: „Skepsis und Mystik. Versuche im Anschluss an
Mauthners Sprachkritik", das jetzt zum zweiten Male, eben in der Nachlass-
Sammlung des Marcan-Block-Verlages, erscheint.

Die erste Auflage erschien vor nunmehr zwanzig Jahren bei F. Fontane
und ist längst vergriffen. Martin Buber hat das Buch um die handschriftlichen
Ergänzungen vermehrt, die sich nach Landauers Tode vorfanden. Mir ist leider
die frühere Ausgabe nicht zur Hand. Es scheint sich, wenn mein Gedächtnis
nicht täuscht, hauptsächlich um eine Abhandlung zu handeln, die jetzt dem ersten Abschnitt des zweiten Teils „Die Welt als Zeit" angefügt ist.

Ich las dieses Buch gleich nach seinem ersten Erscheinen und empfing
davon Eindrücke und Belehrungen wie kaum je vorher oder nachher von einem
anderen modernen philosophischen Werk. Damals kannte ich Mauthners gewaltige Sprachkritik noch nicht, auch fehlte mir noch viel von dem Wissen, das
Landauer beim Leser vorauszusetzen scheint. Das teile ich deshalb mit, um Arbeiter, die selbstverständlich keine umfänglichen philosophischen Studien treiben konnten und nichts oder doch fast nichts von den Lehren Kants, Lockes,
Berkeleys usw. wissen, trotzdem und obwohl Landauers Arbeit aus schwerstem
Material weltweiser Kenntnisse geformt ist, aus eigener Erfahrung davon zu
überzeugen, dass auch der unvorbereitete Acker des Geistes bei williger Hinga-
be ernteträchtigen Samen aus diesem Buche empfangen kann.

Oberflächlich besehen ist *Skepsis und Mystik* zunächst nur eine Werbe-
schrift für das Werk von Fritz Mauthner, entstanden aus dem Wunsch, es dem
öden Achselzucken des Zunftphilosophen zum Trotz an die Stelle zu setzen,
wohin es gehört. Aber schon im Untertitel verspricht Landauer mehr, nämlich
nicht nur darzustellen, zu erklären und zu vermitteln, sondern „anzuschließen",
d.h. hinzugeben aus Eigenem, das Werk fort- und zu seinem Ziele zu führen. In
welchem Sinne diese Fortführung gedacht ist, spricht Landauer eingangs so aus:
„So ist für mich das große Werk der Skepsis und der radikalsten Negation, das

Mauthner verübt hat, der Wegbereiter für neue Mystik und für neue starke Aktion."[20]

„Skepsis" – das ist Mauthners Erkennungsausgang und letzter Schluss: die skeptische Entdeckung nämlich, dass all unser Wissen und Denken, all unser Erkennen nicht Vater, sondern Kind unserer Sprache ist, dass die ganze gerühmte Vernunft des Menschen nichts ist als eine arme, hilflose, überall unzulängliche Sprache, - und Mauthners bitterer und doch fröhlich-ergebener Rat lehrt uns „die himmelstille, himmelsheitere Resignation der Entsagung", das Ignoramus-Ignorabimus des Verzichts auf jedwede Erkenntnis.

Landauer aber schreitet über das Ignorabimus hinweg. Er stellt zur Skepsis die „Mystik". Wo mein Wissen aussetzt, da atme ich Wahrheit. Als letzten der Sprüche, die er als Motto vor die Einleitung stellt, ist der Vers Alfred Momberts gewählt: „Die Welt ist voll dunkler Fragen, / Drum muss man die Harfe schlagen."[21] – Hier ist angedeutet, womit das Buch sich beschäftigt.

Nichts möchte ich mehr sagen, ganz und gar möchte ich davon abstehen, Disposition zu geben über Landauers Buch, die Inhaltsfolge zu erzählen oder einzelne Gedanken hervorzuzerren und gar zu zergliedern. Einen Hinweis versprach ich, weiter nichts.

Aber wollt ihr einzelne Worte haben, die das Buch nicht erläutern, aber von dem Geist Gustav Landauers, von dem Geist, der ihn erfüllte, um das Buch schreiben zu können, ein Weniges aufblitzen lassen, - hier ist ein einziges von ihnen, deren das Buch voll ist: „Unser Allerindividuellstes ist unser Allerallgemeinstes. Je tiefer ich mich in mich selbst heimkehre, um so mehr werde ich der Welt teilhaftig ..."[22]

Wir Anarchisten haben einen großen Toten zu ehren in Gustav Landauer. Wir ehren ihn, indem wir sein nicht gestorbenes, sein lebendiges Wort verbreiten. Wer seine Schriften liest, dem bleibt sein Geist wirksam.

Der freie Arbeiter, Publikationsorgan der Föderation der kommunistischen Anarchisten Deutschlands Jg. 16 Nr. 7 (Februar 1923), S. 2-3.

---

20 Gustav Landauer: *Skepsis und Mystik, Versuche im Anschluss an Mauthners Sprachkritik*, 2. Aufl. Köln (Marcan-Block) 1923, S. 3.
21 Gustav Landauer: *Skepsis und Mystik*, 2. Aufl., S. 2.
22 Gustav Landauer: *Skepsis und Mystik*, 2. Aufl., S. 17.

8. Landauers „Aufruf zum Sozialismus"

Vor 15 Jahren – im Mai 1908 – fand in Berlin (wenn mein Gedächtnis nicht trügt, bei Keller in der Koppenstraße) eine Versammlung statt, von der die Geschichte des Sozialismus in aller Zukunft Notiz zu nehmen hat. Gustav Landauer hielt – das Referat? So konnte man die Rede nicht nennen. So nannte er sie selbst nicht. Er hielt seinen „Aufruf" – den „Aufruf des Sozialismus". Mit der ungeheuren Kraft seiner Beredsamkeit ballte er ihn zusammen – aus zersetzender Kritik am Ungeist der Zeit mit seinen Erscheinungsformen: Kapitalismus, Militarismus, Bürokratismus, Klassenwesen, Parteiwesen, gewerkschaftlicher Klüngel-Despotismus zum einen Teil, zum anderen aus Anrufung des Geistes der Verzweiflung und der formenden Begeisterung, der Schaffensfreude und der Sehnsucht nach Gerechtigkeit, Gegenseitigkeit, Gleichheit und Sozialismus. Am Schluss forderte er auf zur Bildung des „Sozialistischen Bundes" und verkündigte dessen 12 Artikel, die gehämmerten Sätze, die die erzene Grundlage aufbauender Tat sein sollten.

Die älteren Genossen erinnern sich gewiss noch an den Verlauf der Versammlung. Sie erinnern sich der zornigen Polemik unseres Rudolf Lange[23], der aus dem Artikel 5 eine Absage an den Klassenkampf herausgehört hatte – mit Unrecht übrigens; der wird da ausdrücklich als „notwendiges Zubehör des Kapitalismus und des Gewaltstaates" bezeichnet, er wird nur neben der „proletarischen Politik" insgesamt außerhalb des Aufgabenkreises des Sozialistischen Bundes gestellt, der „an die Stelle der Staaten und der kapitalistischen Wirtschaft tritt" (Art. 2). Nach Rudolf Lange sprach ich, betonte die Notwendigkeit alles dessen, was Lange verteidigt hatte, als Aufgaben des Proletariats innerhalb der bestehenden Gesellschaft und wies hin auf die besonderen Aufgaben, die der Vorhut, den Pionieren des Beginnens erwachsen, die als freiwillig Abgesonderte den Ausmarsch aus der staatlichen Organisation, die Verwirklichung des Sozialistischen Bundes unternehmen würden. Ich erklärte meine Zustimmung zu Landauers Aufruf.

Heute kann ich bekennen, dass es für mich keine besondere Leistung war, auf das erstmalige Hören des neuen Kampfprogramms hin ohne Bedenken „Ja!" zu sagen und als Mitwerbender aufzutreten. Es war auch nicht nur die Ergriffenheit und Erschütterung durch die faszinierende rednerische Leistung, die mich dazu veranlasste. Ich war dazu schon entschlossen, als ich den Saal betrat; denn die 12 Thesen waren mir schon geläufig. Landauer hatte sie mir einige Tage vorher im Hermsdorfer Kiefernwald[24] vorgelesen und sie im einzelnen mit mir durchgesprochen. Da war auch ich zuerst unruhig geworden und hatte Be-

---

23 Der 1914 verstorbene Rudolf Lange, ein Gegner Landauers, gab von 1903 bis 1907 die Zeitschrift *Der Anarchist* heraus, wurde dann Mitarbeiter des *Freien Arbeiters* und machte sich – als Mitbegründer und zeitweiliger Geschäftsführer der „Anarchistischen Föderation Deutschlands" – um die Organisierung der deutschen Anarchisten verdient.
24 Landauer wohnte damals in dem Berliner Vorort Hermsdorf.

denken geäußert, die ganz in der Richtung lagen, wie sie Genosse Rudolf Lange dann so temperamentvoll vorbrachte und die besonders aus der Befürchtung stiegen, die Siedlungsidee möchte den Geist der Sozialisten ablenken auf bequeme Abseitigkeit, statt ihn hinzulenken auf entschlossenen Vorwärts- und Aufstieg. Die Vorbesprechung mit mir hatte denn auch die Wirkung, dass im Artikel 11 die einschränkenden Worte eingefügt wurden, die den Satz „wenn der Grund und Boden ... in die Hände der Sozialisten kommt" vor jedem Missverständnis schützen müssten.[25] Dass sie ihn doch nicht geschützt haben, dass friedfertige Genossen zu Obst- und Kohlbau, die früheren missglückten halbkommunistischen Experimente kopierend, wiederum auf gepachtetes, gemietetes oder sonst zinspflichtiges Land hinauszogen, habe ich immer als Fehler betrachtet und darüber oft mit Landauer disputiert, dem ich eine Toleranz nach dieser Richtung zum Vorwurf machte. Den Genossen jedoch, die auch jetzt noch durch Gründungen vegetarischer Siedlungsspielereien Landauers Vermächtnis erfüllen zu sollen meinen, sei berichtet, dass mir Landauer Ende 1918 und Anfang 1919 wiederholt erklärt hat, derartige Resignations-Retiraden[26] seien doch jetzt, wo die von mir veranlasste Klausel Geltung gewönne, ganz sinnlos geworden.

Diese Reminiszenzen sind veranlasst durch das Neuerscheinen des *Aufruf zum Sozialismus*, mit dem der Marcan-Block-Verlag in Köln die Herausgabe des Landauerschen Nachlasses fortgesetzt [hat]. Das Buch erschien zum ersten Male 1911 im Verlag des Sozialistischen Bundes, wurde 1919 von Paul Cassirers Verlag neu herausgegeben, ging von da nach dem Tode des Verfassers in den „Vorwärts"-Verlag über, wo er natürlich begraben war, und wird jetzt hoffentlich zu der Beachtung kommen, die ihm gebührt.

Ich muss hier wiederholen, was ich in Nr.7 des *Freien Arbeiters* bei der Besprechung der drei ersten Landauer-Publikationen des Kölner Verlages zur Begründung des Verzichts auf eine Inhaltswiedergabe schrieb: „Es ist nicht Sache des Rezensenten, den Lesern das, was ihnen der Autor zu einem Buche gehäuft vorlegt, in ein paar Dutzend Zeilen zusammengedrängt vorzukauen." Das trifft auf den *Aufruf* in verstärktem Maße zu. Hier handelt es sich um die Verarbeitung eines mündlichen Vortrags, also schon um die gedrungenste Komprimierung der Gedanken, die möglich ist, und Landauer sagt selbst im Vorwort zur ersten Auflage: „Da muss manches kurz gesagt werden, und ein gefühlsstarker Ton muss oft die eingehende Begründung ersetzen; der Fluss der Rede will weiter. Benutze man den Vorteil, dass es ein gedruckter Vortrag ist; bedenke man, dass mancher der Sätze, die hier stehen, zu seiner Begründung und Ausführung ein Buch erfordern könnte; verlasse man manchmal den Redenden, um

---

25 Artikel 11 des Sozialistischen Bundes lautet in der fraglichen Fassung: „Diese Siedlungen sollen nur Vorbilder der Gerechtigkeit und der freudigen Arbeit sein: nicht Mittel zur Erreichung des Ziels. Das Ziel ist nur zu erreichen, wenn der Grund und Boden durch andere Mittel als Kauf in die Hände der Sozialisten kommt."
26 Retiraden: Rückzüge (militärisch).

selbst weiter über den einzelnen Gegenstand nachzudenken."[27] Ein Extrakt dieses Extraktes ist nicht mehr möglich.

So beschränke ich mich auf die eindringliche Aufforderung: Lest dieses ernsteste Vermächtnis Gustav Landauers! Lest es um des „gefühlsstarken Tones" willen, der in jedem Satz, auf jeder Seite an Seele und Gewissen rüttelt. Lest diese erbitterte Anklage gegen den Ungeist der Zeit und gegen die Verfälschung des Sozialismus durch die Jammerkerle des Philister-Marxismus! Dies ist das Buch eines Begeisterten aus Verzweiflung. Seine Begeisterung aber führt ihn zu einer Kraft der Bejahung, die der Infamie der Gegenwart das dichterisch geschaute Bild einer Zukunft in Freiheit, Gerechtigkeit und Menschentum entgegenzustellen weiß.

Gustav Landauer hat im Januar 1919 ein zweites Vorwort zum *Aufruf* geschrieben. Das enthält – und wieder ist der „gefühlsstarke Ton" darin die bezwingende Werbung für seinen Inhalt – das revolutionäre Testament des Toten. Alle Hoffnungen, alle Zweifel, die aufgerührt waren durch das Geschehen jener Tage finden leidenschaftliche Worte und hier sind ihr Ausklang:

„Was liegt am Leben? Wir sterben bald, wir sterben alle, wir leben gar nicht. Nichts lebt, als was wir aus uns machen, was wir mit uns beginnen; die Schöpfung lebt; das Geschöpf nicht, nur der Schöpfer. Nichts lebt als die Tat ehrlicher Hände und das Walten reinen wahrhaften Geistes."[28]

Der freie Arbeiter, Publikationsorgan der Föderation der kommunistischen Anarchisten Deutschlands Jg. 16 Nr. 28 (Juli 1923), S. 2.

---

27 Gustav Landauer: *Aufruf zum Sozialismus, Ein Vortrag*, Berlin (Sozialistischer Bund) 1911, S. VII f; *Aufruf zum Sozialismus, Revolutionsausgabe*, Berlin (Paul Cassirer) 1919, S. XIX f.

28 Gustav Landauer: *Aufruf zum Sozialismus, Revolutionsausgabe*, Berlin (Paul Cassirer) 1919, S. XVII.

9. Der revolutionäre Mensch Gustav Landauer (gestorben 2. Mai 1919) [29]

Die Zeit Gustav Landauers ist noch nicht da, kaum die Zeit, sein Gesamtbild als Denker und Umstürzer zu fassen, geschweige es der Mitwelt nahe zu bringen. Wir müssen uns, wollen wir an sein Geistiges herankommen, an die äußerlichen Kundgebungen der menschlichen und revolutionären Persönlichkeit halten, an die Eindrücke, die uns Freunden aus Umgang und Gesprächen haften geblieben sind, an die Briefe, die die Spuren seiner geistigen Schritte auf dem privaten Lebenswege bezeichnen, an die Reden, die wir ihn vor Arbeitern und vor freiheitlich bewegten Bürgern mit höchstem Kulturanspruch halten hörten, an die Kundgebungen zum Zeitgeschehen und zu den gedanklichen Problemen der Welt, an sein unmittelbares Eingreifen in die Dinge durch organisatorische Leistung und durch Teilnahme an öffentlicher Tat, an seine häusliche Lebensführung und an sein geschriebenes, geschehenes und geplantes Werk; endlich an den Ausklang seines Schicksals.

Ein einziger Blick über die lange Reihe seiner Bücher und Schriften, dazu ein Durchblättern der eben erschienenen Briefe[30] und eine Stunde Beschäftigung mit Kritiken, Auslassungen, Nachrufen, die ihm oder seiner Arbeit galten, gibt zwar keinen Anhalt, Art und Wesen des außerordentlichen Mannes endgültig zu bestimmen, aber die Sicherheit, dass hier ein gewaltiger Geist am Werke war, so reich in seiner Entfaltung, dass kein Gedanke an Zersplitterung oder Allerweltsgelehrsamkeit aufkommt. Wenn denn eine Formel sein muss, die der Gesamterscheinung Gustav Landauers gerecht werden soll, so darf es nur eine sein, die selbst vielgestaltig begriffen werden kann und von keiner programmatischen Festlegung aus in Anspruch zu nehmen ist. Landauer war Anarchist; so hat er sich sein Leben hindurch selber bezeichnet. Dennoch wäre es unsagbar lächerlich, jede seiner Lebensäußerungen unter die Lupe irgendeiner anarchistischen Spezialauffassung zu nehmen, ihn als Individualisten, als Kommunisten, als Kollektivisten, als Terroristen oder Gewaltlosen zu preisen oder zu verdammen. Erstens hat Landauer in den 30 Jahren seines öffentlichen Bekenntnisses zum Anarchismus, wie jeder, der nicht dogmatisch verknöchert ist, Entwicklung und Wandlung erlebt, dann aber betrachtete er seinen Anarchismus auch niemals als eine politisch oder organisatorisch beschränkte Lehre, sondern als den Ausdruck geordneter Freiheit im Denken und Handeln. In geordneter Freiheit — „Anarchie ist Ordnung durch Bünde der

---

29 Vermutlich ist der Text dieses Artikels weitgehend identisch mit einer Ansprache, die Mühsam bei einer Gustav Landauer-Gedächtnisfeier des Deutschen Friedenskartells am 5. Mai 1929 in Berlin gehalten hat. Neben ihm sprachen dort noch Ludwig Quidde und Alfred Wolfenstein. Vgl. *Welt am Montag* vom 29.04.1929.
30 Gustav Landauer. *Sein Lebensgang in Briefen.* Hg. von Ina Britschgi-Schimmer und Martin Buber. 2 Bde. Frankfurt a. M. (Rütten und Loening) 1929.

Freiwilligkeit" hieß seine eigene Definition — revolutionär sein und revolutionär wirken, das mag den Menschen Gustav Landauer in allen seinen Absichten, Beziehungen und Unternehmungen am ehesten charakterisieren. So bedeutet der Versuch, das Bild Landauers festzuhalten, nichts anderes als das Bild des revolutionären Menschen unserer Zeit zu zeichnen. Der revolutionäre Mensch ist der, der seiner Zeit vorausstrebt, vorausdenkt, vorauslebt. Vor zehn Jahren endete das leibliche Leben Gustav Landauers in greulichem Mord; die Vergangenheit wehrte sich gegen die Zukunft und massakrierte ihren besten Herold. Dessen Zeit ist noch nicht gekommen. Wir sind weiter von ihr entfernt als vor zehn Jahren.

Es ist noch ganz und gar die Zeit der Verrottung der Gesellschaft im Ungeistigen, im Eintönigen, im Buchstabenkram, im Doktrinären, im Programmatischen und im Beziehungslosen. Landauer hat das Wesen dieser Zeit und das Mittel, ihren Wahnwitz zu bekämpfen in allen seinen Arbeiten, in allen seinen persönlichen Äußerungen aufgezeigt und man mag seine Bücher aufschlagen, wo man will, so findet man Anklage und Enthüllung in der Beurteilung des Bestehenden und glühende Werbung zu Erneuerung, Aufbau, Verwirklichung, Revolution und Sozialismus. „Anstatt dass zwischen uns Leben war, haben wir den Tod zwischen uns gesetzt; alles ist zum Ding und zum Sachgötzen geworden; Vertrauen und Gegenseitigkeit wurde zum Kapital; Gemeininteresse wurde zum Staat; unser Verhalten, unsere Beziehungen wurden zu den starren Verhältnissen, und in furchtbaren Krämpfen und Erschütterungen brach nach langen Zeiten hie und da eine Revolution aus, die gleich wieder Tod und Einrichtungen und Einmalig-Unabänderliches aus sich brach und daran starb, ehe sie lebte." So steht es in seinem 1911 erschienenen *Aufruf zum Sozialismus* (bei Paul Cassirer, Berlin); so, mit immer anderen Worten, in immer anderen Zusammenhängen, finden wir die Krankheit der Zeit geschildert, ob Landauer in *Skepsis und Mystik* (im Marcan-Block-Verlag, Köln) der Sprache kritisch auf den Leib rückt, ob er in seinem großartigen zweibändigen Werk *Shakespeare* (Rütten & Loening, 1920) die zünftigen Literaturhistoriker mattsetzt, oder ob er in der grundlegenden soziologischen Monographie *Die Revolution* (Rütten & Loening, 1919) sagt: „Es ist dieser unserer Übergangszeit eigen, dass sie mit nichts wirklich fertig wird, dass immer alles geistig Tote leiblich wieder aufersteht, und dass dieselben Kämpfe immer wieder geführt werden müssen."

Rettung aus aller Wirrsal ist für den revolutionären Menschen, der geprüft hat, woher vergangene Schuld die Gegenwart veröden konnte, der Sozialismus. Was Landauer darunter verstand, ist im *Aufruf zum Sozialismus* und in den Zeitschriften, die er herausgab und die den Namen trugen *Der Sozialist*, in Dutzenden von Erläuterungen nachzulesen. „Sozialismus ist Umkehr; Sozialismus ist Neubeginn; Sozialismus ist Wiederanschluss an die Natur, Wiedererfüllung mit Geist, Wiedergewinnung der Beziehung." Die Marxisten, am ärgsten diejenigen, welche heutzutage von Moskau aus das Weltproletariat zu stumpfem Gehorsam drillen, um aus den revolutionären Menschen, die der Sozialismus braucht, scheinradikale Marionetten an den Leitungsschnüren von Staatsregierern zu machen, lieben derartige Worte gar nicht, lästern sie als Gefühlsromantik, Phrasentum und Überspanntheit. In Wahrheit sind grade von den Marxisten alle sozialen Probleme zu reinen Bauchangelegenheiten herabgewürdigt und wo ihre Verstrickung in die Dinge der Menschengemeinschaft, in die geistige und seelische Beschaffenheit der Staatsbürger, der knechtenden wie der geknechteten, gezeigt wird, widersetzen sich ihre Fibelthesen, die sie für Wissenschaft halten, dem Appell an ihre Rechtlichkeit. „Die äußere Not schafft niemals Befreiung und Kultur; nur wenn über die Menschen die innere Not und Notwendigkeit kommt, raffen sie sich auf zur errettenden Tat." (*Beginnen. Aufsätze über Sozialismus*, Marcan-Block-Verlag 1924) Wenn Landauer so spricht, verkennt er wahrhaftig nicht die wirtschaftliche Bedingtheit des gesellschaftlichen Übels. Im *Aufruf* sagt er darüber klareres als in irgendeiner marxistischen Häufung von ökonomischen Kathederbegriffen zu finden ist: „Die drei Angelpunkte der wirtschaftlichen Sklaverei sind folgende: Erstens: das Eigentum am Boden" — und nun folgt die Erklärung, die die Wirkung auf die Würde des Menschen durch Armut und Ausbeutung in den Vordergrund stellt. „Aus ihm — dem Eigentum am Boden — entspringt die bittende, abhängige Haltung des Besitzlosen, der leben will, gegenüber dem, der ihm die Möglichkeit der Arbeit auf dem Boden und an den Bodenprodukten zum Zweck des direkten oder indirekten Verbrauches vorenthält. Aus dem Bodeneigentum und seinem Korrelat, der Bodenlosigkeit entsteht die Sklaverei, die Hörigkeit, der Tribut, die Pacht, der Zins, das Proletariat." Nirgends ist in wenigen Worten so Umfassendes von der Bedeutung des Eigentums am Grund und Boden zu lesen. „Zweitens: die Zirkulation der Güter in der Tauschwirtschaft vermittelst eines Tauschmittels, das unverjährbar und unveränderlich jedem Bedürfnis dient." Wieder wird in der knappsten Form das Geld als Angelpunkt der Sklaverei festgestellt, nämlich in seiner Eigenschaft, „absoluten Wert zu haben und auch dem zum Schaden anderer dienen zu können, der es nicht durch Arbeit erworben hat." Hier bezieht sich Landauer nachdrücklich auf die an Proudhon anschließende Geldtheorie Silvio Gesells, und die kapitalistischen und marxistischen Geldzünftler fertigt er ab: „Das Geld hat dadurch seine verhängnisvolle Ausnahmestellung, dass es nur in den Tausch, aber gar nicht in Wahrheit in den Verbrauch eingeht. Aus den entgegenstehenden Behauptungen der Geldtheoretiker spricht das böse Gewissen [...] Die Idee, das Geld werde dadurch harmlos gemacht, dass es ein bloßer Arbeitszettel werde, also keine Ware mehr sei, ist ganz falsch und konnte nur für eine Staatssklaverei Sinn haben, wo an die Stelle des freien Verkehrs die Abhängigkeit von der Behörde trete, die bestimmte, wie viel jeder zu arbeiten und zu verbrauchen hat." Endlich: „Der dritte Angelpunkt der wirtschaftlichen Sklaverei ist der Mehrwert." An diese Übernahme eines Begriffs aus der marxistischen ökonomischen Terminologie schließt Landauer sogleich die Verwahrung, dass er etwa im Wertbegriff mit den üblichen Definitionen übereinstimme. „Wert enthält in seinem Sinne eine

Forderung", nämlich „die ideale oder sozialistische Forderung, [...] dass die Gesamtsumme sämtlicher wirklicher Arbeitslöhne gleich der Gesamtsumme der Preise für die endgültigen Stadien der Waren sein soll." Das wäre also Beseitigung des Profits, mit der das Lohnsystem selbst verschwinden müsste nebst jedem sich verzinsenden Kapital, das „anstelle des Kredits oder der Gegenseitigkeit sich eingenistet hat." Aus diesem, hier nur angedeuteten Gedankengang folgert Landauer weiter im scharfen Gegensatz zu Marx: „Mehrwert ist genau so wie Lohn oder Preis ein Verhältnis und entsteht im ganzen Fluss des Wirtschaftsprozesses, nicht an einer bestimmten Stelle. [...] Wahrheit ist lediglich [und in dieser ‚Grunderkenntnis des Sozialismus', in der auch Marx übereinstimmt, gesteht Landauer das Recht auch den Marxisten zu, sich ‚im weitesten Sinne Sozialisten' zu nennen], dass all und jeglicher Profit der Arbeit entzogen wird, anders ausgedrückt, dass es keine Produktivität des Eigentums und keine Produktivität des Kapitals gibt, sondern nur eine Produktivität der Arbeit."

Es genügt, dieses eine Beispiel zu geben, um den Tröpfen zu begegnen, die dem Fühlenden, dem Leidenschaftlichen, dem Geistergebenen kein nüchternes Wissen, kein Urteilen aus dem Tatsächlichen zutrauen und die Ergänzung von Hirn und Herz für Schwäche ausgeben, weil sie die eigene aufgeblähte Hohlheit für Kraft halten. Freilich ist bei Landauer kritische Erkenntnis nirgends Ziel des Denkens, sondern überall Mitteln zum Handeln, zum Verwirklichen, zur Tat. Die Worte „Beginnen", „Verwirklichung", „Tun" gehen dem Revolutionär Landauer weit über alle Wissenschaftshuberei, mit der die Marxisten allem Zukunftstrachten so unendlichen Schaden zugefügt haben und stündlich zufügen. Man sollte Landauers Werke genau kennen, dann brauchte nicht erst gesagt zu werden, dass seinem eigenen Geiste eine ganz gewaltige aufs gründlichste verarbeitete wissenschaftliche Bildung der verschiedensten Disziplinen zu Gebote stand. Nur war ihm die Wissenschaft so wenig heilig wie etwas anderes, was außerhalb der seelischen Sphäre lebt, und jede zur Doktrin erstarrte Wissenschaft betrachtete er als Theologie, deren Anmaßung so gut Gegenstand umstürzender Revolution sein müsste wie die Staats- und Kirchenautorität. Am widerwärtigsten war ihm die Wissenschaftsgaukelei der Entwicklungstheoretiker, „gleichviel ob sie der Theorie der Katastrophen- und Umschlagentwicklung anhängen [...] oder ob sie einen gleichmäßig weiter gehenden Fortschritt aus der langsam-allmählichen Häufung von Kleinigkeiten statuieren wollen." „Die Marxisten und überdies alle Entwicklungsethiker, Entwicklungspolitiker [...] und alle Vertreter der Entwicklungswissenschaft sollten, wenn es sie gar nicht lässt, sich wissenschaftlich zu betätigen, einmal wissenschaftlich untersuchen, was diese prachtvollen, als Gruppe zusammengehörigen Worte für eine wirkliche Bedeutung haben, was von der Wahrheit der Natur und des Geistes in ihnen zum Ausdruck kommt, diese Worte: ich weiß, ich kann, ich darf, ich will, es muss und ich soll. Sie würden zugleich wissenschaftlich bescheidener, menschlich genießbarer und männlich unternehmender werden." (*Aufruf zum Sozialismus*)

Von solcherlei Gedanken, allein von ihnen aus, muss Landauers Auffassung, Meinung, Stellung und innere Haltung zur Revolution erkannt werden. Seine Schrift *Die Revolution* beweist zwar, in wie meisterhafter Weise er fähig war ganz abstrakt an das Problem der Revolution heranzugehen, aber sie zeigt auch, wie sehr ihm Abstraktion, Wissenschaftlichkeit, kritische Feststellung, worin ihn an Gewissenhaftigkeit und logischer Kraft niemand übertrifft, nur immer Mittel war, um zum Wirken und Schaffen zu rufen und schaffende Wirksamkeit vorzubereiten. Dasselbe gilt für Landauers Beziehung zur Geschichte: „Da die Geschichte keine Theoreme des Geistes schafft, ist sie keine Wissenschaft; sie schafft aber etwas anderes, nämlich Mächte der Praxis." Sein einziges geschichtliches Werk, das er nicht geschrieben, sondern aus gesammelten Dokumenten gefügt hat, hätte er überschreiben dürfen: Mächte der Praxis. Es sind die zwei Bände *Briefe aus der Französischen Revolution* (Rütten & Loening, 1919), die vielleicht das lebendigste Zeugnis jener herrlichen Erhebung vorstellen, das die Literatur überhaupt besitzt. Denn hier sprechen Menschen der Zeit zu anderen Menschen der Zeit, hier ist keine Geschichtsbeschreibung, die immer Geschichtsfälschung ist, weil sie entweder parteiisch färbt oder mit professoraler Trockenheit entfärbt, — hier ist Geschichte selbst, und Revolutionsführer aller Richtungen, Männer und Frauen, äußern sich in noch durchbluteter Erregung, und daneben die Vertreter der Gegenrevolution, unbeteiligte Zeitgenossen voll Sympathie teils, teils voll Abscheu, Bauern und unbekannte Soldaten, die Mörderin des großen Revolutionärs Marat, der König und der ausländische Diplomat, und die Form, in der sich jeder auslässt, ist der intime Brief, ist die unposierte Offenbarung, die nicht mit dem Einblick fremder Augen rechnet. Übrigens gehört die Einleitung zu den Briefen zum Besten, was Gustav Landauer überhaupt geschrieben hat, da sie in aller sachlichen Knappheit und Beschränkung auf den Gegenstand Wesentliches über das sagt, worauf es bei Geschichtsschreibung und bei Revolutionen ankommt: „Was mich an dieser Sammlung von Briefen also wichtig dünkt, ist, dass wir in ihnen den Revolutionären der verschiedenen Richtungen, den gegenseitigen Feinden ins Herz sehen. Diese Briefe sollen in ihrem Ensemble die Wirkung des Dramas tun; wir sollen das Recht aller und das Unrecht aller gewahren."[31]

Indem wir es gewahren, schärft sich unser Blick für das Verstehen von Revolutionen allgemein, für ihre Notwendigkeit, ihre Inbrunst, ihre Anlässe, ihren Verlauf, ihre Mittel, ihre Gegenwirkungen, ihre Fehler, ihre Kraft, ihre Schwächen, ihre Siege und ihr Unterliegen. Niemand hat den Sinn von Revolutionen besser verstanden, klarer erfasst und zureichender ausgedrückt als Landauer. „Die Revolution bezieht sich auf das gesamte Mitleben der Menschen. Also

---

31 Gustav Landauer: „Vorwort" [Juni 1918]. In: *Briefe aus der Französischen Revolution*, Ausgewählt, übersetzt und erläutert von Gustav Landauer, Frankfurt am Main (Rütten & Loening) 1919, Bd.1, S. XV.

nicht bloß auf den Staat, die Ständeordnung, die Religionsinstitutionen, das Wirtschaftsleben, die geistigen Strömungen und Gebilde, die Kunst, die Bildung und Ausbildung, sondern auf ein Gemenge aus all diesen Erscheinungsformen des Mitlebens zusammengenommen ..." Niemand hat auch sauberer unterschieden zwischen den verschiedenen Wesensarten der Revolution. „Es wird die Zeit kommen", heißt es mit Berufung auf Proudhon, „wo man klarer sieht als heute [...]: dass die soziale Revolution mit der politischen gar keine Ähnlichkeit hat, dass sie allerdings ohne vielerlei politische Revolution nicht lebendig werden und bleiben kann, dass sie aber ein friedlicher Aufbau, ein Organisieren aus neuem Geiste und zu neuem Geist und nichts weiter ist." „Politische Revolutionen werden den Boden frei machen, im wörtlichen und in jedem Betracht; aber zugleich werden die Institutionen bereitet sein, in denen der Bund der wirtschaftenden Gesellschaften leben kann, der dazu bestimmt ist, den Geist auszulösen, der hinter dem Staate gefangen sitzt." (*Die Revolution*)

Es gibt Anarchisten, die von politischer Revolution nicht nur, die insgesamt von politischer Betätigung nichts hören mögen. Schon Bakunin hat sich gegen die Unterstellung des Marxklüngels gewehrt, dass Ablehnung der Beteiligung an staatlichen Einrichtungsverschönerungen Ablehnung von Politik überhaupt bedeute. Landauers letzte Monate wären ja eine Verleugnung aller seiner Grundsätze gewesen, hätte er je eine ähnliche Meinung von den Pflichtgrenzen des Anarchisten gehabt, wie sie die Marxisten den Anarchisten unterstellen und wovon sie manche Anarchisten selber schon überzeugt haben. Man nehme sich das letzte Buch vor, das Gustav Landauer selbst noch fertigstellen und herausbringen konnte und dem er den Titel *Rechenschaft* gab (Paul Cassirer Verlag, Berlin 1919). (Mein Exemplar erhielt ich in der Nacht der Ausrufung der bayerischen Räterepublik; es trägt die handschriftliche Widmung vom 6./7. April 1919.) Da ist zu lesen, wie eng sich dieser revolutionäre Mensch dem politischen Geschehen seiner Zeit verbunden fühlte, da tut er nicht etwa, was man so schön „Stellung nehmen" nennt, sondern da sucht er einzugreifen, zu kritisieren, aufzurufen von der Stellung aus, die sein Tun und Denken bestimmte. Dies nämlich unterscheidet den Politiker, der seine Idee hat und verwirklichen will, von einem „Realpolitiker": „Und ein Realpolitiker wäre etwa, wer die Idee erst dann in seinen Kopf aufnimmt, wenn sie sich draußen in den Bedingungen ihre Wirklichkeit geschaffen hat" — so definiert Landauer den Typus, übrigens mit Bezug auf einen seiner stärksten Repräsentanten, auf Bismarck (*Der werdende Mensch. Aufsätze über Leben und Schrifttum*, Gustav Kiepenheuer Verlag, Potsdam 1921). Gustav Landauer war himmelweit von einem Realpolitiker solcher Prägung entfernt; in ihm saß die Idee, der er lebte, mit mächtiger Härte fest: die Idee der Freiheit und des Sozialismus, die Idee der Vergeistigung und der Verwirklichung. Ihr diente er, indem er sich mit den Gegebenheiten der Zeit befasste, an sie anschloss, in sie eingriff. Wer den revolutionären Menschen so erkannt hat, wird die unbefangene Politik, die Landauer während des Krieges um der Idee willen trieb, seinen Brief an Wilson

(*Rechenschaft*) und anderes, was zuerst befremdend scheint, wird vor allem seine Haltung in der Revolutionszeit verstehen, dies Zugreifen, wo sich ein Anhalt
bot, dies Fördern der Eisnerschen Politik, wo immer sie Möglichkeiten zu aufbauender Arbeit zeigte. Hier ist Kritik im Einzelnen berechtigt und geboten,
nicht aber Zweifel erlaubt, der Landauers revolutionäre Grundstellung zu erschüttern versuchte.

Am wenigsten darf zugelassen werden, dass die Gestalt Gustav Landauers
an irgend einer besonderen „Linie" anarchistischer Maßschneider gemessen
wird. Fingen wir an, Landauer-Zitate auszuziehen, um ihn zum Kronzeugen für
diese oder jene Steckenpferd-Meinung zu machen, so wäre es bald so weit mit
ihm, wie es die Parteimenschen mit Marx und Lenin gebracht haben. Landauer
war niemals für die Gewalt; er war niemals gegen sie. „Davon [aber], dass jeder
Anarchist gegen jede gelegentliche Gewaltausübung sein müsse, ist gar keine
Rede. [...] Ich gestehe [...], dass ich Fälle weiß, wo ich Gewalt üben und die
Anwendung von Gewalt empfehlen werde. Ich fürchte aber darum nicht im ent-
ferntesten, je auch nur der Schatten einer Regierungsstütze zu werden. Regie-
rung ohne Gewalt ist undenkbar; aber darum hat gelegentliche Gewalt im
Fall der Not noch nicht Regierung zur Folge." (*Beginnen*[32]) Selbstverständlich
könnte ich auch Zitate anführen, mit denen die Gewaltlosen Landauer-
Geschäfte machen können. Sie entkräften aber nicht, was hier gesagt ist, bewei-
sen nur, dass der revolutionäre Mensch sein revolutionäres Verhalten nicht auf
Formeln zwingt. Selbst diejenigen haben nicht recht, die Landauer zum
„Proudhonisten" stempeln wollen. Er bewunderte Proudhon als den größten
Sozialisten, als den einsichtigsten Revolutionär, mit dem Wirklichkeitssinn, der
den Geist nie in der Doktrin vertrocknen lässt. Aber: „Du schreibst nun freilich,
Du kennst mich und meine Sache. Ich glaub' es aber nicht. Sonst würdest Du
nicht ein langes und breites über Proudhon schreiben, der mich gar nichts
angeht. Du stutzest, aber versteh mich recht: mit der Herkunft meiner Anschauungen und Tendenzen hat Proudhon nichts zu tun. Ich habe ihn, als ich
fertig war, kennengelernt und habe mich freilich gefreut, dass da so ein total
anderer zu so ähnlichen Resultaten gekommen war." (Aus den *Briefen*.[33] Von
diesem eben erschienenen Werk wird hier noch manchmal und hoffentlich
ausführlich die Rede sein.) Ob Landauer Individualist war? Ja. Ob er Kommunist war? Ja. Ob er Kollektivist war? Ja. Ich will euch Zitate bringen, soviel ihr wollt, für jede dieser Behauptungen, gegen jede dieser Behauptungen,
und doch keins, das. nicht mit allen im Einklang wäre. „Gerade die Individualisten können kommunistisch wirtschaften und nur Individualisten können es." (*Beginnen*) So äußert sich der revolutionäre Mensch, der Sozialist ist, der darun-

---

32 Das Zitat stammt aus der öffentlichen Antwort Landauers auf einen kritischen Brief von
   Julius Bab, die zuerst am 1. Dezember 1912 im *Sozialist* erschienen war.
33 Gustav Landauer, *Sein Lebensgang in Briefen* Bd.1, S. 283 (Brief an Constantin Brunner
   vom 2.1.1910).

ter Geist und Tat, Ordnung und Freiheit versteht, der wirken will und dem der Schall programmatischer Worte nicht wert ist, den Kopf zu wenden. Soll ich auch noch von dem Menschen Landauer sprechen? Von seiner Art sich zu bewegen, von seiner persönlichen Beziehung zu den Mitmenschen? Lest seine Briefe! Lest sie! In demselben Brief, der die Worte über Proudhon enthält, steht auch dieser Satz: „Ich arbeite aus meiner Einsamkeit heraus an meinen Sachen. [...] Meinen Sachen will ich helfen; nicht den oder jenen Menschen, gleichviel, ob es Millionen von Menschen wären."[34] Gustav Landauers Sachen aber waren die Sachen des revolutionären Menschen, die Sachen der Menschheit also, die etwas anderes ist als die oder jene Menschen, und ob es Millionen wären. Es waren die Sachen, die er sonst öfter den Geist nannte, den Geist des Sozialismus und der Verwirklichung, — es war sein Geist und einer der edelsten, stärksten und tapfersten Geister, die je dem Kampfe der Zukunft gegen Vergangenheit und Verwesung Leben gaben. Vergangenheit aber und Verwesung erhoben sich vor jetzt zehn Jahren wider den Geist der Zukunft, indem sie mit Gewehrkolben und Patronen, mit Reitpeitschen und Stiefelabsätzen das Gefäß dieses Geistes, den revolutionären Menschen körperlich zertrümmerten. Ob sie Gustav Landauers Geist getötet haben, das werden die Lebenden zu entscheiden haben.

Fanal Jg. 3 Nr. 8 (Mai 1929), S. 169-177.
Auch in: Gustav Landauer, Revolution. Mit einer Einleitung von Harry Pross. Berlin (Kramer) 1974. S. 120-128.

---

34 Gustav Landauer, *Sein Lebensgang in Briefen* Bd.1, S. 284.

10. Lügen um Landauer

Es ist notwendig, deutlich zu reden.

Die Erinnerung an die Ereignisse vor zehn Jahren regt viele Leute an, ihr Gedächtnis anzustrengen und mit dem Anspruch des Beteiligten oder doch des Augenzeugen, der damals schon alles richtig vorausgesehen hat und an dessen Verhalten kein Fehlerchen auszusetzen war, Geschichte zu schreiben. Die geistige Verwahrlosung unserer Zeit wird durch nichts besser gekennzeichnet als durch die Beobachtung, dass bei dieser Geschichtsschreibung in den seltensten Fällen das Bestreben bemerkbar wird, zur künftigen Feststellung der Wahrheit beizutragen. Fast überall ist der Wunsch zu erkennen, durch Kneten der Wahrheit Geschichte zu machen.

Gewöhnlich geschieht die Geschichtsfälschung durch Aussortierung der nachweisbaren Tatsachen. Man lässt Unbequemes aus der Darstellung heraus, ordnet das Übrige so an, dass der bestellten oder genehmen Auffassung gemäß das zu Lobende in Weihrauch, das zu Tadelnde in Kloakendunst gehüllt wird, dass das eigene Programm nur von Heroen, das Programm der Nachbarschaft nur von Trotteln oder Schurken verfochten wurde.

Am 2. Mai 1919 wurde Gustav Landauer als Opfer der schwarzen Listen, die die nach Bamberg geflüchtete Gegenregierung gegen die bayerische Rätegewalt unter den Weißgardisten hatte verbreiten lassen, im Stadelheimer Gefängnis ermordet. Es versteht sich, dass sich am 2. Mai 1929 die Freunde Landauers verpflichtet hielten, die große Bedeutung des Mannes aus seinen Schriften, Briefen, Reden und Handlungen für die Mit- und Nachwelt aufzuzeigen. Ein Toter, dessen Walten und Wollen starke Lichter auf das Bild seiner Zeit setzte und der als Märtyrer für sein Walten und Wollen starb, hat Anspruch auf hohe Ehrung zu seinem zehnjährigen Todestage.

Niemandem, der aus anderm Denken zu andern Schlüssen kam als der Tote, kann aber das Recht bestritten werden, selbst in der Gedächtnisstunde Kritik zu üben und sich gegen die Auffassungen des Gefeierten abzugrenzen. Doch muss Verwahrung dagegen eingelegt werden, wenn die Kritik die Wahrheit verbiegt, sei es, um den zum eignen Bundesgenossen zu machen, der gar keine Bundesgenosse war, sei es gar, um sich selbst auf Kosten des Kritisierten in vorteilhafter Stellung vorzuführen.

So krass es ist: die sozialdemokratische Presse hat Landauer Nachrufe gewidmet, in denen sie ihn beinahe für sich in Anspruch nimmt. Sie muss daher daran erinnert werden, dass Landauers ganzer politischer Lebenslauf ein einziger leidenschaftlicher und empörter Kampf gegen die Sozialdemokratie war, gegen ihre unsozialistische Theorie, gegen ihre unproletarische Politik, gegen ihre gegenrevolutionäre Gesamthaltung. Aber sie haben ja auch Karl Liebknecht und Rosa Luxemburg, die Opfer ihres Ordnungsdranges, mit sabberigen Nachrufen zum Zehnjahrestage ihrer Ermordung nicht verschont, und mit Eugen Leviné, den eine in der Mehrheit sozialdemokratische Regierung standrechtlich ermorden ließ, werden sie es, fürchte ich, auch so machen. Der *Vor-wärts* bestritt mir sogar das Recht, bei einer Landauer-Gedächtnisfeier die Mai-opfer des Zörgiebel in die Trauer um die Toten der deutschen Freiheitssehn-sucht mit einzubeziehen, in deren vorderste Reihe Gustav Landauer gehört. Es sei billig, von einem Toten zu behaupten, er hätte, wenn er lebte, dies oder jenes „angestellt". Der *Vorwärts* wird nicht in der Lage sein, in Landauers Leben auch nur eine Andeutung davon zu finden, dass er je seine Sympathie der „Staatsautorität" statt ihrem Jagdwild zugewendet hätte. Ich aber bin in der La-ge, aus dem *Stenographischen Bericht über die Verhandlungen des Kongresses der Arbeiter-, Bauern- und Soldatenräte*[35] in München (Seite 81) folgendes In-termezzo mitzuteilen. Am 1. März [1919] stellte ein Sozialdemokrat namens seiner Freunde im Kongress den Antrag, die vom Revolutionären Arbeiterrat in den Zentralrat delegierten drei Mitglieder zu entfernen. Er holte sich von Lan-dauer diese Antwort: „Hier redet einer, der sein Recht, unter Ihnen zu wirken, nur daher hat, dass der revolutionäre Arbeiterrat ihn hierher delegiert hat. Und in diesem Augenblicke geschieht der Antrag, wir sollen von der Mitarbeit aus-geschlossen sein. Genosse Niekisch, wollen Sie die Liebenswürdigkeit haben, mich zur Ordnung zu rufen; denn ich muss [jetzt], ich kann nicht anders, etwas sagen, was sehr unparlamentarisch ist: In der ganzen Naturgeschichte kenne ich kein ekelhafteres Lebewesen, als die sozialdemokratische Partei."

Hoffentlich genügt das, um den Ermordeten ein für alle Male vor der posthumen Freundschaft von Leuten zu schützen, für die er niemals etwas emp-funden hat, was der Freundschaft entfernt ähnlich sähe.

Immerhin mag die Reklamation eines großen Toten für die Sache kleiner Lebender aus einem löblichen Schamgefühl oder doch aus einem verständlichen Alibibestreben erklärlich sein und somit als fromme Lüge anerkannt werden. Was soll man aber dazu sagen, wenn das Andenken einer bedeutenden Persön-lichkeit am Jahrestage der Ermordung mit schmutzigen Lügen besudelt wird, um ihre Bedeutung aus teils politischen, teils persönlichen Gründen vor der Nachwelt herabzuwürdigen? Das Mitglied der Kommunistischen Partei, Otto Thomas[36], hat das getan. Mir gebietet Freundschaft und Verehrung, nicht nur die Wahrheit festzustellen – das ist an dem Orte geschehen, wo die Lästerung verübt wurde – , sondern den Verleumder vor die Schranken zu fordern, seine Motive aufzuklären und sein Gesicht aufzudecken.

Thomas wagt es, außer andern falschen Darstellungen des Verhaltens Landauers bei der Ausrufung der bayrischen Räterepublik, die Beschuldigung gegen den Toten zu erheben, er habe „aus maßloser Eitelkeit" dieses Ereignis

---

35 Mühsam schreibt fälschlich „Stenographischer Bericht über die *Tagung* des Kongresses der Arbeiter-, Bauern- und Soldatenräte". Vgl. den Nachdruck: Berlin o. J. [um 1980].
36 Otto Thomas (1886- ?), bis zur Novemberrevolution Arbeitersekretär und SPD-Mitglied, 1919 bis 1921 Redakteur der *Neuen Zeitung*, seit Herbst 1919 KPD-Mitglied, 1921 wegen seiner Anlehnung an den Nationalbolschewismus aus der KPD ausgeschlossen, 1923 wie-der aufgenommen.

geschoben, um sich zu seinem Geburtstage am 7. April eine private Überraschung zu arrangieren. Wahr ist, wie ich in meiner Broschüre *Von Eisner bis Leviné* und jetzt auf Thomas' Frechheit von neuem nachgewiesen habe, dass Landauer derjenige war, der der Hinauszögerung der Ausrufung, die am 5. April erfolgen sollte, am heftigsten widersprochen hat. Jetzt zieht sich sein später Angreifer darauf zurück, ihm selbst habe ein Privatbrief Landauers vorgelegen, worin er das Zusammentreffen im Datum als Geburtstagsgeschenk bezeichnet. Das hätte freilich auch meinem toten Freund Hagemeister[37] passieren können, der am 5. April, oder mir selbst, der ich am 6. April zur Welt kam. Die Entschuldigung macht Thomas' Behauptung noch viel abscheulicher, da sie klarlegt, wie er mit einem elastischen Hysteron-Proteron[38] aus der Feststellung der Gleichzeitigkeit nach vollzogenem Ereignis in einer ganz intimen Auslassung die vorbedachte Herbeiführung eines außerordentlich bedeutungsvollen politischen Aktes zum Zwecke der Befriedigung einer lächerlichen Privatmarotte machte.

Diese Lüge, die den Gegner der offiziellen kommunistischen Parteipolitik jener Tage als Musik zu seiner Totenfeier verächtlich machen soll, ist nicht mehr und nicht weniger wert als die andere, die Otto Thomas den Arbeitern von 1929 vorsetzt, es habe „ein merkwürdiger Konkurrenzkampf zwischen Landauer und dem heutigen Sozialfaschisten Niekisch um das Amt des Volksbeauftragten für Volksbildung" stattgefunden. Also Postenstreberei auch noch! Nicht nur da hat kein Konkurrenzkampf stattgefunden, sondern Landauer war derjenige, der nach der Ermordung Eisners die Anregung gab, Niekisch im neuen Ministerium das Kulturressort zu übertragen. Bei der Proklamierung der Räterepublik aber ist der Vorschlag, Landauer das Kommissariat für Volksaufklärung anzuvertrauen (den formellen Antrag dazu habe ich gestellt), der einzige gewesen, um den von Anfang an kein Streit entstanden ist. Also Verleumdung um der Verleumdung willen. […] [39]

Die Weltbühne Jg. 25 Nr. 23 (4. Juni 1929), S. 845-848.

---

37 August Hagemeister, geb. am 5. April 1879 in Detmold, Mitglied des bayerischen Landessoldatenrats, des Revolutionären Zentralrats und der USPD, war am 16. Januar 1923 in der Haftanstalt Niederschönenfeld verstorben, weil er keine ausreichende ärztliche Hilfe erhielt.

38 Hysteron-Proteron: Redefigur, bei der das zeitlich Spätere zuerst steht.

39 Der Rest des Artikels beschäftigt sich ausschließlich mit Otto Thomas.

Publikationen der Erich-Mühsam-Gesellschaft

Die EMG gibt zwei Publikationsreihen heraus: das „Mühsam-Magazin" und die „Schriften der Erich-Mühsam-Gesellschaft". Bisher sind erschienen:

Mühsam-Magazin:

Heft 1 (1989):   (vergriffen)

Heft 2 (1990):   (vergriffen)

Heft 3 (1992):   (vergriffen)

Heft 4 (1994):   Mit der unveröffentlichten Erzählung „Tante Klodt" von Erich Mühsam

Heft 5 (1997):   Mit dem Sylter Tagebuch (1891) von Erich Mühsam

Heft 6 (1998):   Mit Materialien zum Streit um die Mühsam-Rechte

Heft 7 (1999):   Mit Materialien der Tagung „Erich Mühsam und die Kunst" und der Preisverleihung 1997

Heft 8 (2000):   Mit „Im Nachthemd durchs Leben" (1914) von Reinhard Koester, Carl Georg von Maaßen und Erich Mühsam

Heft 9 (2001):   Mit Materialien zum Verhältnis Erich Mühsams zu Senna Hoy, Oskar Maria Graf und Emmy Hennings

Heft 10 (2003):   Mit Materialien zur Rettung der Lübecker Löwen-Apotheke und zur Roten Hilfe

Schriften der Erich-Mühsam-Gesellschaft:

Heft 1 (1989): Chris Hirte: Wege zu Erich Mühsam (vergriffen)

Heft 2 (1991): Erich Mühsam – Revolutionär und Schriftsteller (2. Aufl. 1997)

Heft 3 (1993): Erich Mühsam und ... (der Anarchismus und Expressionismus; die „Frauenfrage"; Ludwig Thoma) (2. Aufl. 1998)

Heft 4 (1993): Die Graswurzelwerkstatt / Erich-Mühsam-Preis 1993 (vergriffen)

Heft 5 (1994): Der „späte" Mühsam

Heft 6 (1994): Kurt Kreiler: Leben und Tod eines deutschen Anarchisten

Heft 7 (1995): Anarchismus im Umkreis Erich Mühsams

Heft 8 (1995): Musik und Politik bei Erich Mühsam und Bertolt Brecht

Heft 9 (1995): Zenzl Mühsam: Eine Auswahl aus ihren Briefen. Herausgegeben von Uschi Otten und Chris Hirte

Heft 10 (1995): Andreas Speck: Sich fügen heißt lügen: Die Geschichte einer totalen Kriegsdienstverweigerung / Erich-Mühsam-Preis 1995 (vergriffen)

Heft 11 (1996): Frauen um Erich Mühsam: Zenzl Mühsam und Franziska zu Reventlow

Heft 12 (1996): Erich Mühsam – Thomas Mann – Heinrich Mann. Berührungspunkte dreier Lübecker

Heft 13 (1997): Birgit Möckel: Das Ende der Menschlichkeit. George Grosz' Lithographien, Aquarelle und Zeichnungen aus Anlaß der Ermordung Erich Mühsams

Heft 14 (1997): Allein mit dem Wort: Erich Mühsam, Carl von Ossietzky, Kurt Tucholsky – Schriftstellerprozesse in der Weimarer Republik

Soweit die Hefte nicht vergriffen sind, können sie bei der EMG oder im Buchhandel erworben werden.

Stand: 3/2004

Erich-Mühsam-Gesellschaft e. V., Lübeck

1. Buddenbrookhaus, Mengstr. 4, 23552 Lübeck
2. Sabine Kruse, Charlottenstr. 23, 23560 Lübeck

http://www.erich-mühsam.de
http://www.buddenbrookhaus.de
eMail: info@buddenbrookhaus.de

Längst überfällig war sie. Seit dem 111. Geburtstag am 6.4.1989 existiert sie und soll mit **Ihrer** Unterstützung lebendige Arbeit leisten.

Aufgabe der Erich-Mühsam-Gesellschaft ist es, das Andenken des Schriftstellers zu erhalten, in seinem Geist die fortschrittliche, friedensfördernde und für soziale Gerechtigkeit eintretende Literatur zu pflegen und seine Absage an jede Unterdrückung, Gewalt und Diskriminierung von Minderheiten für die Gegenwart zu nutzen.

Unsere Pläne:

- Aufbau eines Archivs in Lübeck
- Schaffung eines Erich-Mühsam-Museums in Lübeck
- Lesungen und Inszenierungen
- Vorträge und Seminare
- Förderung der wissenschaftlichen Forschung
- Herausgabe weiterer Hefte der Schriftenreihe und des Magazins
- Vergabe eines Erich-Mühsam-Preises

Ein früherer Lübecker Bürgermeister hat – bezogen auf Thomas und Heinrich Mann sowie Erich Mühsam – gesagt: „Dass die auch gerade alle aus Lübeck sein müssen – was sollen die Leute im Reich von uns denken!" Nun – die Brüder Mann mussten emigrieren, Mühsam wurde auf grausame Weise 1934 im KZ Oranienburg ermordet. Das „Reich" ging kaputt ...

Der Schriftsteller, Dramatiker, Bänkelsänger, Lyriker, Zeichner, Essayist, antimilitaristische Agitator und Journalist Erich Mühsam gehört zu den bedeutendsten und vielseitigsten kritischen Talenten Deutschlands im frühen 20. Jahrhundert. Es gilt, diesen wichtigen Sohn Lübecks, der für Frieden und Freiheit kämpfte, in das Bewusstsein der Öffentlichkeit zu bringen.

Die Erich-Mühsam-Gesellschaft e. V. ist vom Finanzamt Lübeck nach § 5, Abs. 1 Nr. 9 KStG mit Steuernummer 662-HL als gemeinnützig anerkannt.

www.ingramcontent.com/pod-product-compliance
Lightning Source LLC
Chambersburg PA
CBHW071836020726
47502CB00004B/1378